중국의 불교와 유교 도교

支那に於ける佛教と儒教道教

Buddhism, Confucianism and Taoism in China

【상】

중국의 불교와 유교 도교支那に於ける佛教と儒教道教【상】
Buddhism, Confucianism and Taoism in China

1판 1쇄 인쇄 2021년 8월 6일
1판 1쇄 발행 2021년 8월 13일
–
저 자 | 도키와 다이조常盤大定
역주자 | 강규여
발행인 | 이방원
발행처 | 세창출판사
신고번호 · 제1990-000013호
주소 · 서울시 서대문구 경기대로 58 경기빌딩 602호
전화 · 02-723-8660 팩스 · 02-720-4579
http://www.sechangpub.co.kr | e-mail: edit@sechangpub.co.kr
–
ISBN 979-11-6684-036-4 94150
979-11-6684-035-7 (세트)
–
이 역주서는 2018년 대한민국 교육부와 한국연구재단의 지원을 받아 수행된 연구임.
(NRF-2018S1A5A7034616)
–
이 책은 한국연구재단의 지원으로 세창출판사가 출판, 유통합니다.

중국의 불교와 유교 도교

支那に於ける佛教と儒教道教

Buddhism, Confucianism and Taoism in China

【상】

도키와 다이조常盤大定 저

강 규 여 역주

세창출판사

역주자 서문

이 저서는 유불도 삼교 교섭사에 착목해 그 분야를 개척하였으며 광범위한 중국불교사 중에서 불교와 유교 및 도교의 교섭관계를 살펴본 것이다. 사실상 근대 이전 동아시아의 정신문명을 견인했던 유불도 삼교가 어떤 경위를 거치고 상호 영향을 미치며 공존해 왔는지를 명쾌하게 설명해 주고 있다. 구체적인 내용을 개략해 보면, 우선 서론에서는 불교를 중심으로 삼아 불교 전래 이후의 중국철학사를 불교의 전역傳譯, 연구, 건설, 실행, 계승시대로 각각 구분하며 각 시대의 의의를 서술한다. 이어서 글 전체를 전편과 후편으로 구분하고, 전편에서는 유교와 불교의 교섭에 대해 서술하는데 사상적으로 유불교섭에서 특기할 만한 것은 송대에 성립한 성리학이었다는 평가를 토대로 송대 유학을 기점으로 삼아 이전과 이후까지 연달아 서술하고 있다. 그리고 후편에서는 도교와 불교의 교섭에 대해 서술하는데 도교가 어떤 식으로 발전해 갔는지를 불교와의 교섭관계를 통해 파악하면서 통시적으로 서술하고 있다. 더욱이 시대별로 논설, 시문, 서간 등 다양하게 여러 사상가들의 글을 직접 발췌하며 전거로 제시하는 등 서술의 내용이 사실적이면서도 풍부하게 구성되어 있다. 중국불교사를 단지 불교 내부의 사상적 변화에 대한 천착에 함몰시키지 않고, 보다 일반화해서 시대의 변화에 따른 삶의 가치와 방향 등에 관한 인간의 보편적 물음에 답해 왔던 여러 사상가들의 고민과 그들이 해결책으로서 제시했던 대안들을 알 수 있게 해 준다는 데 의의가 있다.

2021년 7월

역주자 강 규 여

저자 서문

중국불교는 대략 2천여 년의 역사를 가지며, 철학적, 종교적, 문학이나 예술적으로 여러 방면에서 이전의 면목을 일신해 왔다. 2천여 년의 불교문화는 매우 광범위하게 관계되어 있다. 이 불교문화를 천명하는 데 교리사教理史 및 교회사教會史는 말할 것도 없고 사상이나 문예 방면의 일반 문화사적 연구도 매우 중요하며, 특히 유교, 도교와 접촉해 온 삼교 교섭사적 연구도 또한 알맞은 제목이 아닐 수 없다. 조금 시야를 넓혀서 연구를 진행하다 보면 점차 각 방면의 문제가 발생한다. 한 가닥을 잡아당기면 전체가 흔들리고, 한 모퉁이를 두드리면 온 사방으로 울려 퍼지듯 어떤 시대의 어떤 제목에 대해서도 의문이 백출하여 망양亡羊의 한탄을 하게 되는 것이다.

이 한 편은 광범위한 중국불교사 중에서 불교와 유교, 도교의 교섭 관계를 살펴보고자 한 것으로, 전체 중국불교사에서 본다면 겨우 일부분에 지나지 않는다. 한편으로는 많은 양의 대장경大藏經이 있고, 다른 한편으로는 마찬가지로 많은 양의 유전儒典과 도장道藏이 있다. 몇백 마리의 소를 땀 흘리게 하고, 몇십 채의 집을 가득 채울 만큼의 이러한 내외 문헌들에 대해 신구新舊와 진위眞僞를 변별해서 의미와 맥락을 모색함으로써 주어진 과제를 향한 쾌도난마의 결단을 내리는 정도의 성과를 올리는 일은 한정된 시간과 한정된 인력으로 할 수 있을 리가 없다. 주어진 과제의 자취를 탐색하며 걸음을 옮길 때 유불 양 교의 교섭 문제 중에서 단지 불교와 주자朱子의 관계조차 평생 연구해야 하며, 또 불교와 도교 양 교의 교섭 문제 중에서 단지 노자화호老子化胡라는 한 가지조차 평생 연구해야 할 것이다. 저자는 미력이나마 이 연구에 바친 지 여러 해, 그런데도 한 가닥이라도 올바르게 결말을 맺었다고 자부하지 못하고, 한 모퉁이라도 잘 개척했다고 자신할 수는 없지만 원고들이 쌓이며 점차 많아져서 일단 이것을 정리해서 자신의 연구 기초로 삼고, 또 식자들의 비판을 수용하여 부족한 부분을 보충하며, 잘못을 바로잡는 것이 가장 자연스러운 과정이라고 생각해서 이것을 공간하게 되었다. 앞선 사람들이 아직 많이 손대지 않은 이 영역에 대해서 개척을 시도하는 이 저서에 어찌 충분한 성과를 기대하겠는가. 단지 이 영역의 개척에 진승陳勝과 오광吳廣이 되어 훗날의 유방劉邦과 항우項羽를 위해 무성한 풀숲을 다듬는 데 지나지 않을 뿐이다.

이 책의 십중팔구는 새롭게 쓴 원고이지만 그중에서 「송유 대관宋儒大觀」 1장은 1916년 8월 9일의 『철학잡지哲學雜誌』(제354, 5호)에, 「유교 각성시대 서언」 1절은 1916년의 『종교연구宗敎硏究』(제1권, 제2호)에, 「송유宋儒의 연원」이라는 제목 아래의 「이정자二程子와 불교」 1장은 1928년 8월의 『삼전철학三田哲學』(제4호)에, 「도교 대관道敎大觀」 1장은 1920년 10월의 『동양학보東洋學報』(제10권, 제3호)에, 도교 발달사 내용 중 서진西晉시대까지는 1925년 동양학보(제11권, 제2호)에, 「전진교全眞敎와 도원道院」 1절은 1925년 1월 『종교연구』(신新 제2권, 제1호)에 게재한 것이다. 이제 앞서 게재한 잡지들의 양해를 얻어 이 책의 일부로 추가할 수 있었던 것은 저자의 큰 행복이다. 즉 이 원고들을 다소 취사하고 수정해서 혹은 문장을 고치거나 다른 부분과 조화가 되도록 조절할 수 있었던 것 같다.

이 연구에는 고故 사와야나기 마사타로[澤柳政太朗] 박사의 장려가 있었고, 모치즈키 군시로[望月軍四朗] 씨의 후원이 있었으며, 그리고 이노우에 데쓰지로[井上哲次朗], 하토리 우노키치[服部宇之吉], 이치무라 산지로[市村瓚次朗], 오야나기 시게타[小柳司氣太] 등 여러 박사들의 적지 않은 도움을 받았다. 이것을 공간하면서 시라토리 구라키치[白鳥庫吉], 우에다 가즈토시[上田萬年], 이케우치 히로시[池內宏] 등 여러 박사들의 추천에 의해 동양문고논총東洋文庫論叢에 추가되었고, 이시다 미키노스케[石田幹之助], 와다 세이[和田淸], 이와이 히로사토[岩井大慧], 이즈시 요시히코[出石誠彦] 등 여러 분들이 마음을 써 주었으며, 아나야마 다카미치[穴山孝道] 군의 색인 제작과 아울러 삼수사三秀舍의 경험과 숙련 덕택에 교정과 인쇄를 마치고 이제 이것을 세상에 내놓을 수 있어서 저자는 매우 만족스럽다. 진심으로 여러 분들께 감사를 전한다.

1930년 12월 20일

저자 씀

상권 차례

중국의 불교와 유교 도교

支那に於ける佛教と儒教道教

【상】

Ⅱ. 전편: 유불儒佛 이교二敎 교섭사

중권 차례

하권 차례

제2장 도교 성립 일반

제3장 도교의 존체尊體

제4장 도경道經

일러두기

- 이 번역은 常盤大定, 『支那に於ける佛教と儒教道教』, 東京: 東洋文庫, 1966(재판. 초판은 1930년)을 우리말로 완역한 것이다.
- 이 책은 무수히 많은 한문식 표현과 한문 원전을 인용하고 있다. 그래서 그 내용을 정확하게 전달하기 위해 이 번역에서는 '한글한자' 및 '한글 번역문[한문 원문]'의 번역 형식을 빈번하게 사용하였다. 이로 인해 가독성이 좀 부족할 수 있지만, 가독성보다는 정확성이 더 중요하다고 판단했다.
- 원문의 형식과 내용을 최대한 가감 없이 있는 그대로 전달하기 위해 역자주 등 번역자의 간섭은 최소화하였다.
- 원문에서 인용하는 한문 원전의 내용들에 대해 번역자는 원전을 찾아서 확인했지만 특별히 보완해야 할 만큼의 문제를 발견하지 못했을 뿐 아니라 설사 오류가 있다 하더라도 그 문제 또한 이 책 자체이기 때문에 있는 그대로 번역해야 한다고 생각하여 원문의 내용대로 번역했다. 인용문 뒤 소괄호 출처 표기는 원문의 것을 그대로 따랐으며 혼동의 염려가 있을 경우에만 일부 보충하였다.
- 중국 지명과 인명은 우리 한자음으로 읽었다.
- 내용 이해에 도움이 되기를 바라며 일반적으로 인정되는 〈중국 역대 왕조표〉를 다음 쪽에 게재한다.

〈중국 역대 왕조표〉

상商 B.C.E. 1766~B.C.E. 1125		
주周 B.C.E. 1122~B.C.E. 256		
진秦 B.C.E. 221~B.C.E. 206		
한漢 B.C.E. 206~220		
오吳 222~280	위魏 220~265	촉蜀 221~263
서진西晉 265~316		
동진東晉 317~420	후조後趙 328~352	
	전량全凉 313~376	
	전진前秦 351~394	
	후진後秦 384~417	
	북량北凉 397~439	
유송劉宋 420~479	북위北魏 386~534	
제齊 479~502		
양梁 502~557	북제北齊 550~577	
진陳 557~589	북주北周 557~581	
수隋 581~618		
당唐 618~907		
오대五代 907~960		
북송北宋 960~1127		
남송南宋 1127~1279	요遼 907~1124	
원元 1280~1368	금金 1115~1234	
명明 1368~1644		
청淸 1644~1912		
중화민국中華民國 1912~		

Ⅰ. 서론

중국불교사 일반과 유도儒道 이교二敎

1. 서문

유도儒道 이교二教의 사적事蹟이 서로 뒤엉킬 때는 동일한 문제의 전개에 관해 앞뒤 맥락을 살펴야 하는 불편이 있다고 생각해서 이 책은 유불 교섭사와 도불 교섭사로 나누어 별도로 편성하기로 한다. 별도로 편성한 점에서 여러 가지로 편리하지만, 이를 고찰할 때 동시대에 발생한 삼교三教 공통의 문제를 유교와 도교로 구별함으로써 전혀 교섭이 없는 것처럼 취급하는 일은 역시 동일한 사항에 관한 사상의 전반을 살피는 데 많은 불편을 느끼지 않을 수 없다. 부득이하게, 예를 들어 정치적 시대별로 동시대의 유불교섭과 도불교섭의 사적을 필요하다면 번갈아 서술하고, 더욱이 양자의 공통점을 드러내는 것이 편리할 것이다. 그러나 우리들의 관점에 따르면 유교와 도교는 전개와 변천의 상황이 다르고, 건설과 독립의 정도와 시대가 다르므로 정치적 시대별로 하는 것도 바라는 결과를 도출하기 어렵다고 생각해서 별도로 편성하기로 결정한다. 그래서 양자에 각각 서언을 추가하고, 여기서는 그것과 불교의 관계를 대략적으로 서술하면서도 주로 불교를 서술하여 삼교 교섭의 일반에 관한 서론을 쓰는 것이 가장 자연스럽다고 생각해서 이 1장을 추가한다.

불교의 매우 높고 깨끗한 이상은 당시 인도를 개조하고 잇따라 중국을 개조한다. 불교가 동양 전반의 사상 및 예술에 기여한 많은 공적은 동양의 문화 현상 어느 것에서도 그 주의와 정신이 침투하지 않은 것이 없는데, 만약 동양 문화 중에서 불교의 요소를 제거한다면 남는 것은 빈약하고 하찮아진다는 데서 이를 알 수 있다. 불교의 이상과 신앙이 활발한 시대의 동양은 조금도 민족적 차별의 관념 등으로 시끄럽지 않아서 온 세상을 빛나게 뒤덮은 법法의 장막 아래 평등에 기반한 차별을 발휘시킨 것과 같다. 인도 등은 여기서 문제로 삼지 않고, 중국의 당송唐宋시대에 해행解行을 함께 완성한 불교가 유도 이교에 대해서 어떤 영향을 주었는지를 살펴보는 것이 이 책이 기대하는 바다. 이제 교섭관계 일반을 살펴보면서 이 1장에서는 불교를 중심으로 하고 여기에 유도 이교를 관계시키기로 한다. 우선 불교 일반의 전개 과정을 대관大觀해 보아야 한다.

2. 불교 전역傳譯시대

중국불교사는 대체적으로 전역, 연구, 건설, 통일, 계승의 5기로 구분하는 것이 편리하다. 후한後漢부터 삼국三國, 서진西晉을 거쳐 동진東晉 말에 이르기까지를 전역시대, 남북조南北朝를 연구시대, 수隋 및 당唐 전반기를 건설시대, 당 후반부터 오대五代, 조송趙宋까지를 통일시대, 원元, 명明, 청淸을 계승시대라고 한다. 후한부터 동진에 이르는 사이 즉 전역시대의 불교는 황로黃老사상으로 번역되었으므로 이른바 노장老莊적 불교라고 해야 하며, 아직 독자적인 면목을 발휘하지 못했고 따라서 일반 대중에게 지도 원리로서 작용하지는 못했다. 형식적 유교에 대한 반동으로서 노장을 따르는 무리들의 청담淸談이 유행하던 시대여서 불교자들도 이 풍조에 영향을 받는다. 청담은 은둔적 유희삼매遊戲三昧로서 사람을 방종한 생활에 빠지게 하는 폐단이 있었으며, 이러한 점에서 어떤 새로운 광명을 기대하지 않을 수 없었다. 그러는 사이에 중국 전역에 걸쳐 큰 동요의 시기가 도래한다. 그것은 5호胡 16국國의 난립으로서 호胡와 한漢 두 민족의 접촉과 더불어 이것을 기회로 삼아 인도와 중국이라는 두 문화의 접촉이 드디어 진지하게 이루어진다. 당시는 한漢 민족 사활의 시기였다. 당시 한 민족은 이 난관에 잘 대처해서 결국 구사일생의 활로를 열었다. 일생의 활로에는 문화의 변혁이 있다. 동진 말기는 바로 중국문명의 전환기로서 이것을 전기로 삼아 남북조를 거쳐 수당隋唐의 신문화를 건설할 수가 있었다. 이 결과로부터 돌이켜 볼 때 동진시대의 호胡 민족에게는 간과할 수 없는 공적이 있다. 5호 16국 중의 전조前趙(304~329)와 후조後趙(319~351)에서 활약한 불도징佛圖澄(232~348)이나 그의 제자이면서 만년에는 부견苻堅(재위 357~385)의 진秦나라에서 활동한 도안道安(312~385), 그리고 요흥姚興(재위 394~416)이 계승한 진秦나라에서 국사國師로서 활동한 나집羅什(344~413 또는 350~409) 등 그 누구에서든지 신문화 속에서 지도 원리를 확립하고 국가의 기초를 새로운 이상 위에서 건설해야 한다는 요청이 발생한다. 양조兩趙의 불도징의 태도는 여전히 상당히 미신적인 요소를 포함하고 있지만, 부견이 승단에 처음으로 도태를 실시하고, 고구려高句麗(B.C.E. 1~668)에 처음으로 전도승을 보내며, 10만의 군사를 양양襄陽으로 파견해서 도안을 맞이하고, 6만의 군사를 출병시켜 멀리 나집을 서역으로부터 맞아들이려 했던 태도에는 진지함과 긴장감이 나타난다. 그 뒤를 계승한 요흥도 그 뜻을 이어받아 16년간 양주涼州에 억류되어 있던 나집을 데려오기 위해 많은 희생을 지불한다. 나집 삼장三藏의 역경譯經대업이 신문화 창조의 원천이 되고 오늘날에도 여전히 그대로 생명을 유지하는 것은 그 역경대업이 얼마나 천하의 인심을 움직였으며, 온 힘을 다한 대업이었는지를 증명한다. 양진兩秦은 모두 호 민족 국가로서 둘 다 긴 생명을 유지하지는 못했지만 중국문명을 전환시키려던 움직임에서 본다면 중요한 임무를 수행했다. 호인胡人이었던 나집과 도안의 제자 여산廬山의 혜원慧遠(334~416)은 실로 이 전환 시기의 위대한 두 사람이다. 나집의 역경은 오늘날에도 여전히 불교계에서 권위가 있으며, 번역으로서는 아마도 이 이상을 기대하기 어려울 정도로 거침없는 필력筆力을 갖고 있다. 나집을 존경했던 혜원은 노장을 따르는 무리들을 좇아 은둔적, 유희적 폐단에 빠져 있던 불교에 자신의 인격人格을 통해서 체험적, 활동적 정신을 주입한다. 진실한 의미의 불교는 여산에서 시작했다고도 할 수 있다. 나집의 이해[解]와 혜원의 실천[行]이 불교에 진로를 제시하며 불교의 연구와 발달을 촉진한다. 다음의 연구시대는 두 사람의 힘에 의해 전개되었던 것이다.

이 시대의 불교는 말 그대로 단순한 전역시대이며, 여전히 아직 종파를 형성하지는 못했지만 새로운 사상과 문화에 미친 영향은 상당히 많았다. 노자의 신격화에 이은 도교의 성립은 새롭게 전래된 불교의 자극을 받은 것이며, 삼국시대 말기부터 갑자기 유행한 청담은 적어도 『유마경維摩經』의 전역에 의해 그 경향이 완성된 것이나 마찬가지다. 후한시대에 이미 노자와 불타佛陀를 일치시켰고, 서진시대에 『화호경化胡經』이 출현하며, 이후 동진시대에 이르러 불교자들 사이에서 삼성화현설三聖化現說이 있었고, 손작孫綽(311?~368)이 죽림칠현竹林七賢과 불교칠도인佛敎七道人을 비교한 「도현론道賢論」을 짓는 등 도불 양 교

사이에 점차로 습합하는 분위기가 만들어져 왔다. 이때 유교도들 사이에서 불교의 보살사상을 섭취하여 노자를 비판한 손성孫盛(302~374)의 「노담비대현론老聃非大賢論」 같은 것도 있다. 그리고 동진시대에 가장 정치계를 뒤흔들었던 것으로 예경禮敬 문제가 있다. 사상계를 동요시킨 것으로는 영혼불멸靈魂不滅 문제, 후세後世의 보응報應 문제가 있으며, 동시에 내외內外 문제와 사태沙汰 문제가 있었다. 혜원의 「불경왕자론不敬王者論」은 예경 문제가 고조에 달한 시대의 것이며, 영혼의 멸, 불멸 문제에 관해서는 나군장羅君章(동진)의 「갱생론更生論」, 정도자鄭道子(?~427)의 「신불멸론神不滅論」 같은 것도 있고, 후세의 보응 문제에 관해서는 대안공戴安公(335?~396)과 주도조周道祖(358~423)의 논란 같은 것이 있으며, 혜원의 「삼보론三報論」 같은 것도 있다. 불교는 외국의 종교이기 때문에 배척해야 한다는 내외 문제는 후조 석호石虎(재위 334~349) 때 이미 논의의 제목이 되었고, 불교계의 정화를 위해서 불순한 무리들을 도태시켜야 한다는 사태 문제는 이미 부견 때부터 실행의 단서를 열었다고 할 수 있다.

3. 불교 연구시대

나집의 번역과 혜원의 실천을 통해 불교는 크게 약진하며 남북조시대의 연구시대로 진입한다. 남북조시대의 불교계는 상당히 활발해서 생기가 충만한 것 같았고, 이에 자극을 받은 도교에도 수많은 걸물傑物이 출현한다. 불교사佛敎史에서 이 시대에 중요한 사항은 앞 시대 말기에 전래된 용수龍樹(150?~250) 계열의 이른바 실상론實相論적 불교와 다른 계통에 속한 세친世親(302?~400) 계열의 연기론緣起論적 불교가 전역되었다는 것이다. 인도의 대승불교 2대 계통인 이 두 불교의 전역은 불교 연구를 활발하게 했으며, 그리고 두 계통의 불교가 교섭하면서 다음 시기의 건설시대를 향한 기운을 촉진시킨다. 당시 불교 내부적으로 보면 이른바 실상론 계열의 것으로 『삼론三論』 연구와 『성실론成實論』 연구가 있었고, 연기론 계열의 것에는 『십지론十地論』 연구와 『섭론攝論』 연구가 있었다. 더욱이 양자에 공통적인 『정토론淨土論』 연구가 있었다. 그 성과가 어떠했는가를 볼 것도 없이 아쉽지만 시대의 변천과 더불어 당시의 저작은 대부분 소멸되었다. 이 시대에서 특히 흥미로운 점은 불교 홍성의 기운에 자극받아서 도교에서 걸물을 배출하고 그 결과 양 교 사이에 충돌이 발생하며, 충돌의 결과로서 오히려 불교가 더욱 홍성하고 더불어 위대한 예술과 각경刻經 등이 만들어진 것이다.

이 시대 초기 북위北魏에는 도사 구겸지寇謙之(?~448)가 있었고, 유송劉宋에는 육수정陸修靜(406~477)이 있었으며 육수정은 논쟁상으로만 불교를 배척한 데 반해 구겸지는 실행적으로 불교를 완전히 없애려고 강력히 추진했다. 구겸지의 운동은 바로 북위 태무제太武帝(재위 423~452)가 실시한 폐불廢佛 사건이다. 일시적인 반동이었다고는 해도 매우 극심했으며 만천하 사람들의 마음이 신문화에 대해서 노예적이라는 생각을 갖도록 만들어 버릴 정도였다. 중악中嶽에서 수도修道한 구겸지는 이 풍조를 방치하지 않았다. 즉 새로운 계율을 만들어서 미신적인 도교에 종교로서의 형식을 갖추고 청신淸新한 정신을 주입시켜 사도司徒 최호崔浩(381~450)를 통해 무제를 움직여서 결국 위魏나라 국경 안의 불사佛寺를 모두 없애고 승려를 매장시키기에 이른다. 원래 불도 이교의 상호관계는 노자가 바로 부처라는 노자부도설老子浮屠說이 제기된 후한시대에는 두 교도들이 서로 양 교 사이의 유사성에 흥미를 느낀 것 같았지만, 이후 두 교회가 발전하면서 교조教祖의 선후를 다투게 되었고, 서진시대에 어느 한쪽에서 화호설化胡說이 등장했다면 이에 대해 동진시대에는 삼성화현설三聖化現說이 제기되었고, 특히 화호化胡사상은 두 교도들 사이에 끊임없는 갈등을 야기시키기도 한다. 구겸지는 선후나 우열과 같은 언쟁에 그치지 않고 나집이 번역한 계율을 자기가 속한 도교 교회에 활용해서 왕후王侯의 종교에 걸맞을 정도로 형체를 갖춤으로써 위정자의 손을 빌려 폐불을 진행하게 된다. 그런데 일단은 이것을 감행한 데 상관없이 당시 불교는 외면적 압박으로는 없앨 수 없을 정도로 많은 사람들의 마음을 움직인다. 그래서 무제가 요절하고 그 뒤를 계승한 문성제文成帝(재위 452~465) 때에는 세력을 더 크게 회복하며, 이 폐불의 역연逆緣으로 유명한 대동大同 지역의 운강석불사雲岡石佛寺가 조성된다. 폐불이 없었다면 동양 불교 예술로서 천고의 광채를 빛낸 이 석불사는 없었을 것이다. 석불사의 위대함은 폐불이 격심했다는 반증이며 동시에 불교의 종교적 감화가 깊고도 넓었다는 것을 증명하는 것이다.

북방北方에서는 항상 통일국가의 요구가 일관적으로 나타난다. 이 관점에서 본다면 북위 폐불의 배후에는 도교를 통일국가의 기초로 삼으려는 의도가 있는 것 같다. 과연 그렇다면 이 요구를 계승한 것은 남북조시대 최후에 당면한 북주北周 무제武帝(재위 560~578)의 폐불이다. 무제는 흥망을 거듭하며 덧없는 국가를 확립하기 위해서는 선결 문제로서 사상을 통일해야 한다고 보고 장년壯年에 과감히 노장사상의 중추관념인 도道로써 삼교三敎를 통일시켜 인생의 전부를 도화道化시키려고 시도한다. 형식적으로는 도불 이교를 폐지했지만 통도관通道觀을 설치하여 그 주의主義를 따르게 했으며 이로 인해 또다시 불교 교회는 황폐해진다. 견란甄鸞(북주)의 「소도편笑道編」, 도안道安의 「이교론二敎論」은 북주 무제의 사상에 대항한 것으로서 그 내용은 모두 도교의 어리석음을 비웃으며 도저히 불교에 비교가 되지 않는다는 주장이다. 이렇게 무제에 이르러 또 한 번 폐불을 감행했지만 이 시대의 불교는 교리적으로도 교회적으로도 북위시대에 비해 한층 충실했으므로 이 폐불로 인해 멸망하지 않았을 뿐만 아니라 한층 더 많은 힘을 회복한다. 그렇다면 두 번의 폐불은 불교를 멸망시키지 못했을 뿐만 아니라 오히려 불교의 발흥을 촉진하는 결과를 낳았으므로 이 점에서 본다면 북주 무제의 노력은 결국 실패로 돌아간 것이다. 뒤의 수대隋代에 이르러 불교의 중심인물이 된 사람은 그 누구든 이 폐불을 당하면서 영화靈化의 체험을 얻었던 사람이다. 북주 무제의 폐불은 영화한 위인을 낳은 것 외에 수많은 석굴과 석경石經이라는 산물을 낳았다. 경조京兆의 방산석경房山石經은 이 참화를 계기로 삼아 첫걸음을 내딛은 것으로서 그 동기는 대장경大藏經을 돌에 새겨서 멸법滅法의 세상에 남기고자 한 데 있다. 이러한 대원大願을 일으키고 동시에 실행했던 징표로 말미암아 이 폐불의 참담했던 상태를 살펴볼 수 있게 되었다고 할 수 있다. 이 석경은 수대에 시작해서 당 중기까지 계속되다가 일단 중단하고 이후 요대遼代에 이르러 새롭게 계속됨으로써 대장경의 과반을 완성한다.

남북조시대는 도불 이교 사이의 대립이 가장 두드러진 시대이며, 남방南方의 유송시대에는 육수정陸修靜이 불교와 논쟁했고, 또 불경을 모방한 수많은 도서道書들이 편찬된다. 또 고환顧歡(420~483)이 제기한 「이하론夷夏論」의 논란이 있다. 불교는 이국夷國의 가르침이기 때문에 국외에서나 추구해야 한다는 주장에 대해서 반대론이 맹렬하게 일어난 것을 보면 당시 얼마나 사상계를 자극했는지 알 수 있다. 그 후 남제南齊시대에는 장융張融(444~497)의 도교를 중심으로 한 도불일치론이 있고, 맹경익孟景翼의 「정일론正一論」이 있으며, 양대梁代에 이르면 삼교가 바야흐로 평형상태를 이루고, 도은거陶隱居(452~536)는 도불 이교를 나란히 하기도 한다. 도불의 혼효混淆는 이 시대 즈음부터 발생한 것이며, 이 혼효는 도교도에게 많은 이익을 주었는데 불경佛經을 본뜬 도경道經이 속출하며 놀랄 정도로 수량이 많아졌고, 불교 교리를 모방하며 도교 교의도 점차로 정돈되기도 한다.

이 시대에 유불 이교의 교섭이라고 보아야 할 것은 신멸神滅의 입장에 입각해서 불교의 불멸설不滅說에 대해 제기한 것이 주류이며, 이와 관련해서는 불교의 미래주의, 응보사상에 대한 논란이 있다. 불교도 중에도 이에 호응해서 동의한 사람이 있었는데 유송시대에 혜림慧琳의 「백흑론白黑論」이 한 번 나타났으며 이에 대해 하승천何承天(370~447)과 종병宗炳(375~443) 및 안연지顔延之(384~456) 사이에 논란이 있었고, 남제시대에는 범진范縝(450~507?)의 「신멸론神滅論」에 대해서 소침蕭琛(476~513) 이하 여러 비판이 있었다. 다음으로 양대에 이르면 무제武帝(재위 502~549) 자신이 반대의견을 제시하며 조야朝野의 인사들에게 한바탕 이 논란을 시험해 보기도 한다. 북제北齊 안지추顔之推

(531~590)의 「가훈家訓」에는 세상에서 불교에 제기한 망론妄論에 대해서 이를 변호할 뿐만 아니라 유불 양 교 사이의 조화를 시도한다. 후한의 모자牟子가 지었다고 전해지는 「이혹론理惑論」은 그 내용을 보면 아마도 남북조시대 초기의 여론에 대해서 불교를 변호하고 아울러 삼교의 조화를 시도한 것으로 보아야 할 것 같기도 하다. 이상을 한마디로 요약하자면 이전 시대의 유교는 불교적 유교라고 할 수 있을 정도로 불교와 조화를 도모했지만 남북조시대의 유교도 때때로 논란이 있더라도 상관없이 대체적으로는 마찬가지로 불교를 향해 조화를 시도하며 불교와 일치한다고 인정함으로써 스스로를 확장하려 했다고 보아야 할 것이다.

4. 불교 건설시대

북주 무제의 법난法難 때에 혹은 음식을 끊거나 심장을 찔러 순교한 사람이 있고, 또는 법의法衣를 벗고 싶지 않아서 남경南京으로 도주한 사람도 있다. 이 사건으로 인해 내심內心의 각성을 재촉받은 학자는 참으로 수당시대 불교의 건설자가 된다. 정치적으로 남북을 통일한 수대는 이윽고 교학적으로도 남북의 것을 정리해서 독특한 조직을 부여한다. 천태대사天台大師 같은 사람이 대표자다. 그리고 이 건설시대를 있게 한 일로서 특히 주의해야 할 것은 세친에 의한 법문法門의 전래다. 용수의 법문은 앞 시대에 곳곳으로 보급되며 미혹에 의한 집착[情執]을 떨쳐 내고 논리적으로 두뇌를 단련하는 데는 큰 효과가 있었지만, 신념을 확립하고 생동감을 획득하기에는 막연하다는 느낌을 지울 수 없었다. 용수의 법문으로 단련된 심령心靈의 바탕 위에 세친 법문의 여래장심如來藏心이나 알라야식[阿賴耶識]을 첨가한 일은 크나큰 가뭄을 해결한 것으로 보인다. 유송의 구나발타라求那跋陀羅(394~468)가 처음 그 서광曙光을 전달했고, 다음으로는 북위의 보리유지菩提流支(?~527)에 의해서, 나아가 진陳의 진제眞諦(499~569)가 전달한 세친의 법문은 불교 교학의 색채를 일변시킬 정도로 영향을 주었으며, 특히 선禪 및 정토교淨土敎 중에는 활발한 생동감이 나타나기도 한다. 수대의 건설을 이룩한 위대한 승려는 참으로 이 살아 있는 영靈을 소유한 사람이었으며, 이 영은 북주 무제의 법난에 굴복하지 않았을 뿐만 아니라 더욱 그 빛을 증가시켜 나아가 남북의 교학을 정리하고 또 중국불교사의 정수를 조직하게 된다. 선禪의 혜가慧可(487~593)는 훼손된 법法을 지키려고 힘썼으며, 지론地論의 혜원慧遠(523~592)은 무제에 대해서 기탄없이 항변했고, 섭론攝論의 담천曇遷(542~607)은 환속시키려는 것을 참지 못하고 강남江南으로 도주했으며, 천태天台의 지의智顗(538~597)는 법난이 있던 해에 건강建康을 떠나 멀리 천태산으로 들어갔다. 이러한 사실은 어느 것이든 폐불이 도리어 불교 내부를 정화해서 청신한 생명이 깃들게 한 증거다. 그 후를 계승한 당대唐代에 이르러서는 도선道宣(596~667)이 집대성한 율종律宗, 선도善導(613~681)가 집대성한 정토교, 길장吉藏(549~623)이 집대성한 삼론종三論宗, 자은慈恩(632~682)이 집대성한 유식종唯識宗, 법장法藏(643~712)이 집대성한 화엄종華嚴宗, 신수神秀(605~706)와 혜능慧能(638~713)에 의해서 각각 북방과 남방으로 보급된 선종禪宗 등이 모두 당 중기에 이르러 갖춰진다. 현종玄宗(재위 712~756)시대는 중국불교사상 황금시대였으며 그 후 교리상의 발전은 거의 없었다고 할 수 있다. 현종을 중심으로 한 당대唐代의 문화는 동양에서 가장 빛나는 것으로서 세계적인 가치가 있다. 이것은 참으로 인도문화와 중국문화가 접촉해서 융합한 결과다. 하남河南의 용문龍門에 있는 대불大佛은 바로 이 신문화를 대표하는 것으로 이에 대해 찬미하며 갈앙渴仰하지 않는 사람은 없을 것이다.

당대唐代의 불교사상계는 인도와 비교해서 손색이 없을 뿐만 아니라 어쩌면 거의 능가할 정도에 이르렀던 것 같다. 현장玄奘(602?~664)이 구법求法을 위해 천축天竺으로 가는 도중에 담판했던 학자는 현장의 심원한 학식에 감복해서 아랫사람의 예의를 갖춘다. 본국인 인도에서조차 대승大乘이든 소승小乘이든 외도外道이든 현장에 대응해서 그 주장을 유지할 수 있는 사람이 없었다고 한다. 이는 중국의 사상계가 인도와 비교해서 동등한 경지에 도달했다는 것을 증명한다. 이와 같이 당 중기의 불교계는 인도에서 새로운 요소를 기대할 필요가 없을 정도로 내부적인 극도의 발전을 이룸으로써 이후 그 방향을 돌이킬 수 없는 운명에 처한다. 마침 이때 무종武宗(재위 840~846)의 폐불이 발생했다. 불교계는 이 사건을 전기로 삼아 정리와 건설을 향해 오로지 주석하던 힘을 전환해서 스스로 실현하려는 노력을 하기에 이른다. 이론을 끝내고 실제 문제로 전환하게 된 것이다.

항상 불교의 뒤를 쫓던, 교회적으로든 교리적으로든 불교에 뒤처지지 않으려고 힘쓰던 도교는 불교의 황금시대에 순응하며 자체적으로 매우 건전하게 발달한다. 수대의 도교 교리에서 점차로 뛰어나게 된 점이 있다. 당나라 초기 당의 황실이 이李씨 성이라는 것에 편승해서 이것은 노자의 자손이라고 말하며 황실의 위엄을 빌리고, 또 이하夷夏

의 입장에서 불교를 국외로 축출하려던 논란과 공격이 상당히 격심했다고 하더라도 이는 일부분이며, 전체적으로는 조정에서 있었던 도불이교 사이의 논쟁에서 나타나듯이 당대唐代의 도교 학자는 부지런히 불교를 연구하고 불교를 통해 도교를 장엄하려고 힘쓰기도 한다. 이로써 불교는 점차 도교 내부로 침투하며 후세의 학자들이 이른바 경전과교經典科敎라고 평가할 정도로 불교적인 도서道書가 나타나기도 한다. 사마승정司馬承禎(647~735)이나 두광정杜光庭(850~933) 같은 사람은 불전을 모방해서 도경을 작성한 제1인자이며, 사마승정의 『좌망론坐忘論』 같은 것은 선禪 그 자체라고도 볼 수 있는 것이다. 이렇게까지 불교를 모방해서 도교의 내실을 다졌던 일은 나중에 신도교新道敎를 발생시키는 데 중요한 준비가 된다. 원래 중국에는 특유의 선이 있는데 심재心齋의 과정을 거쳐서 좌망坐忘에 이르는 것이지만 수행 방법도 내용도 상당히 불분명하다. 당 중기 이후에 갑자기 발흥한 선종과 접촉하게 되면서 그들은 비로소 심재나 좌망의 내용과 방법을 알 수 있게 된 것이다. 그렇다면 예전의 좌망과 지금의 좌망이 다른 점이 있다면 의심할 것도 없이 그 차이는 불교의 선을 추가했기 때문이다.

이 시대의 유교는 한편으로 말하자면 번민하는 시대이며, 다른 한편으로 말한다면 각성시대라고 해야 할 것이다. 앞 시대의 불교적 유교에 만족하지 않았던 수의 문중자文中子(580~617)는 조화적인 태도를 버리고, 분명하게 고학古學을 부흥시켜 유교 독자적인 입장을 발휘하려고 힘쓰며, 그 문하에서 당대唐代를 창업創業하고 수성守成했던 인물들을 배출한다. 불교에 대해서는 촌철살인의 비평도 했지만 공격하는 태도를 갖지는 않았다. 오히려 이론적으로는 불교를 인정했다고 볼 수 있다. 그 후 길장吉藏의 『삼론현의三論玄義』의 유도 이교 비평처럼 상당히 혹독한 것도 있지만, 유교 문하에서 이에 대해 응수한 학자는 없었는데, 중당中唐의 한퇴지韓退之(768~824)에 이르러서야 맹렬한 배불排佛 논란이 있었다. 그 사상은 후세의 유학자들조차 변호한 사람이 없었을 정도로 천박했지만 유교를 위해 과감한 태도를 가졌던 기백은 크게 칭찬할 만한 가치가 있다. 동시대의 이고李翶(772~841)는 『중용中庸』을 중심으로 삼아 도불 이교의 사상을 가지고 해석함으로써 후대의 신유교新儒教를 향한 첫걸음을 내딛는다. 세계적인 문화를 과시한 당대唐代의 유학자로서 상당한 손색은 있지만 한퇴지의 기백과 이고의 새로운 학문은 모두 후대 송유宋儒의 탄생을 기대했다는 점에서 중대한 역사적 가치가 있다고 해야 한다.

5. 불교 실행시대

백화난만했던 불교계는 당 무종의 폐불 이후 일시에 고사 상태를 드러낸다. 이 시기를 겪으며 폐불의 영향에서 초연했을 뿐만 아니라 도리어 무의미한 문자적 갈등을 떠나고, 때마침 실행 시기로 진입한 불교계에서 자신의 특유한 관점을 가졌던 것은 자신의 마음을 관찰함으로써 곧바로 불심佛心에 참가하려고 시도한 선종禪宗이다. 전적典籍이 사라져 버린 일은 불립문자不立文字, 교외별전教外別傳의 선가禪家에게 그다지 나쁜 사정이 아니었을 뿐만 아니라 좀 더 정확히 말해서 이로써 직지인심直指人心, 견성성불見性成佛이라는 종의宗義를 발휘할 기회가 된다. 다른 종파宗派가 고심참담한 끝에 약간 회복하자마자 또다시 후주後周 세종世宗(재위 954~959)의 폐불을 겪게 됨으로써 선가 유일의 불교가 되며, 선종오가禪宗五家라고 불리는 임제종臨濟宗, 위앙종潙仰宗, 조동종曹洞宗, 운문종雲門宗, 법안종法眼宗의 다섯 종파는 어느 것이든 당 말기에서 오대五代에 걸쳐 성립하고, 백대百代의 걸물인 마조馬祖(709~788), 백장百丈(720~814), 황벽黃檗(?~850?), 임제臨濟(?~867), 덕산德山(782~865), 위산潙山(771~853), 동산洞山(807~869) 같은 선문禪門의 불세출의 대선사大禪師는 모두 이 시대에 나온다. 시대의 요구이기도 했지만 전란이 거듭되고 전적이 사라져 문자가 없었던 일은 오히려 이러한 대선사를 출현시키게 된다. 이에 이르러 불교계는 더욱더 선가가 독점하게 된 것으로 보인다. 이 시대의 교종에는 말하기가 곤란할 정도로 인물이 바닥난다. 오대 말기에 오월吳越의 왕 전씨錢氏는 불전을 회복하려고 멀리 고려와 일본에서까지 구하려고 힘썼는데, 이때 천태의 『법화현의法花玄義』조차 사백여주四百餘州 안에서는 얻을 수가 없다고 말한 것을 보면 불전이 산일한 적막한 불교계를 짐작하기에 충분하다.

이윽고 조송趙宋의 태평시대가 되자 초기에는 대장경을 칙조勅雕하며 다시 불전을 구비하게 되었기 때문에 교종敎宗도 선종과 병립하며 점차 회복의 실마리가 잡히는데 그중에서 사명四明(960~1028)과 서호西湖(967~1028) 사이의 논쟁에서 비롯한 천태학天台學의 부흥은 최대의 정수로서 오늘날에 전해진다. 그 밖에 화엄학華嚴學, 유식학唯識學도 부흥했지만 조송시대의 불교는 선가가 거침없이 범람했을 뿐이다. 오가五家 중에서는 임제와 운문의 두 종파가 가장 중국적인 풍속에 부합했고, 특히 임제종에서 황룡黃龍(1002~1069)과 양기楊岐(992~1049) 두 종파로 분리하며, 불교라고 하면 천하 어디서든 선가로 대표되면서 선문 중에서 줄지어 인물을 배출한다. 당시 왕후王侯의 사표師表가 될 정도의 선사禪師는 헤아릴 수 없이 많았다. 한 재상宰相이 출가하려고 하자 "출가는 대장부의 일이지 재상의 몫이 아니다"라고 하며 말린 선사도 있다. 한 유자儒者가 유문儒門 중에 사람이 없다고 개탄할 때, 다른 유자는 "사람이 없을 뿐 아니라 공맹孔孟에 뛰어난 자를 배출하더라도 유문은 매우 경박해서 사람이 머물기에 부족하기 때문에 서로서로 불문佛門으로 달려가게 된다. 운문雲門(864~949)과 암두巖頭(828~887)처럼 줄줄이 모두 그렇다"라고 말하며 서로 적막한 유문을 통탄한 사례도 있다. 이는 기백 있는 선사들이 줄줄이 배출되었다는 자타가 모두 공인할 만한 증거다.

원래 선종은 삼교를 조화시킨 것이다. 아니 불교 중에 노장과 유교를 포섭한 것이다. 즉 노장의 사상과 풍격風格 등을 지극히 내면적으로 잘 조화시키고, 그리고 사문寺門의 의례 중에 유교의 예악을 교묘히 섭취했으므로 삼교는 선종에 이르러 완전히 통일되었다고 보아야 할 것이다. 그래서 선종은 중국불교의 결실 즉 순수한 중국불교로서 중국민족의 풍속에 매우 적합해서 적어도 도道를 말하려는 사람이라면 선禪을 만나 선을 닦지 않을 수 없는 상태가 된다. 위진魏晉시대에 유행한 청담은 일종의 유희이지만, 송대宋代에 유포된 선기禪機라는 방법은 수도修道의 체험을 수반한다. 당시에는 만약 선풍禪風의 선기를 알지 못하는 사람이 있다면 함께 얘기하기에 부족하다고 여겨졌던 것으로 보인다. 시험 삼아 살펴보자. 송대에 위정자, 문사文士, 학자로서 조금이라도 수선修禪을 체험하지 않은 사람이 있는가. 이와 같이 당시 제일류의 유자는 누구든 정좌靜坐했다. 주렴계周濂溪(1017~1073)가 그렇고, 이정자二程子(정호程顥, 1032~1085/정이程頤, 1033~1107)가 그러하며, 육상산陸象山(1139~1192)과 주자朱子(1130~1200)가 그렇다. 이러한 여러 유자들이 정좌내관靜坐內觀을 통해 유교 중에 불로佛老의 사상을 섭취함으로써 신유교가 나타나기도 하는데 송유가 바로 그것이다. 송유는 몸소 정좌를 수행하며 교묘하게 불교 교리를 유교 본래의 언어로 번역하고 거의 불교의 흔적을 남기지 않을 정도로 요리함으로써 즉 자신의 체험을 통해 이를 새로운 형태로 조직했다는 점에서 가치가 있다. 자료를 어디에서 얻든지 간에 이를 자신이 섭취해서 일종의 새로운 형태로 개조했을 때 당연히 이것은 그 사람의 것이라고 해야 하며, 이를 하나하나 분석해서 근원을 회복시키더라도 그 사람이 실험하고 조직한 힘은 없앨 수 있는 것이 아니다. 당시 선가에서 수학한 것은 경전으로서는 『능엄楞嚴』, 『유마維摩』 등이고, 논서로서는 『기신起信』 등이 주요한 것이었으며, 『구사俱舍』나 『유식唯識』처럼 복잡하고 어려운 것은 거의 돌아보지도 않았던 것 같다. 선종에 접촉한 유자 중에서 주자周子(주렴계) 부터 정명도程明道(정호)를 거쳐 육자陸子(육상산)에 이르는 계통에는 『기신론起信論』적인 사상이 있고, 장자張子(장횡거張橫渠, 1020~1077) 부터 정이천程伊川(정이)을 거쳐 주자朱子에 이르는 계통에는 『유식론唯識論』적인 사상이 있다. 육자 계통의 사상에는 공감하던 선사禪師들도 어쩌면 주자朱子 계통의 사상을 이해하는 사람은 거의 없었던 것 같다. 『유식론』의 진여眞如와 뇌야賴耶의 관계가 거의 그대로 주자의 이기理氣 관계가 되었음에도 불구하고 어쩌면 이를 판별할 지식도 당시의 불가佛家에는 결핍되었던 것 같다. 더욱이 당시의 유자는 교묘하게 불교 교리를 유가의 것으로 만들어서 불교를 비판하고 공격한다. 이에 대해서 당당히 논박한 불교인이 없었다. 당시 유자의 급선무는 사상적으로 오랜 세월 동안 압박을 느껴 온 불교로부터 유교를 독립시키는 것이었다. 이를 위해서 조송시대에 유학의 발흥과 동시에 배불의 논란이 조야에 가득했고, 정주程朱에 이르러 논란은 사상적인 것이 된다. 이에 대해서 선가는 원래 불립문자를 으뜸으로 내세움으로써 사상적으로 대항할 수 있는 사람이 매우 부족했으며 겨우 설숭契嵩(1007~1072)의 『보교론輔教論』 정도가 있었을 뿐이어서 남북조시대 이래 오랜 세월에 걸쳐 사상계에서 독보적이던 불교는 점차 신유교에게 위치를 양보하지 않을 수 없게 된다. 배불의 논란 중에서 사상적으로는 천박함에도 불구하고 실제적으로 가장 고통스럽게 했던 것 중의 하나는 "부처가 하는 일에서는 무엇 하나도 버리지 않는다[佛事門中不捨一法]고 말하면서 무엇 때문에 윤상倫常의 도道는 등지고 출가 생활을 하는가"라는 데 있다. 정주의 불교에 대한 논란의 초점은 여기에 집중되어 있다. 이것은 실제로 위진 이래 끊임없이 되풀이되며 오늘날 여전히 반복되고 있는 문제로서 유교의 윤상도덕倫常道德과 불교의 출가 생활이 결국 조화하지 못한 것이다. 그렇다면 일단은 불교의 계율의례와 유교의 예악을 조화시킨 점에서 유불 양 교 사이에 일종의 조화가 있다고 하더라도 생활양식에서는 끝내 조화할 수 없는 어려운 문제를 갖는다고 해야 할 것이다. 그리고 노장사상과 불교가 완전히 조화를 이루었다는 것은 송유가 불로를 함께 비난한 데서 나타난다. 이와 같이 남북조시대에서 당대唐代에 걸친 갈등은 도불 이교 사이에서 발생하지만, 조송시대에 이르러 크게 그 상태가 바뀌어 유불 이교 사이의 논란이 되며, 도교는 오히려 불교와 동류로 여겨진다. 도불 이교 사이의 논란에서는 항상 불교가 승리했지만 유불 이교 사이의 논란에서는 사정이 크게 달라졌으며 항상 유교에 유리했던 것 같다. 당대唐代에 이르기까지는 유교에서 불교를 향해 조화를 시도했었는데, 송대 이후에 이르러서는 위치가 바뀌어 불교에서 유교를 향해 조화를 시도한다. 여기서 시대의 변천이 보인다. 유교가 우위를 차지한 것을 보면, 요컨대 중국불교사를 통틀어 중국문명과 인도문명은 결국 두 가지 큰 조류였다고 해야 한다.

조송시대에 신유교의 성립과 더불어 주목해야 할 일은 신도교新道教 성립을 위한 준비다. 장군방張君房(북송) 같은 학자와 장자양張紫陽(?~1882), 왕중양王重陽(1113~1170) 같은 교가教家에 의해서 한편으로는 도장道藏이 결실을 맺는 길을 걷고, 다른 한편으로는 신교新教를 조성하는 운동이 진행된다. 당시 유교 사회에서는 인격을 중심으로 해서 사학私學이 발전하며 나중에 이른바 사대서원四大書院이 된 것은 이러한 인격 중심의 사학이었다. 이 사대서원을 중심으로 해서 나중에 이른바 송유의 철학이 새롭게 만들어진다고 하더라도 당시로 돌아가 보면 이곳을 중심으로 모인 사람은 아마 다수가 아니었을 것이며, 전반적으로는 불교가 제일 많았고 다음은 도교였다. 도교는 당대唐代의 사마승정, 두광정 등의 뒤를 이어서 학자든 교가든 인재가 부족하지 않았기 때문이다. 그중에서 진박陳摶, 여동빈呂洞賓(798~?) 같은 사람은 행적이 불분명함에도 불구하고 오늘날 여전히 도교 교회 중에서 중요한 조사祖師의 위치에 있는 것을 고려하면 그들의 감화가 매우 크다는 것을 알 수 있다. 그 뒤를 이어서 장자양은 남쪽에서, 왕중양은 북쪽에서 홍기하며, 모두 선禪을 닦음으로써 도교를 정화하고 참된 생명을 획득한 도道를 가르쳐 민중의 많은 호응을 얻는다. 불교의 철학은 유교에 섭취되고, 종교는 도교에 섭취되며 어느 쪽이든 모두 선을 닦음으로써 불교를 자신들 속에 녹아들도록 한 것이다. 장자양은 마침 정명도와 동시대이며, 왕중양은 마침 주자와 동시대여서 서로 남북에서 별도로 활동한다. 즉 정명도가 북쪽의 낙양洛陽에서 강학講學할 때 장자양은 남쪽의 천태산天台山 부근에서 전교傳敎한다. 주자가 강남의 여산廬山 백록동白鹿洞에서 강학할 때 왕중양은 산동山東의 곤륜산崑崙山에서 전교한다. 그리고 유교는 소수의 사상가를 대상으로 한 데 반해 도교는 민중 일반을 대상으로 했다. 하나는 학문적이고, 다른 하나는 종교적인 것이다. 학자가 많은 유교에는 관심이 있고, 도교에 관심 갖는 사람은 적다고 하더라도 중국문명사적으로는 모두 마찬가지로 관심을 가질 필요가 있다. 이들 중 유교는 정주程朱에서 대성하고, 도교는 원대元代에 대성하게 되므로 그 점에서는 도교가 불교와 유교보다 나중에 대성하게 되었다고 해야 한다.

6. 불교 계승시대

원대元代는 라마교의 진입으로 인해 이전의 불교가 거의 중단된 시대이며, 라마교에는 팔사파八思巴(1235~1280) 같은 뛰어난 승려가 있었던 반면 종래의 불교에는 선종을 계승할 뿐 특별히 내세울 만한 학자도 없고, 불교 일반에서 보자면 한편으로는 도교적 요소가 추가되며 다른 한편으로는 라마교적 요소가 부가되어 혼탁한 양상을 드러낸다.

절강浙江 서호西湖의 비래봉석굴飛來峰石窟은 라마교적 요소를 추가한 원대의 불교를 대표하는 것으로서 당 이전의 석굴에 비해 상당히 다른 모습을 드러낸다. 명대明代에 이르면 중기 이후 종래의 불교를 부흥시키려는 움직임이 나타난다. 이 부흥의 준비로서 우선 밀장密藏으로 구성된 방책대장경方冊大藏經이 만들어졌다. 여기서 불교 연구의 기초가 다져지며 이후 운서雲棲(1532~1612), 우익藕益(1599~1655) 같은 학자가 등장하고 혹은 선정일치禪淨一致를 주장하거나 성상융회性相融會를 주장했더라도 당송 이전의 불교에 비교할 것이 못 된다. 청조淸朝는 요컨대 거사居士불교에 지나지 않는다.

불교에는 특출한 점이 없었던 데 반해 명대의 유교에는 호경재胡敬齋(1434~1484), 나정암羅整庵(1465~1547), 왕양명王陽明(1472~1528) 같은 사람이 있다. 이 중에서 호경재와 나정암은 정주의 뒤를 따르고, 왕양명은 육상산의 뒤를 계승한다. 왕양명의 실천적 수행도, 그 수행 위에서 이룩한 사상도 거의 선禪과 큰 차이가 없어 보인다고 할지라도 그의 인격을 통한 간명한 조직에는 학자의 심령心靈을 자극하는 것이 있다. 왕양명은 선과의 연관성 때문에 불교에 대해서 동정하는 마음이 있었지만, 호경재와 나정암의 경우에 그들의 사상은 정주의 범위를 넘어서지 않기도 하고, 세부적으로 불교를 공격하는 논법은 상당히 예리해서 이 때문에 불교는 점차 사상계에서 축출된다. 유불 이교에 비해서 도교에는 비교적 좀 더 살펴볼 것이 있다. 금金나라의 왕중양이 개창하고 마단양馬丹陽(1123~1183)을 거쳐 원나라의 구장춘邱長春(1148~1227)에 이르러 완성된 신도교를 전진교全眞教라고 한다. 전진교가 기대하는 것은 두타관행頭陀觀行으로써 현신現身에서 곧바로 법신法身의 무상無相한 영역에서 노니는 것이다. 불사등선不死登仙의 미신을 절대로 부인한 것은 도교사道教史에서 보기 드문 건전한 것이며, 이렇게 된 것은 수선修禪을 통해서 개조되었기 때문이다. 불교에서 보자면 그 주의主義와 정신精神이 감히 진귀하다고 할 만한 것은 아니지만, 도교사에서 보자면 이전과 이후의 어느 것도 비교할 수 없을 정도의 사상이고 정신이다. 왕중양의 학력學力과 인격에 의해, 정계政界가 동요하고 교계教界가 화석화되어 기댈 것을 찾지 못하던 당시의 민중에게는 무상無上의 복음福音이 전파되면서 단기간에 중국 북쪽 전부를 풍미하는 세력으로 확장한다. 이것은 원나라 왕실의 보호도 원래부터 힘을 실어주었지만 정치적 관계는 제외하더라도 이를 완성한 구장춘의 담력과 지략 그리고 그의 제자로서 비로소 도장道藏을 간행한 송피운宋披雲(1183~1247)의 학력에 힘입은 것이다. 구장춘 이후의 전진교는 크게 세력을 확장하면서 한편으로는 다수의 불사佛寺를 점령해서 불교계와 다툼을 일으킨 대사건이 있으며, 다른 한편으로는 장자양 계통의 도교도 전진교 안으로 포섭해서 장자양 계통을 남종南宗으로 삼고 자신의 계통을 북종北宗이라고 함으로써 불교 선가의 남북 이종二宗을 모방하기도 한다. 전진교가 이와 같이 조송 이후에 흥기한 신도교를 통일한데 대해, 강남의 용호산龍虎山에서 40여 대代에 걸쳐 이어지면서 민간신앙의 중심이었던 장천사張天師(34~156?/178?)도 때마침 사회의 표면으로 등장하게 된다. 이 구파舊派를 신파新派에 대비해서 정일교正一教라고 부른다. 당시 전진교, 정일교라는 두 계파 외에 대도교大道教, 태상교太上教 등의 신파도 있었다. 모두 도교가 왕성해지는 풍조에 편승한 것이다. 전진교는 대세에 편승하면서 한편으로는 중국 전체를 점차 도교화하고, 다른 한편으로는 불교에 대해 선불동원仙佛同源을 주장하였는데 이것은 너무 지나친 일이었던 것 같다. 원래 도불 이교가 뒤엉킨 일은 남북조시대에 이미 그 싹이 자라났지만 이에 이르러 한층 정도가 심해진다. 선불동원의 사상은 전진교가 처음에 선仙을 불佛에 동화시켜서 도교를 정화한 것과 달리 오히려 불을 선에 동화시키려는 것이 되면서 원나라 말기에서 명대에 걸쳐 도교는 다시 예전의 선도仙道로 복귀하며 전진교는 특징을 잃고 결국 예전부터 내려온 정일교로 통일되는 흐름을 따르게 된다. 그렇지만 원대에 천하를 도교화한 세력은 여전히 지속되며 도장을 계속 간행해서 명나라 중기에 이르러 대규모의 도장을 완성한다. 이 도장은 완전히 불교의 대장경을 모방한 것으로서 분류, 부록 등 모두 대장경을 본뜬 흔적이 보인다. 도교는 본래 민중적 종교로서 사상적으로는 크게 볼 것이 없다고 해도 다른 시대의 유불 이교와 비교했을 때의 도교보다 원명元明시대의 도교는 바야흐로 전성기였다고 할 수 있다. 이를 정리해 보면 불교의 황금시대는 수와 당이고, 유교의 황금시대는 북송北宋과 남송南宋이며, 도교의 황금시대는 남송과 원나라였다. 그리고 유도 이교가 그와 같은 성과를 얻은 것은 수선修禪을 통해 문자 이면의 의미를 스스로 터득했기 때문이다. 수선이 없었다면 유도 이교 모두 그와 같은 성과를 얻지 못했을 것이다. 그래서 당대唐代에는 불교가 항상 사상계의 표면에 서서 선도했지만, 송대에는 유교가 표면으로 등장하며 선도하게 되고, 나아가 원대에 이르면 도교가 표면에 서서 선도한 것으로 보인다. 그리고 송의 유교도, 원의 도교도 그 근본을 이루는 것은 불교다. 만약 당대唐代의 불교가 없다면 송의 유교와 원의 도교가 등장할 인연이 없으므로 불교를 이해하지 못하고 선禪을 이해하지 못한다면, 송의 유교와 원의 도교를 이해할 수 없고 나아가 송의 유교와 원의 도교가 성립한 이유조차도 이해할 수가 없을 것이다. 청조에 이르러 사상은 유교, 종교는 도교가 되면서 불교의 존재 가치가 감소했지만, 관점을 달리해 보면 불교는 송의 유교와 원의 도교를 성립시켰다고 해야 할 것이다.

Ⅱ. 전편

유불儒佛 이교二敎 교섭사

이 한 편은 불교 전래 이후 약 2천 년에 걸친 유불 양 교의 상호관계를 살펴보기 위한 것이다. 불교 전래 후 송유가 발흥하기까지 거의 천 년의 긴 세월이 지난다. 이 세월 동안 도불 이교의 관계는 삼무일종三武一宗의 일대 사건을 야기시킨 데서 알 수 있듯이 불교와 도교가 모두 교회적으로도 교리적으로도 독립적으로 발달한 시대다. 상호 간의 투쟁을 살펴본다면 놀랄 만한 일이 있다. 현저한 긴장감은 참으로 중국 문화사에서 광채를 빛낸다. 기이한 일은 이 긴 세월 동안 유교가 표면으로 드러나지 않고 상당히 미약했다는 사실이다. 대개 유교의 도덕은 사인士人의 일상적인 규범으로서 자타에게 동일하게 허용될 때는 불교도는 도덕에 있어서 감히 유교와 충돌하려고 하지 않는다. 그리고 또 유교는 철리哲理나 종교로서는 거의 불교의 적수가 되지 못하므로 양 교 사이에 큰 문제가 발생하지 않는다. 그래서 유교는 긴 세월 동안 침묵했다. 이 사실은 유교에게 과연 다행이었을까 불행이었을까. 천 년에 걸쳐 유교가 사상계의 표면에 나타나지 못했다는 결과를 본다면 불행이었다고 해야 할 것이다. 이 긴 세월을 유교의 침묵시대라고 이름 붙여도 지나친 말은 아닐 것이다. 그런데 송대에 이르러 기나긴 침묵을 깨고 주周, 장張, 정程, 주朱, 육陸 등 여러 사상가들이 줄줄이 배출되면서 불로 이교를 억누르고 갑자기 유교를 안팎으로 찬란하게 빛낸다. 그 후 유불 이교의 지위가 바뀌며 유교도의 불교 비판이 상당히 신랄해진다. 이 한 편은 송유 이후를 주요 내용으로 다룬 것이지만, 우선 준비 작업으로서 자료가 다소 부족하더라도 송유 출현까지의 양 교 관계를 살펴볼 것이다.

불교 전래 후 현대에 이르기까지 약 2천 년 동안의 유교의 변천을 시대적으로 구분한다면 대략 다음과 같다. 즉 1. 훈고訓詁시대, 2. 부속附屬시대, 3. 각성覺醒시대, 4. 건설建設시대, 5. 계승繼承시대이다.

후한後漢	훈고시대	왕충王充, 정현鄭玄, 마융馬融
삼국三國		
서진西晋		
동진東晋	부속시대, 불유佛儒시대	손성孫盛, 손작孫綽, 뇌차종雷次宗, 주도조周道祖
남북조南北朝		안연지顔延之
수隋		왕통王通
당唐	각성시대, 번민시대	한퇴지韓退之, 이고李翶, 류종원柳宗元, 백락천白樂天
오대五代		
송宋	건설시대	주렴계周濂溪, 장횡거張橫渠, 정명도程明道, 정이천程伊川, 주자朱子, 육상산陸象山, 이병산李屛山
원元	계승시대	
명明		호경재胡敬齋, 왕양명王陽明, 나흠순羅欽順
청淸		

이와 같이 변천했다고 하더라도 유불교섭에서 볼 때 가장 흥미로운 것은 조송시대이므로 이 한 편은 송유를 중심으로 해서 송유 이전을 준비시대로, 이후를 계승시대로 보고 세 부분으로 나누기로 한다. 제1편은 후한부터 오대까지, 제2편은 바로 송대이며, 제3편은 원명청 세 시대 중 명대만을 살펴보기로 한다.

상

송유宋儒 이전의 유불 교섭사

앞서 이미 서술한 것처럼 후한부터 오대에 이르는 긴 세월을 이 한 편에 담았다. 이 중에서 후한의 훈고시대, 위진남북조의 불유시대, 당과 오대의 각성시대의 세 장으로 나누고, 나아가 불유시대에서 동진, 유송, 남제, 북제, 수로 각각 시대를 구분한다. 시대에 따라 사상이 변천해 가는 경과를 살펴보기 위해서다. 혹 문제에 따라 살피면 편리한 점이 있지만 그럴 경우 시대에 따른 변천의 경과를 살피기에 불편하므로 이상과 같이 연대 순서를 추적한다.

훈고訓詁시대

제1장

왕충王充의 『논형論衡』에 나타난 한漢 말기 사상

불교 전래시대의 유교는 도덕의 황금시대였다. 명교名敎라는 학문이 크게 일어나 동한東漢의 미풍양속을 만들었지만 사상적으로는 훈고 형식에 빠져서 점차 반발이 발생한다. 한편으로는 마융馬融(79~166), 정현鄭玄(127~200)과 같은 훈고의 대가를 배출했지만, 다른 한편으로는 자유로운 입장에서 기존의 유교 범위 안에 들어가기를 거부한 왕충王充(27~100) 같은 사람도 있다. 그의 저서 『논형論衡』은 시대를 만들어 낸 위대한 저서로서 유교도임에도 불구하고 황로黃老를 종극으로 삼은 비정상적 태도는 반발사상을 보여 주는 것이다. 왕충의 사상에 새로 전래한 불교의 영향이 있었는지는 불분명하다. 글에 표면적으로 나타나지는 않지만 새로운 사상적 풍조를 접하게 되었을 것이라고 상상해 본다. 회계會稽라는 곳은 남방南方에서 흘러들어 온 새로운 사상에 가장 빨리 영향을 받은 지방이다. 인도사상이 남중국으로 전해진 것은 기록되기 이전부터였을 것으로 상상한다. 육로로 전래한 불교조차 기원전에 이미 그 흔적이 있다. 하물며 수로水路이겠는가. 만약 도교사상에서 본다면 순제順帝(재위 125~144)시대의 노자 신격화 사상, 명제明帝(재위 57~75)시대의 노불老佛 예배 의례는 이미 다분히 불교 전래의 영향이다. 『논형』은 순제보다 앞이지만 최초로 불교를 받든 초왕楚王 영英(?~71)의 뒤에 속한다. 사상적 감화는 문자 이전에 있다. 어떻든 불교가 처음 전래한 시대의 중국사상을 대표하는 것으로서 왕충이 가장 적당하다. 왕충의 사상을 요약하면 1) 일기一氣가 본체이며 후박厚薄과 다소多少에 따라 차별이 생긴다, 2) 기氣로 이루어진 사람과 사물은 하나다, 3) 인성人性에는 선善과 악惡의 두 가지가 있다. 품행에 따라서 변화할 수 있다, 4) 사람은 자연스럽게 기가 모여서 저절로 태어나며 오행五行의 기를 가졌으므로 오상五常을 갖춘다, 5) 일기의 다소에 의해서 인성에 선악이 있거나 사람이 오행을 갖추는 것도 모두 자연스러운 일이다, 6) 사람은 성性 외에 명命을 가지며 명은 품행에 따라서 변하지 않을 리가 없다는 것이다.

그렇다면 왕충의 사상은 1) 본체관本體觀은 일기, 2) 인성관人性觀은 선악 대립, 3) 근본 원리는 자연, 4) 운명관은 숙명설이다. 그리고 『논형』에서 다음 세 항목이 주목을 끈다.

1) 자연주의 중에서 이지理智주의의 각성이 있다.

2) 숙명주의 중에서 의지意志주의의 자각이 있다.

3) 미신타파 중에서 이상理想의 추구가 있다.

이와 같이 왕충은 유교도임을 자임하면서 상당히 유교의 통설에 반항하여 1) 귀신을 부정하고, 2) 천도天道를 인정하지 않으며, 3) 응보應報를 부정하고, 그리고 4) 무위자연無爲自然을 근본 원리로 삼으며, 5) 황로를 순수한 것으로 여긴 것처럼 시대의 형식적 사상에 만족하지 않았다. 이처럼 시대의 사조思潮는 새로 전래한 불교를 통해 알게 된 것이 점점 많아지는 상태였다고 해야 할 것이다. 계한季漢의 사상을 보여 주는 것으로서 『논형』 이상의 것은 없으므로 이상을 토대로 해서 한층 더 자세히 검토해 보자.

왕충은 회계 상우上虞 사람이다. 장화章和 2년(88)에 70세였다. 「자기편自紀篇」에 따르면 차분한 성격으로서 파격적으로 발탁될 기회가 있어도 고관高官이 되기를 바라지 않았고, 억압과 굴욕을 당하더라도 지위가 낮다고 불평하지 않았으며, 『기속절의譏俗節義』 12편, 『정무政務』, 『논형』을 지었고 만년에는 『양성養性』 16편을 지었다. 『논형』은 스스로 "공평하게 논의한다[論之平也]"(「자기편」 제85)라고 자임하고 있듯이 가능한 한 분명한 말로 글을 쓰면서 안팎의 모든 허망을 제거함으로써 맹인의 눈을 뜨게 하고 귀머거리의 귀를 트이게 하려고 한 것이다. "왕충의 글은 노골적인 형식이라서 알아보기 쉽다[充書形露易觀]"(「자기편」 제85)라고 논평할 수 있다. 30권이며, 「봉우逢遇」, 「누해累害」 이하 「자기自紀」까지 85편이다. 문제 중심으로 정리하면 그 사이에 논리적인 맥락이 있으며, 문제 하나하나에 대해서 역사적으로 조명하고 사회적 현상을 취재하며 해결하려는 태도는 상당히 과학적이다. 폭넓은 사실에 근거해서 판단하는 방법은 상당히 귀납적이다. 기존의 사상 특히 유교에 대해 비판한 점에서는 비판적 유교이며, 사회를 지배하고 있던 모든 미신을 비판한 점에서는 일종의 인생철학이고, 특히 역사적 사실에 대해서 사상적으로 해석한 점에서는 일종의 역사철학이라고 해야 한다. 그중에서 역사적 사실을 종횡으로 논의하며 자신의 철학을 조직한 것은 곳곳에서 중요한 부분을 차지한다. 『춘추春秋』는 대의명분大義名分을 규범으로 삼은 것이며, 『논형』은 자연自然과 천명天命을 기준으로 삼은 것이다. 그 점에서 『춘추』는 도덕적이고, 『논형』은 과학적이다. 당시 사상을 알려 주는 것으로서 이만한 것은 없다. 문제로서 솔성率性, 본성本性처럼 인성에 관한 것이 있다. 복허福虛나 화허禍虛처럼 운명에 관한 것도 있다. 담천談天처럼 지리에 관한 것, 설일說日처럼 천문에 관한 것, 논사論死처럼 불멸에 관한 것, 정귀訂鬼처럼 귀신에 관한 것이 있다. 도허道虛라고 하는 도교 비판과 문공問孔, 자맹刺孟, 비한非韓이라는 유교 비판, 그리고 지실知實, 정현定賢처럼 성현聖賢에 관한 것, 서해書解와 안서案書처럼 경서經書에 관한 것이 있다. 『논형』 전체에 걸친 분명한 색채는 숙명설이다. 이 점은 과학적인 왕충과 어울리는 것 같지 않다.

1. 숙명적 인생관

맨 앞에 「봉우편逢遇篇」을 내세우며 첫 번째로 하는 말은 다음과 같다.

품행이 떳떳하고 현명한 사람이 벼슬길에 나아간다고 해서 항상 중용되는 것은 아니다. 현명한가 아닌가는 자질의 문제이지만 중용되는가 아닌가는 때에 따르는 것이다.

여기에 왕충의 인생관의 기조를 이루는 운명설이 나타나 있다. 이 편에서는 다음과 같은 한 가지 일화를 제시한다.

옛날에 주周나라 사람이 누차 벼슬하려 했지만 백발의 노인이 될 때까지 뜻을 이루지 못했다. 길가에서 울고 있는 노인에게 사람들이 물었다. "무슨 일 때문에 울고 있습니까?" 노인이 대답했다. "여러 차례 벼슬을 원했지만 나이만 들고 때를 놓쳐 이렇게 울고 있습니다." 사람들이 다시 물었다. "어떻게 한 번도 벼슬할 기회를 얻지 못했습니까?" 노인이 대답했다. "젊은 시절부터 학문에 힘써 정통하자 벼슬을 하고 싶었는데 군주는 연로한 사람을 임용하고 싶어 했습니다. 그 군주가 죽고 나서 다음 군주는 무인만 임용했습니다. 그래서 나도 부랴부랴 무예에 힘써 겨우 성취했지만 이 군주가 또 죽어 버렸습니다. 그다음 즉위한 젊은 군주는 젊은이만 임용했습니다. 보다시피 나는 이렇게 늙을 때까지 단 한 번도 벼슬할 기회를 얻지 못했습니다." 벼슬길에 나아가는 일은 때가 있어서 억지로 구한다고 이루어지지 않는다.

다음인 「누해편累害篇」에서 이러한 일은 운명이며 사람의 행위 때문이 아니라고 한다. 생물에게는 재앙이 있기 마련이므로 "외부로부터 화를 당할지라도 결코 자신의 잘못이 아니다. 화를 당하는 근원은 생각해 보지 않고 무조건 화를 입은 당사자만 탓한다면 지혜가 밝지 않고 사물의 이치를 깨닫지 못한 사람이다", "자신의 힘에 의하지 않고 얻은 행운을 '복'이라고 한다. 자신의 탓이 아닌데도 당하는 불행을 '화'라고 하는 것이다"라고 한다. 그리고 자신 때문이 아닌 이유와 그렇다면 무엇 때문인지를 다음과 같이 서술하고 있다.

> 향리와 조정 때문이다. 향리에서는 삼루三累를 당하고, 조정에서는 삼해三害를 당한다. … 이처럼 아직 임용되기도 전에 삼루를 당하고 임용된 뒤에는 삼해를 당하는 것이다. 설령 공자나 묵자일지라도 스스로 벗어나기 어렵고 안회나 증삼일지라도 자신을 보전하기 어렵다.

이는 모두 왕충 자신의 생활 경험에서 나온 일종의 인생관이며, 이 인생관을 증명하려고 사료史料를 두루 참조한다. 저술의 첫째 목적은 이 인생관을 발표하기 위해서였던 것 같다. 다음으로 「명록편命綠篇」에서는 "중용되거나 화를 당하는 일은 모두 명命에 달려 있다. 명의 종류에는 사망, 출생, 장수, 요절의 명과 존귀, 비천, 빈궁, 부유의 명 등이 있다"라고 한다. 다음인 「기수편氣壽篇」에서는 "기氣를 받아 형성된 수명에는 두 종류가 있다. 첫째, 뜻하지 않은 외부의 화에 의해 죽임을 당하는 명[所當觸值之命]이다. 둘째, 신체의 강약과 수명의 장단에 따른 명[彊弱壽夭之命]이다. 촉치觸值의 명에는 전사戰死, 소사燒死, 압사壓死, 익사溺死 등이 있다. 강약수요强弱壽夭의 명은 받은 기의 정도에 따라 결정된다"라고 한다. 다음으로 「명의편命義篇」에서는 다음과 같이 말한다.

> 전傳에서 말했다. "명命의 종류는 세 가지다. 첫째 정명正命, 둘째 수명隨命, 셋째 조명遭命이다." 정명은 본래부터 좋은 명을 받아서 저절로 부귀해지는 명이다. 태어날 때부터 골상도 훌륭하고, 굳이 품행을 쌓아 복을 구하지 않더라도 저절로 부귀해진다. 수명은 힘써 노력하며 품행을 닦아야만 부귀의 복을 얻을 수 있는 명이다. 욕망을 좇아 방종하면 빈천해지고 재앙을 당한

다. 조명은 선행을 행해도 나쁜 결과를 얻는 명이다. 결코 자신이 원하지 않았는데도 우연히 외부로부터 사고를 당하거나 저절로 빈천해지고 재앙을 당한다. … 본성에도 세 가지 종류가 있다. 정성正性, 수성隨性, 조성遭性이다. 정성은 오상五常을 받은 본성이다. 수성은 부모의 본성을 그대로 닮은 본성이다. 조성은 나쁜 사물의 형상을 닮은 본성이다.

삼명설三命說은 "전傳에서 말했다"라고 했듯이 왕충의 의견이 아니다. 삼성설三性說도 마찬가지다. 모두 당시 유명했던 주장들이라는 것을 알게 해 준다. 왕충의 삼명三命에 대한 설명 중에서 정명正命은 선천적으로 길吉한 것이며, 조명遭命은 선천적으로 흉凶한 것이고, 수명隨命은 의지의 힘에 좌우될 수 있는 것이다. 삼성三性도 이와 마찬가지다. 이명二命 중에서 촉치명觸値命은 후천적 운명에 해당하고, 강약수요명彊弱壽夭命은 선천적 운명에 해당한다. 성性과 명命의 관계는 필연적이지 않다. 왕충은 다음과 같이 말한다.

본성은 명과 다르다. 본성은 훌륭하지만 명이 나쁠 수 있고, 때로 본성은 나빠도 명이 좋을 수 있다. 품행은 본성에 달려 있고 길흉화복은 명에 달려 있다. … 본성에는 원래부터 선악이 깃들어 있고, 명에는 원래부터 길흉이 깃들어 있다. 명이 좋은 사람이라면 설령 훌륭한 행동을 하지 않더라도 복을 얻을 수 있다. 명이 나쁜 사람은 설령 덕행을 쌓았을지라도 화를 당할 수 있다.

(「명의편命義篇」)

화복禍福은 운명에 따라 결정된다. 사람의 품행 역시 그 자체로 화복을 초래한다. 편안히 있으면서 아무 일도 하지 않는데 화복이 저절로 도래하는 사람은 운명이 그러하기 때문이다. 집 공사를 시작해 길흉이 자신에게 영향을 주었다면 자신의 행위가 초래한 결과다. (「변수편辨祟篇」)

다음으로 「솔성편率性篇」에서는 성의 선악을 변경할 수 있다고 말하며, 「길험편吉驗篇」에서는 선천적인 명의 실현을, 「우회편偶會篇」에서는 후천적인 촉치의 명을, 「골상편骨相篇」에서는 명과 골법骨法의 관계를, 「초품편初稟篇」에서는 사람은 태어나면서 상응하는 성과 명을 동시에 받는다고 말한다. 이처럼 왕충은 명에 대한 설명에서는 선천적인 것만을 말하면서 의지의 작용을 인정하지 않고 삼명설 중에서 수명을 배제하며, 「변수편」과 「솔성편」에서 촉치명과 수요명 외에 품행에 따른 화복을 약간 인정하는 정도다. 그렇다면 왕충은 품행과 운명 사이에 필연적 관계를 인정하지 않으므로 선한 품행이 길한 운명을 반드시 불러오지 않게 되며 결국 인생의 운명을 선천적인 것에 귀결시킨다.

전傳의 삼명설三命說과 왕충의 이명설二命說의 관계는 다음과 같이 정리할 수 있을 것이다.

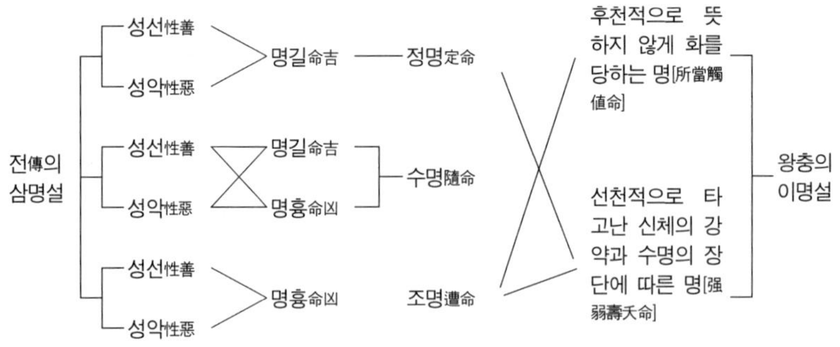

왕충이 얼마나 천명天命을 중요시했는지는 골상을 믿는 데서 알 수 있다. 그러나 왕충은 골상을 단순히 유형의 것에 머물지 않고 무형의

도덕에도 활용함으로써 다행히 미신에 빠지지 않을 수 있었다. "부귀와 빈천의 명만 골상에 갖춰져 있는 것이 아니다. 품행의 청탁도 골상에 깃들어 있다. 빈부귀천은 명에 따라 결정되고 품행의 청탁 정도는 본성에 달려 있다. 골상에는 명뿐만 아니라 본성도 깃들어 있다"(「골상편」)라고 한 데서 이를 알 수 있다.

성의 선악과 명의 길흉은 필연적 관계가 아니며, 양자가 어떻게 관계되는지는 선천적으로 결정된다고 한다. 「초품편初稟篇」에서 다음과 같이 말한다.

> 부귀해질 본성과 천명은 사람이 처음 기를 받을 때부터 이미 결정된다. 성장한 뒤에는 부귀의 명이 증명될 뿐이다. … 사람은 원래부터 천명을 받아 태어난다. 사람은 태어날 때부터 본성과 천명을 함께 받는다. 본성과 천명은 동시에 주어진다. 본성을 먼저 받고 나중에 천명을 받는 것이 아니다. … 문왕文王의 명은 이미 잉태될 때 받은 것이다. 제왕이 될 자가 받은 천명 자체가 본성이며, 밖으로는 형체에 나타난다.

왕충의 명命사상은 공맹을 계승한 것으로 「자기편」에서 다음과 같이 말한다.

> 공자는 이를 명命이라고 말했고, 맹자는 하늘의 뜻이라고 말했다. 길흉이나 안위는 사람의 힘으로 어찌할 수 있는 게 아니다. 옛사람은 그러한 이치를 알았기 때문에 화와 복을 천명 탓으로 돌리고 시운에 맡겼다. 그러면서 호연함과 담박함을 지키며 원망하지 않았다. 복이 찾아와도 자신이 얻은 것이라고 여기지 않았고, 화를 당해도 자신이 초래했다고 여기지 않았다. … 안위와 생사를 동등하게 보았으며, 길흉과 성패를 균등하게 여겼다.

이와 같이 천天·명命·시時는 왕충의 최고 원리다. 일체를 이것에 맡긴다. 그렇다면 천이란 무엇이며 그 내용은 어떠한가? 여기서 왕충은 유교의 입장을 버리고 노자의 대도관大道觀을 사용한다. 항상 공자의 무리임을 자임하면서 최고 원리를 노자의 도道에서 추구하며, 천을 인격적인 것으로 보지 않는 것은 그를 비정상적인 유교라고 평가하는 이유다.

> 사실 무위자연이 천도다. … 한漢 고조는 누가 시켜서 큰 뱀을 벤 게 아니었다. 설마 천도가 먼저 명령했기 때문에 비로소 과감히 베어 죽였겠는가. 본성이 저절로 베도록 했기 때문에 이와 같은 용기를 낼 수 있었다. … 하늘이 문왕에게 대명大命을 내렸다는 뜻이 아니다. 성인의 일거수일투족이 천명의 뜻에 알맞다는 의미다. 하늘의 뜻과 일치되어 하늘이 시킨 일처럼 보였을 뿐이다. … "성왕의 덕행은 하늘의 뜻과 일치한다. 밝음은 일월과 일치한다. 정치적 명령의 순서는 사계절의 순서와 일치한다. 상벌과 길흉은 귀신의 출현과 일치한다. 그러므로 성왕이 하늘의 뜻에 앞서 행동해도 하늘은 그를 버리지 않으며, 설사 하늘의 뜻보다 늦게 행동해도 천시天時를 따르는 셈이다"(『역경易經』「건괘乾卦」문언文言). 만약 반드시 하늘의 뜻을 기다려 행동해야 한다면, 하늘보다 앞서거나 하늘의 뜻보다 늦을 수는 없다.
>
> (「초품편初稟篇」)

명설命說은 여기에 이르러 묘처妙處에 도달한다. 운명에 속박되었다는 인생관은 무위자연의 원리를 추가함으로써 이 속박에서 초탈할 수 있게 되는 것이다.

2. 성설性說

왕충의 성설은 「본성本性」, 「초품初稟」, 「솔성率性」의 세 편에 설명되어 있다. 특히 「본성편本性篇」에서는 고래의 성설을 비판하면서 자신의 의견을 서술한다. 먼저 감정과 본성이 인생의 근본인 이유 및 예악으로써 이를 절제하는 이유를 설명한다.

> 감정과 본성은 사람을 다스리는 근본이며, 예악은 이를 바탕으로 생겨난다. 감정과 본성은 예의로써 흐트러짐을 예방하고 음악으로 조절할 수 있다. 본성에는 겸손한 사양[卑謙辭讓]이 있으므로 예의를 제정해 적절하게 조절한다. 감정에는 호오희로애락好惡喜怒哀樂이 있으므로 음악을 만들어 조화시킨다. 예의 제정과 음악 창작은 감정과 본성에 근거한다.

이를 다음과 같이 간략히 도식화할 수 있을 것이다.

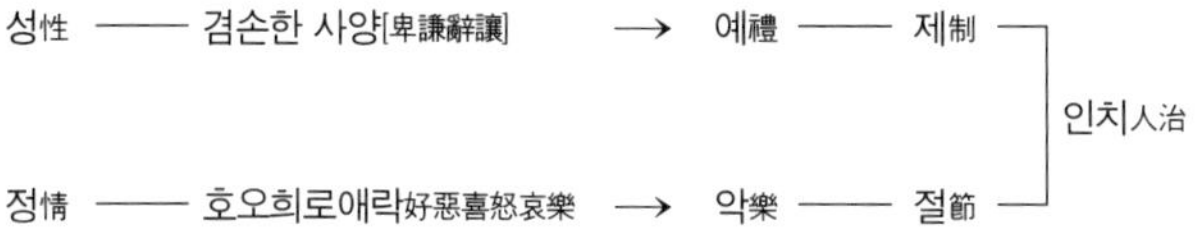

이어서 이를 위해 예전의 유생儒生은 인생의 요체要諦로서 성을 논했지만 여전히 아직 결정하지 못했다고 하면서 역사적으로 각각의 주장들을 서술하는데 간략히 정리하면 다음과 같다.

① 주周나라 사람 세석世碩: 사람의 본성에는 선악이 공존한다. … 이처럼 본성에는 선악이 존재하며 기르는 바에 따라 달라진다. 이에

따라 세석은 「양성養性」 1편을 지었다.

밀자천密子賤, 칠조개漆雕開, 공손니자公孫尼子: 모두 본성에 선악이 있다고 주장했다.

② 맹자孟子의 성선性善: 인간의 본성은 모두 선하다. … 사람이 세상에 태어날 때는 모두 착한 본성을 지니고 있지만 성장하는 중에 외물과 접촉하면서부터 방종하고 도리에 어긋나는 짓을 일삼아 악한 품성이 매일 자라난다.

이에 대해 왕충은 주紂왕은 어린아이였을 때부터 악했고, 진晉나라 귀족이었던 양설식아羊舌食我의 재앙이 그가 태어날 때의 울음소리에서 이미 조짐이 있었다는 예를 제시하며 "본성은 원래부터 그러하며 선악은 받은 기의 본성에 따라 결정된다. 맹자의 정성情性론은 사실과 부합하지 않는다"라고 비판한다.

③ 고자告子: 본성을 선과 악으로 나눌 수 없다. 비유하자면, 동쪽 제방이 터지면 물은 동쪽으로 흐르고 서쪽 제방이 터지면 서쪽으로 흐르는 일과 같다.

이에 대해 왕충은 다음과 같이 말한다. "처음 태내에서 천연의 기를 받아 형성된 본성은 받았을 때는 단순한 자질에 불과하지만 태어났을 때 조짐을 보면 선악을 살필 수 있다. 본성을 선악으로 구분하지 못하더라도 보통 사람[中人]은 어느 쪽으로든 변할 수 있다. 공자孔子는 '보통 이상의 지력을 갖춘 사람에게는 심원한 도리를 말할 수 있지만 보통 이하의 사람에게 심원한 도리를 말하기는 어렵다'(『논어論語』 「옹야雍也」)라고 해서 보통 사람 이상과 이하를 구분하고 있다. 또 공자가 '최상의 지혜와 최하의 어리석음은 교화만으로 변화시킬 수 없다'(『논어』「양화陽貨」)라고 한 것은 최선과 최악의 경우를 말하는 것이다. 또 '본성은 원래 비슷하지만 나쁜 습관으로 말미암아 차이가 생긴다'(『논어』「양화」)라고 한 것은 보통 사람은 변화할 수 있다는 말이다. 고자의 말은 최선이나 최악의 본성을 설명할 수는 없으며 보통 사람에게 해당할 수 있을 뿐이다. 공자는 도덕의 비조이며 가장 탁월한 사상가다. 공자의 말에 근거하면 고자의 말은 아직 사실에 완전히 부합하지 않는다."

④ 손경孫卿의 성악性惡: 사람의 본성은 악하며 선한 품성은 작위적 결과다. 본성이 악하다는 말은 태어날 때부터 악한 본성을 지니고 태어난다는 뜻이다. 작위적이라는 말은 성장한 뒤 노력으로 자신의 행위를 선하게 바꾸었다는 뜻이다.

이에 대해 왕충은 다음과 같이 비판한다. "후직后稷이 어린 시절부터 곡식 심는 일을 놀이로 삼았고 나중에 요임금시대의 사마司馬 관직에 올랐으며, 공자는 제기를 능숙하게 다루었는데 이는 나중에 주周나라 조정에서 성인으로 존숭받는 스승이 되게 했다. 손경의 주장은 사실에 완전히 부합하는 것이 아니다. 유자정劉子政도 '음양陰陽이라는 기가 선악善惡과 상응하지 않는다면 선한 사람이 어떻게 태어나겠는가? 만약 본성이 악하다면 곧 하늘에 기氣가 없다는 것이다'라며 성악을 부정했다."

⑤ 육가陸賈의 성선설性善說: 천지가 사람을 태어나게 했을 때 예의라는 본성을 주었다. 사람은 예의라는 천명을 받았기 때문에 자신을 잘 살필 수 있다. 순응하여 예의에 따라 행동하는 일을 도道라고 한다.

이에 대해서 왕충은 다음과 같이 말한다. "육가의 주장은 일부분만을 본 것이다. 본성이 선한 사람은 일일이 성찰하지 않더라도 저절로 착해지기 마련이며, 본성이 악한 사람은 아무리 성찰하더라도 예의에 어긋난다. 육가의 주장은 여전히 사실이 아니다."

⑥ 동중서董仲舒의 정성情性: 하늘의 도에는 음陰과 양陽이 있다. 사람의 도에는 감정과 본성이 있다. 본성은 양에서 생기고 감정은 음에서 생긴다. 음기陰氣는 비열하고 양기陽氣는 어질다. 사람의 본성이 선하다고 말한 사람은 그 양기를 본 것이고, 본성이 나쁘다고 말하는 사람은 그 음기를 본 것이다.

이 주장은 선악이 성정性情을 가리키고, 성정은 음양에서 생기며, 그리고 음양에서 만물이 발생하는 이상 사람에게 성정과 선악이 내재하며, 마음[心]은 그 통일체라는 것이다. 이에 대해 왕충은 다음과 같이 말한다. "감정과 본성은 모두 음양에서 생기며, 순수한 양이나 순수한 음이란 것은 없고 어느 경우든 두 가지가 합쳐져 있으면서 두텁거나 얄팍할 뿐이다. 동중서의 말은 사실에 부합한다고 할 수 없다." 이 편(「본성편本性篇」) 맨 뒷부분에 이상의 내용을 개괄하면서 언급하고 있는 양웅揚雄의 선악혼설善惡混說은 동중서의 주장과 같다.

⑦ 유자정劉子政: 본성은 태어나면서부터 지니고는 있지만 겉으로 드러나지는 않는다. 감정은 외물과 접촉해서 형성되어 드러난다. 외부로 드러나는 모습을 양이라 하고 드러나지 않는 것을 음이라 한다.

여기서는 마음에 동정動靜의 두 가지 면이 있다고 보고 움직이지 않는 정의 한 면을 성性, 음陰이라고 하며, 움직이는 동의 한 면은 정情, 양陽으로 간주하고 있는데 성정과 음양의 관계가 동중서와 상반된다. 동중서는 선악을 기준으로 삼아 음양을 바라보고, 유자정은 동정을 기준으로 삼아 음양을 이해하는 것이다. 이에 대해 왕충은 다음과 같이 말한다. "발생하는 근본에 근거하지 않고 겉으로 드러나는가 아닌가로써 음양을 결정할 수는 없다. 본성의 선악을 논하지 않고 내부와 외부의 관계만으로 음양을 말할 수는 없다. 본성은 내부에 있으면서 외물과 접촉하지 않는다는 것은 사실과 다르다. 본성 또한 외물과 접촉해서 겉으로 드러난다. 겸손과 사양은 바로 본성의 표출이다."

이상과 같이 고금의 성설性說을 모두 열거한 뒤 왕충은 개괄적으로 다음과 같이 말한다.

> 맹자 이하 유자정에 이르기까지 모두가 풍부한 학식과 견문을 지닌 대유학자들이다. 그런데도 감정과 본성에 대해서는 의견이 확정되지 않았다. 다만 세석과 공손니자 등의 주장은 상당히 타당하다. … 천명은 귀천으로 나누어지고 본성은 선악으로 나누어진다. 본성에 선악의 차이가 없다는 주장은 천명에 귀천이 없다는 말과 같다. … 내 생각으로는 맹자의 성선설은 보통 사람 이상에만 적용할 수 있고, 손경의 성악설은 보통 사람 이하에만 해당하며, 양웅의 선악혼합설은 보통 사람에게만 해당한다.

왕충의 성설은 그의 명설命說에서 추론해 보면 선악이 있다는 것이다. 그리고 고자의 주장에 대한 비판 및 양웅의 주장에 대한 비판에서 그가 보통 사람인 중인中人을 인정하고 있으므로 종합하면 선善, 악惡, 중中의 삼성설이 된다. 중인은 교육에 따라 선해지거나 악해지는 양면성이 있으며, 세상 대부분 사람들이 이에 해당한다는 것이다. 이처럼 왕충이 중인의 경우 교화의 효과를 인정하면서도 근본적인 성性에 천명으로서 선악의 두 부분을 인정한 것은 그의 성명관性命觀에서 비롯된 당연한 결과다. 이 선악대립성은 후대 송유의 관점에서 본다면 기질성氣質性이며, 왕충은 기질성을 말하지만 아직 천지성天地性을 말하지는 않는다. 그러나 천지성에 대한 언급이라고 할 만한 맹아가 있다. 그것은 선천성의 변화를 말한 곳에서 나타난다. 왕충은 이미 선악의 선천성을 인정했다. 이 선천성은 변화하지 않는가? 아니면 변화할 수 있는 것인가? 이에 대해 논하고 있는 것이 「솔성편率性篇」이다. 이는 수양설修養說이다. 여기서 왕충은 의지의 힘을 인정한다.

> 인간의 본성을 연구해 보면 선하거나 악한 본성은 원래부터 정해져 있다. 본성이 선한 사람은 원래부터 선하다. 본성이 악한 사람은 반드시 힘써 가르치고 이끌어서 선하게 만들어야 한다.

이는 선천적인 성악性惡이 후천적인 수양을 통해 변화할 가능성이 있다는 말이다. 동시에 선성善性도 악하게 변화할 수 있고, 악성惡性도 선하게 변화할 수 있는 것이다.

> 사람의 선한 본성은 악하게 바뀔 수 있고 악한 본성은 선하게 변할 수 있다. … 쑥이 삼대 사이에서 자라면 지주를 받쳐 주지 않아도 저절로 곧게 자란다. 하얀 비단을 검은색 염료에 담그면 물들이려 하지 않아도 저절로 검어진다. 쑥의 본성은 원래부터 곧지 않았다. 비단의 바탕은 원래부터 검은색이 아니었다. 그러나 삼대가 지주로 받쳐지자 곧게 자랐다. 검은색 염료 속에 담기자 검게 변할 수밖에 없었다. 사람의 본성도 쑥이나 흰 비단과 같다. 이끄는 방향에 따라 본성이 선하거나 악하게 바뀔 수 있다. … 일반 쇠도 단련을 거쳐 변화시킨다면 명검으로 바뀌기 마련이다. 하물며 오상五常의 본성을 지닌 사람은 성현이 아직 그를 단련시키지 않았을 뿐, 본성이 좋지 않다고 걱정할 필요는 없다. … 사람은 본성과 명命이 병들면 악한 행동을 한다. 교육과 치료가 더해지지 않는다면 결코 변화시킬 수 없다. 도道에는 자

연적인 도와 인위적인 도가 있다. 자연적인 도는 저절로 하늘의 뜻에 부합한다. 인위적인 도일지라도 지혜와 기교를 더한다면 자연적인 도와 다를 바 없다. … 본성이 악한 사람을 본성이 선한 사람처럼 만들 수 있는가? 힘써 이끌면 선하게 할 수 있다. 달라지게 할 수 있는가? 역시 … 학문으로 이끌어 주고 교육하며 덕으로 감화할 수 있다. … 사람의 본성은 교육을 통해 바뀔 수 있으며, 타고난 본성만의 문제는 아니다.

왕충은 이와 같이 선천성으로서 선악을 인정하면서도 마침내 수양과 교화를 통해 선해질 수 있다고 한다. 이에 이르면 결국 성선이 될 수밖에 없다. 단, 선의 의미에 깊고 얕음이 있다. 선악 대립의 경우에서 성은 기질성이다. 성선 유일의 경우에서 성은 천지성이다. 그리고 왕충은 천지성을 말하지는 않았지만 「솔성편」에서 그의 숙명설은 이를 벗어날 수 있었다고 해야 할 것이다. 그러면 선천성이 변화할 수 있는 근거는 어디에 있는가. 이는 그의 본체설本體說에서 나타난다.

3. 본체설本體說

성性이 변화할 수 있는 이유는 천지만물이 모두 일기一氣로 이루어졌기 때문이다. 일기는 왕충의 본체本體다. 사람의 선악이 모두 동일한 기인 이상 그 사이에 변화의 가능성이 있는 것은 당연하다.

받은 기氣가 두텁거나 엷기 때문에 본성에 선악이 있는 것이다. … 사람의 선악은 모두 하나의 원기元氣이지만 기의 많고 적음에 따라 현명하거나 어리석게 된다. (「솔성편率性篇」)

일기가 흐르면서 만 가지 모습이 되는 것은 그 기의 두텁고 옅음에 달려 있다. 두텁고 옅음은 변화가 나타나는 조건이며, 사람이 선과 악의 두 가지 본성으로 구분되는 것은 이에 따른다. 이 두텁고 옅음을 변화시킬 때 선악의 본성을 변화시킬 수 있으며, 꾸준한 수양을 쌓으면 기를 두텁게 할 수 있다는 것이다.

> 동일한 천지가 함께 만물을 낳는데 만물은 일기一氣를 함께 받아서 태어나면서 기氣의 두텁고 옅음의 차이가 있다. 이는 만세에 걸쳐 마찬가지다.
> (「제세편齊世篇」)

어째서 기의 다소가 있는가? 근본 원리를 무위자연에서 추구한 왕충은 이를 자연自然에 귀결시키면서 천의天意, 천도天道, 천지天地, 조화造化 등의 관념을 허용하지 않는다.

> 유자儒者들은 "천지가 의도적으로 사람을 낳았다"라고 주장한다. 이는 잘못된 말이다. 천지의 기가 결합해서 사람이 우연히 저절로 태어난 것이다. 마치 부부의 기가 합쳐져서 자식이 저절로 태어나는 것과 같다. … 사람이 천지간에 태어나는 일은 물고기가 연못에 태어나고, 이가 사람 몸에 서캐를 낳는 일과 같다. 기에 의해 생겨나고 동류끼리 상대하며 서로를 낳는다. 만물이 천지간에 탄생하는 사정은 모두 비슷하다. … 천지의 기가 합쳐지면 만물은 뜻하지 않게 저절로 발생한다. (「물세편物勢篇」)

> 사람이 태어나는 이유는 음양의 기氣 때문이다. 음기陰氣는 골육이 되고 양기陽氣는 정신이 된다. (「정귀편訂鬼篇」)

왕충은 기를 본체로 삼아서 만물을 평등한 것으로 간주하며 사람과 만물 사이에 구별이 없다는 평등관平等觀으로까지 나아간다.

> 사람은 동물이다. 비록 존귀한 왕후일지라도 본성은 동물과 다르지 않다. 죽지 않는 동물이 없는 이상, 사람 역시 신선이 될 수 없다. (「도허편道虛篇」)

> 사람은 사물이며 만물도 사물이다. (「논사편論死篇」)

> 동물 360종류 가운데 사람이 우두머리다. 사람은 동물이지만 만물 중에서 지혜가 있다. 사람의 수명은 하늘에서 받았고, 기氣는 천지의 기운인 원기元氣에서 받았으므로 만물과 차이가 없다. … 천지의 본성은 사람을 존귀하게 여긴다. (「변수편辨祟篇」)

왕충은 곳곳에서 천지의 본성[天地之性]이라는 표현을 사용하지만 송유가 말하는 천지성天地性을 말하는 것은 아니며 태어난 이후를 말하는 것이다.

왕충의 일기설一氣說은 사상적으로 후세 송유의 본체설과 같다. 송유에 이르러 추가된 것은 이理와 천지성이다. 일기는 불교에 빗대어 보면 극미설極微說보다는 뇌야설賴耶說에 가깝다. 다만 물질적 성질을 지닌 점은 다르다. 만약 왕충의 말대로라면 일기는 어째서 두텁고 옅으며 선악으로 구분되는가, 또 어째서 선하게 되거나 악하게 될 수 있는가? 그 사이에서 필연적인 이성적 도道를 추구한다면 자연설自然說의 범주에서 벗어날 수 있다. 자연설은 중국 민족의 기초 원리로서 없앨 수 없는 세력이 있다. 왕충처럼 이성적인 학자도 결국 이것을 타파할 수 없었다.

4. 도덕道德의 본원本源

사람은 일기一氣를 받아 이루어진다. 기氣에는 오행五行이 있으며 이것은 오상五常이 발생하는 본원이다.

> 사람의 신체는 오행의 기를 품고 있기 때문에 오상의 품행을 갖춘다. 오상은 오행의 도道이다. (「물세편物勢篇」)

> 상고시대 사람들도 마음에 오상의 도덕을 지니고 있었으며, 후세 사람 역시 오상의 도덕을 지니고 있다. 모두 다 오상의 도덕을 지니고 공통의 기를 받고 태어난다. (「제세편齊世篇」)

일기의 오행은 당연한 것으로서 일반적으로 인정되었으므로 일기가 왜 오행으로 나뉘는지 즉 일기와 오행의 관계에 대해서는 설명이 없다. 이는 또 결국 자연의 도道라고 말하게 되는 것이다. 혹은 기가 오행으로 변하는 것은 기가 가진 가능성이라고 보았던 것일까? 여기서 주의할 점은 오행과 변화의 가능성이 있는 기를 받은 이상 어떤 사람도 도덕을 갖게 된다는 것이다. 여기서 마땅히 인간 사이의 차별성을 인정하더라도 결국은 모두가 성인이 될 수 있다는 일체성성설一切成聖說의 맹아가 보인다. 여기서도 선악이성설善惡二性說과는 모순이 있다. 그의 사상은 일원론에 도달했지만 여전히 돌파하지 못한 관문이 있으며, 이 때문에 논리적 명확성을 결여한다. 대체로 이론적으로 진전했어도 항상 자연의 대도大道에 봉착해서 안주했기 때문이다.

5. 자연무위自然無爲

왕충은 최후의 원리를 무위자연에서 찾으며, 수도修道의 궁극적 경지는 황로黃老에 두고 있다.

천지의 기가 결합해서 사람이 우연히 저절로 태어난 것이다.

(「물세편物勢篇」)

천지의 기가 합쳐져 만물이 저절로 탄생하는 일은 부부의 기가 합쳐져 자식이 저절로 생기는 일과 같다. … 사람이 자녀를 갖고 싶어서 정기를 발산하지는 않았지만, 정기가 발산되면 자식은 저절로 생기기 마련이다. 천체의 운행에는 만물을 낳고 싶은 욕망이 없지만, 만물은 저절로 생겨난다. 이러한 일이 자연의 법칙이다. 하늘은 기를 발산시켜 만물을 낳고 싶다는 욕망이 없지만 만물은 저절로 발생한다. 이러한 일이 무위다. (「자연편自然篇」)

무위無爲인 자연에서 유위有爲의 만물이 나타나는 것은 무엇 때문이냐면 기氣가 발산되어 엳어지면서이다. 유위와 무위는 이 점에서 대립한다. 그럼에도 그 근본은 다른 것이 아니다.

도덕이 훌륭하고 순후한 사람은 천지의 기를 많이 받고 있으므로, 하늘의 법칙에 따라 무위자연의 경계에 도달할 수 있다. 받은 기가 적은 사람은 도덕규범을 따르지 않고 천지의 무위와 닮지 않았기 때문에 불초不肖하다고 말한다. '불초'란 닮지 않았다는 뜻이다. 천지의 무위를 닮지 않았으며 성현의 도덕규범을 따르지 않고 다른 생각을 품기 때문에 유위하다고 말할 수 있다. 천지는 용광로이며 조물주는 장인에 해당한다. 사람은 받은 기가 동일하지 않으므로 모두 성현이 될 수는 없다. 가장 순수한 성현은 황로黃老다. (「자연편自然篇」)

왕충은 도교를 배척하면서도 노자를 존중하며 이상적 인격으로 삼는다. 당시의 도교는 청정한 무욕無欲으로 수명을 늘려 신선이 되는 것을 노자의 도道라고 여겼다. 노자를 수명을 연장하여 신선이 된 진인眞人으로 여겼지만 아직 신격화하지는 않았다. 왕충이 공자를 인생의 목표로 삼았음에도 불구하고 황로를 이상적 존재로 삼은 것은 그의 근본 원리에서 비롯된 것이다.

고귀하고 큰 재능을 가진 사람으로 공자를 능가할 사람은 없다. … 육체는 초목이 그렇듯 썩어 없어지지만 그들의 명성은 일월처럼 찬란히 빛난다. 행적은 공자에 비해 곤궁하지만 문장으로 양웅揚雄과 쌍벽을 이룬다면 나 왕충은 영광으로 여긴다. (「자기편自紀篇」)

노자가 신격화된 경로와 인연을 탐구하는 일은 중국문화사에서 중대한 의의를 갖는다. 명제明帝시대에 혹은 이전에 예배되었던 흔적이 있다. 왕충이 그를 순수한 성현으로 여긴 것은 당시의 노자에 대한 관점을 반영한 것이다.

6. 천天

왕충의 천天에 대한 관념은 여기저기서 나타나지만, 「복허편福虛篇」의 선악善惡과 화복禍福의 보응관계 중에서 가장 극명한데 전혀 천의

天意를 인정하지 않는다.

> 세상 사람들은 "선행을 하면 복이 찾아오고 악행을 하면 화가 닥친다. 화복의 감응은 모두 하늘에 달려 있다. 사람의 행위에 따라 하늘이 감응한다. 드러난 은혜에 대해서는 군주가 그에 대해 상을 내리고, 숨겨진 덕에 대해서는 하늘이 그 덕에 보답한다"라고 말한다. 현인이나 어리석은 사람을 막론하고 그렇게 여기지 않는 사람은 없다. … 어쩌면 성현이 반드시 그러하다는 말로 착한 행위에 대한 보답이 있다는 사실을 밝히려고 했는지도 모른다. 간혹 때에 따라 우연히 복을 얻으면 복을 얻은 사람도 당연히 이 말을 믿는다. 그러나 하늘이 복을 내릴 수는 없다. (「복허편福虛篇」)

> 옛날 군신들의 곤궁과 나중의 영달을 생각해 보면, 반드시 처음에는 잘못이 있었기 때문에 하늘의 화가 미쳤고, 나중에는 훌륭했기 때문에 신의 보우가 뒤따랐다고 할 수는 없다. 한 개인의 행위나 품행은 어른이 되고 나서 죽을 때까지 전후에 별 차이가 없다. 그러나 때로는 성공하고 때로는 실패한다. 때로는 전진하는 시기가 있고 때로는 후퇴할 수밖에 없는 시기도 있다. 때로는 곤궁하고 때로는 형통한다. 때로는 온전하지만 때로는 어려움을 당하기도 한다. 복을 받거나 화를 당하는 일은 천명과 때에 따르기 마련이다.
> (「화허편禍虛篇」)

유교에서 특히 중요한 위치를 가지는 천이라는 관념은 왕충에게서는 단순히 무위자연일 뿐이다. 어떠한 의지도 없다. 도덕률과 자연율은 전혀 별개의 것에 속한다. 왕충은 도덕정치와 자연의 질서 사이에 어떠한 관계도 인정하지 않는다.

> 흉년과 풍년 여부는 그해 세성歲星의 위치가 결정한다. 홍수나 가뭄이 들어 곡식이 여물지 못해 흉년이 들지라도 정치의 잘못 때문이 아니다. 세성의

위치에 따른 시수時數가 자연히 그러하기 때문이다. 홍수나 가뭄이 정치의 잘못 때문이라고 단언한다면 걸왕과 주왕보다 무능한 위정자는 없으므로 항상 홍수나 가뭄이 들었어야 했다. 그런데 걸왕과 주왕 시절을 살펴보면 기아나 흉년의 재앙이 없었다는 사실을 알 수 있다. 재앙이 찾아올 때는 종종 저절로 그렇게 된다. (「치기편治期篇」)

7. 영혼의 멸불멸滅不滅

왕충은 귀신을 부정하며, 영혼은 멸한다고 주장한다. 양진兩晉 이래 남북조에 이르기까지 불교의 불멸설不滅說에 대해서 멸설滅說이 많았던 것은 왕충에게서 나타나는 것과 같은 사상이 보급되었기 때문은 아니었을까?

세상에서는 "사람이 죽으면 귀신으로 변하며, 귀신은 지각이 있어서 사람을 해칠 수 있다"라고 말한다. 그러나 사물의 부류라는 점에서 따져 보면, 죽은 사람은 귀신으로 변하지 않으며 지각도 없어서 다른 사람을 해칠 수 없는데 어떻게 그 말을 증명하겠는가. 사람은 사물이며 만물 또한 사물이다. 사물은 죽으면 귀신이 될 수 없는데 어째서 사람만 유독 귀신으로 변할 수 있겠는가. … 죽은 사람은 귀신이 될 수 없다. 어떠한 지각도 없다. 사람이 태어나기 전까지는 아직 지각이 없다. 사람이 태어나기 전에는 원기元氣 속에 존재하며, 죽은 뒤에도 다시 원기로 되돌아간다. 원기는 어슴푸레해서 분명치 않은 모습이며, 사람의 기는 그 속에 존재한다. 태어나기 전에는 지각이 없으며, 죽으면 역시 지각이 없는 근본으로 돌아간다. 어떻게 지각이 있겠는가. (「논사편論死篇」)

하나의 원기元氣를 본체로 하고, 원기의 취산으로 사람과 사물의 생사를 설명하는 왕충에게서 귀신이 설 자리는 없으며, 또 정신의 불멸을 설정할 수도 없다. 귀신을 부정한 것은 그렇다고 해도, 불멸을 주장하지 않은 이유는 무엇일까?

> 사람의 정신은 사물의 정신과 같다. 사물이 살아 있을 때는 그 정신이 병들 수 있지만 그 사물이 죽으면 정신도 사라진다. 사람도 사물과 마찬가지로 죽으면서 정신 역시 소멸된다. 어떻게 해를 입힐 수 있겠는가?
>
> (「논사편論死篇」)

왕충은 물질적인 하나의 원기, 물질적인 귀신이나 정신을 고려한데 지나지 않으며, 원기라는 관념은 한층 더 다듬어져야 할 것이다.

이상으로 불교가 처음 전래된 시대의 사상계의 정황을 살펴보기 위해 조금 상세하게 왕충의 사상을 서술했다. 남겨진 문제로서 여러 가지 밝혀내야 할 것들이 있다. 1) 본체론적으로 기氣의 성질, 2) 현상론적으로 어째서 기에 두텁고 옅음이 있는지, 3) 인성론적으로 성性의 선악, 4) 수도론修道論으로서 모든 사람에게 성인聖人이 될 가능성이 있는지, 의지의 힘을 어떻게 설명해야 하는지, 5) 종국론終局論으로서 영원성을 어디에서 찾아야 하는지 등이다.

부설附說

1. 모자牟子 「이혹론理惑論」에 관해

대략 후한後漢시대의 것으로 추정되고 있는 모자牟子의 「이혹론理惑論」이라는 글이 있다. 여기에는 상당히 주의할 만한 내용이 있어서 삼교 교섭사에서 이 글을 논할 필요가 있는데, 나는 몇 가지 이유에서 이 글이 남북조 초기의 것이라고 판단한다. 그래서 남북조시대 부분에서 살펴보기로 하고 지금은 생략하며 간략하게만 언급해 둔다.

2. 오吳 강승회康僧會의 유불조화설儒佛調和說

삼국시대의 오吳나라에 강승회康僧會(?~280)가 있었다. 양梁나라의 『고승전高僧傳』에 따르면 오나라의 군주 손호孫皓(재위 264~280)의 명령을 받은 장욱張昱과 불교와 유교의 동이同異를 논쟁했다. 그들은 유교 경전의 격언格言과 불교의 명훈明訓은 같지만 주공周公과 공자의 말씀은 우리와 가까운 자취를 보여 준 것이고 부처의 가르침은 그윽하고 먼 자취를 말한 점에서 다르다고 판단했으며, 장욱은 심복했다고 전해진다. 유교와 불교는 도덕적으로는 다를 바 없더라도 철학적 이치에서는 서로 다르다고 말하는 것이다. 오나라를 대표한 장욱이 이에 복종한 것을 보면 당시 사상계가 이를 승인했다고 볼 수 있다. 이는 실로 문헌에 나타난 최초의 유불관계설儒佛關係說 즉 일종의 조화설이다.

불유佛儒시대

제2장

제1절

동진東晉시대

1. 화호化胡사상과 삼성화현설三聖化現說

위진시대는 노장사상이 주류였으며 유불 양 교는 별다른 관계가 없었지만 동진시대가 되자 불교가 사회적으로 이상하리만치 진보하면서 유교주의의 위정자에게 도덕적으로도, 사상적으로도, 사회적으로도 여러 가지 문제를 일으킨다. 이 시대 『청정법행경淸淨法行經』의 삼성화현설三聖化現說은 본적本迹사상에 의거해 삼교의 조화를 시도한 것이다. 대략 이것은 서진 왕부王浮의 노자화호老子化胡사상의 여파이며, 이 화호사상에 대항하기 위해 불교자들은 노자와 공자와 안회를 보살의 권현權現이라고 간주한 것이다. 보살의 권현사상은 아마도 부처의 전기인 본생담本生談에서 탈바꿈한 것이다. 부처의 전기는 일찍이 후한시대에 식자들 사이에서 유행하면서 노자를 신격화할 정도로 영향을 주었는데, 특히 권현사상을 보급시킨 것은 오나라 때 지겸支謙이 번역한 『서응본기경瑞應本起經』이라는 최초의 본생담이다.

> 이와 같이 올라가서는 천제天帝가 되고, 내려와서는 성주聖主가 되기를 각각 서른여섯 번을 반복하여 한 바퀴 돌고 나면 다시 시작하고 이렇게 변화하여 때를 따라 나타나곤 하였는데, 때로는 성제聖帝가 되기도 하고, 혹은 유림儒林의 종주가 되기도 하였으며, 국사國師와 도사道士가 되는 등 곳곳마다 화현한 것을 이루 다 기록할 수 없느니라.

이 경전이 남북조시대의 글들 속에 자주 인용된 것을 보면 사람들이 얼마나 애독했는지를 알 수 있으며, 유림의 종주 및 도사와 결부시킨 표현들은 수적설垂迹說을 존재하게 하는 굳건한 기초가 된 것이다.

『청정법행경』의 삼성화현설은 남북조시대 석승순釋僧順의 「석삼파론釋三破論」(『홍명집弘明集』)에서 인용하고 있지만, 한층 명료한 것은 북주 도안道安의 「이교론二教論」(『광홍명집廣弘明集』)에 인용된 것으로 다음과 같다.

부처는 세 명의 제자를 진단震旦(중국)으로 보내 교화하게 했는데, 유동보살儒童菩薩은 중국인들이 공구孔丘라 부르고, 광정보살光淨菩薩은 안연顏淵이라고 하며, 마하가섭摩訶迦葉은 노자老子라고 부른다.

삼성화현설은 더욱 전개되어 복희伏犧와 여와女媧도 화현이라고 한다. 「이교론」 중에서는 『수미사역경須彌四域經』을 인용하며 "보응성보살寶應聲菩薩의 이름이 복희이며, 보길상보살寶吉祥菩薩의 이름은 여와다"라고 말한다. 당시 『법행경法行經』이 번역되지 않아 의혹에 휩싸여 있었다는 정황이 보이는데, 도안은 「이교론」에서 "『법행경』을 번역한 사람이 없다면, 비록 의과疑科에 편입시켰다 하더라도 그 넓은 뜻을 해치지는 않는다"라고 말한다. 최초의 화현설은 『출삼장기집出三藏記集』에 따르면, 동진시대에 번역된 『관정총묘인연사방신주경灌頂塚墓因緣四方神呪經』 중에 다음과 같은 내용이 있다.

염부계閻浮界 안에는 진단국震旦國이 있는데 내가 세 명의 성자를 보내어 교화시키고 인도하였다. 그러므로 백성들이 자비와 슬픔, 예의를 다 갖추어 상하가 서로 따르며 거역하는 사람이 없다.

『법행경』은 세 명의 성자가 교화하고 인도했다는 이 말에 따라서 삼성三聖은 공자, 안연, 노자라고 여긴 것이다. 이 경전은 양 승우僧祐(445~518)가 편찬한 『출삼장기집』 제4권의 실역잡경失譯雜經 중에 기재되어 있고, 수의 법경法經 등이 편찬한 『중경목록衆經目錄』에는 중경의혹衆經疑惑 부분에, 당 지승智昇(658~740)의 『개원석교록開元釋教錄』에서는 의혹록疑惑錄에 속해 있으며, 대주大周에서 개정하여 정경正經

에 포함시켰다고는 해도, 이치상 매우 어긋나고 의미는 상식을 벗어나는 등의 이유로 정록正錄에서 배제된다. 이것은 말할 필요도 없이 의경疑經이다. 우리들은 단지 이러한 의경이 등장했던 시대적 사조를 관찰한다는 점에서만 이 경전의 의의를 인정할 수 있을 것이다.

2. 불교에 부가된 여러 문제

동진시대는 유불이 습합한 시대이며, 유교를 불교에 부속시켜서 차라리 불교적 유교라고 이름을 붙여야 할 사상이 등장한 시대다. 그렇지만 이때 유교주의 지식인들이 제기한 불교 비판은 여러 방면에서 나타나며 항상 반복적으로 후세까지 이어져 오늘날에도 여전히 동일한 문제를 반복한다고 할 수 있다. 이러한 문제를 분류하면 다음과 같다.

1. 사회적 문제	• 일하지 않고 먹는다. • 사찰 건립 등을 위해 국가 재정을 낭비한다. • 조세와 부역을 회피한다. • 나라를 다스리는 데 아무 도움이 안 된다.
2. 윤리적 문제	• 천륜을 어긴다: 부모를 등지고 처자를 버린다. • 예경에 위배된다: 거식踞食하고, 단복袒服하며, 왕에게 예경하지 않는다. - 정도자鄭道子, 범태范泰의 거식에 관한 글이 있다. - 혜원慧遠의 「사문단복론沙門袒服論」은 하진남何鎮南의 질문에 답한 것이다. - 먼저 유빙庾氷의 예경 문제, 나중에 환현桓玄의 예경 문제가 있었다. 혜원의 「사문불경왕자론沙門不敬王者論」은 환현의 시대에 지어졌다.
3. 사상적 문제	• 말은 화려해도 아무 징험이 없다: 이와 관련해 신멸불멸神滅不滅, 보응報應 문제가 있다. 「신불멸론神不滅論」, 「갱생론更生論」, 「삼보론三報論」 등이 있다.

신명론神明論에 관해서는 혜원이 심心, 의意, 식識을 변별한 설명이 있고, 나집에게 질문한 후의 것으로 「식추억전식識追憶前識」(『구마라집법사대의鳩摩羅什法師大義』)의 문제가 있다. 왕치원王稚遠이 나집에게 질문한 「문정신심의식問精神心意識」 및 「문열반유신부問涅槃有神不」(『출삼장기집出三藏記集』)의 문제가 있었다. 유중초庾仲初의 「신불갱수형론神不更受形論」(『출삼장기집』)이라는 주장도 있었다. 나군장이 손성에게 대답한 「갱생론更生論」(『홍명집弘明集』)이 있으며, 정도자의 「신불멸론神不滅論」(『홍명집』)도 있다.

보응론報應論에 관해서는 혜원이 대안의 「석의론釋疑論」(『광홍명집廣弘明集』)에 대응해서 「삼보론三報論」(『홍명집』)을 저술한다. 또 환현桓玄(369~404)이 살생을 해도 죄가 없는 것 같다는 의문을 제기하자 이에 대응해서 「명보응론明報應論」(『홍명집』)을 저술한다. 이후 이 문제는 사상계의 표면으로 크게 부각한다. 이에 앞선 요홍의 「통삼세론通三世論」(『광홍명집』)도, 현존하지는 않지만 축도생竺道生(355?~434)의 「선불수보善不受報」도 부분적으로는 이 문제와 연관된 것이다. 그리고 도생의 「선불수보」에 관련해서 석경釋鏡의 질문과 승거僧璩의 답변(『출삼장기집出三藏記集』)도 있었다. 치초郗超(336~377)는 보응에 관해서 「전생론全生論」(『출삼장기집』)을 지었다. 또 범태范泰(355~428)의 질문과 변담卞湛의 답변으로 구성된 「보응론報應論」(『출삼장기집』)도 있었다. 임성任城 지역의 팽승彭丞이 「무삼세론無三世論」(『고승전高僧傳』)을 저술하자 이에 대해서 유송 원가元嘉시대의 승함僧含이 「신불멸론神不滅論」과 「업보론業報論」(『고승전』)을 저술했다. 또 법민法愍은 「현험론顯驗論」(『고승전』)을 지었다.

3. 도안道安과 습착치習鑿齒

동진시대에 불교인들의 으뜸은 불도징이며 도안은 그의 제자다. 도안은 유가儒家 출신으로서 강건한 기백을 지닌 인물이다. 당시는 노장사상이 왕성하던 시대였는데 허황된 경향으로 흘러감에도 이를 막지 못하자 견실한 기초를 추구함으로써 인생의 의의를 다지려고 번민하는 사람들이 점차 나타났다. 대부분 유교도 혹은 유교 출신의 사람들이었다. 그래서 유교는 표면적으로 드러나지는 않았어도 유교 정신은 여러 방면에서 나타나며 때로는 불교와 조화를 시도하고 때로는 불교를 섭취하려고 했다. 이 글의 제2장을 불유시대라고 이름 붙인 것은 이 때문이다.

도안은 자신의 소신이 확고한 사람으로서 기개가 유달리 뛰어난 인물이다. 그 기개는 유교 출신이었기 때문일 것이다. 그는 노장화된 불교를 불교 독자적인 모습으로 되돌리려고 힘쓴다. 시대적 흐름상 그 자신은 상당히 노장적 외형이었더라도 정신은 항상 독립적 불교를 건설하려고 일생 동안 노력한다. 그의 사상은 아마도 유교로부터 나와서 노장으로 들어간 후 다시 유교로 돌아가며, 이 과정에서 불교와 일치점을 드러내는 것이다. 동시대에 남방南方의 축도잠竺道潛(286~374), 지둔支遁(314~366)이 본무설本無說에 그친 데 반해 도안이 본무설이면서 동시에 진여설眞如說인 것은 현실로 돌아오려는 한 걸음의 노력을 보여 주는 것이다. 그를 불교적 유교자라고 해도 불가능한 말은 아니다. 도안의 친구로서 습착치習鑿齒(?~384?)라는 사람이 있는데 지조가 굳은 처사處士다. 아마도 도교도는 아니고 불교에 대한 이해가 있는 학자인 것 같다. 양『고승전高僧傳』 제5,「도안전道安傳」 중에 그가 도안이라는 인물에 대해 사안謝安(320~385)에게 보고하는 편지가 실려 있는데, 이 편지 내용상 그는 완고한 학구學究가 아니라는 것을 알 수 있다. 청의 팽제청彭際淸(1740~1796)은『거사전居士傳』에서 그의 이름을 열거하지 않았지만, 대체로 유교에 입각한 학자다. 그렇다면 그를 불유 최초의 인물이라고 보아야 할 것이다.

4. 손성孫盛의「노담비대현론老聃非大賢論」,「노자의문반신老子疑問反訊」

동진시대에 노장사상이 발호하면서 점차 그 폐단을 감당할 수 없게 된다. 그래서인지『진서晉書』 제91에 따르면 예장豫章 지역의 태수太守 범녕范寧(339~401)이 유교에 박식한 사람들을 모아 향교를 세우고 가르치게 했는데 항상 수백 명이 있었다고 한다. 이는 근본적인 사상의 개조를 시도한 것으로서 상당한 반향이 있었다. 이보다 앞서 예장 지역에서는 범선자范宣子가 있었다. 조위曹魏의 정시正始 이래로 계속해서 노장을 숭상한 데 분개하며 태유太儒라고 자임하는데 논변은 일찍이 노장에 미치지 못했다. 강주江州 지역은 두 명의 범范씨에 영향을 받아 경학經學을 선호하게 된다. 중국불교사에서 위대한 인격자로서 명성을 떨친 여산廬山의 혜원은 불교에 귀의하기 이전 범선자를 만나서 함께 은둔하자는 약속을 해야겠다는 희망을 갖고 향리를 떠나기도 한다. 여기서 우선 범선자와 범녕은 유교도의 기백을 보여 준다.『거사전』에 따르면 여산의 18현인 중 한 명인 주속지周續之(358~423)는 범녕에게 오경五經과 오위五緯를 배웠다고 한다. 또 『고승전』 제6권에 따르면 범녕이 일찍이 혜지慧持(337~412)법사를 초청해서 『법화경法華經』과 『비담론毘曇論』을 강의하게 했을 때 사방에서 사람들이 구름처럼 모였다고 한다. 범녕은 시대의 사조를 알고 과감히 유교에만 국한되지 않았던 깨어 있는 학자였던 것이다.

일민逸民이었던 배위裴頠도 허황된 사상을 구제하려고 「숭유론崇有論」, 「귀무론貴無論」을 저술한다. 비록 산일되었지만 나라를 걱정했다는 것을 보여 준다. 그 후를 계승한 손성은 「노담비대현론」과 「노자의문반신」을 저술해서 노장의 사상이 세상에 이익이 안 된다고 맹렬하게 비판한다. 손성의 논문은 다행히 『광홍명집』 제5권에 보존되어 있다. 손성은 동진시대 초기에 속하며 축도잠과 동시대 사람이다.

손성은 단지 유교만으로는 사상적으로 한 단계 더 심도 있는 노장의 학문에 대응하기가 도저히 불가능하다는 것을 알고 불교를 원용하여 이에 대항하는 길로 나아간다. 그는 "배위는 유有에 경도되었고, 노자는 무無에 치우쳐서 원만한 교화의 도道에 도달하지 못한다"(「노담비대현론」)라고 말하며 유무 이상의 제3의 입장에 서서 노장을 강하게 비판한다. 「노담비대현론」의 골격은 성현聖賢을 대성大聖, 대현大賢, 중현中賢의 세 가지로 구별하고 노자를 세 번째인 중현의 위치에 둔다는 것이다. 시대적으로 유행하던 사조에 대한 대대적인 손질이라고 해야 할 것이다. 반향이야 어떻든 그의 당당한 태도는 올바른 유교도의 기백을 보여 주는 것이다. 그는 "대성과 대현은 시운時運에 따라서 자연 그대로 나타나거나 숨으며, 환경에서 자유롭기는 하지만 그 사이에 우열이 있다. 대성은 명적冥寂한 사람이다. 이른바 임운무공용任運無功用

의 사람 즉 자기 힘으로 조작하지 않으면서 일을 저절로 이루어지게 하는 그런 사람이다. 대현은 명冥을 흠모하지만 그렇게 하지는 못하고, 적寂을 기쁘게 추구하면서도 그렇게 하지는 못한다. 즉 아직 구경究竟에 도달하지 못해서 여전히 공功을 닦아 나가야 하는 사람이다. 그리고 중현은 옛것을 바라고 생각을 높게 해서 발걸음을 재촉하며 오로지 지허至虛를 노래하는 사람 즉 그들은 무無에 빠져 세상 바깥에서 고상한 것을 찾는 사람이다. 이는 성인聖人과는 멀리 떨어져 있다. 노자는 바로 이런 사람이다. 노자가 누구인가, 한가롭고 자유롭게 스스로를 기를 뿐 천하를 구제할 수 없었던 사람이다. 주나라가 쇠퇴하는 것을 보고 서쪽으로 숨었으며, 더욱이 하늘로 은둔한 신선일 뿐이다"(「노담비대현론」, 「노자의문반신」)라고 주장한다.

손성의 이러한 주장은 아마도 불교의 성현관聖賢觀, 좀 더 정확히 말하면 대승大乘과 소승小乘의 성현사상에서 가져왔을 것이다. 그가 말한 대성은 부처이고, 대현은 보살菩薩이며, 중현은 성문聲聞과 연각緣覺이다. 이는 노자를 소승의 성현으로 간주한 것이다. 불교사상에 접촉했을 때 수월하게 이 뛰어난 의견을 얻었을 것이다. 「노담비대현론」에서 노골적인 불교의 흔적을 찾을 수는 없지만 그의 제자 손작孫綽(311?~368)에게서는 불교사상이 분명하게 보인다. 또 「노자의문반신」을 보면 암암리에 불교사상이 나타난다. 손성이 불교에서 암시를 받아 노자를 비판했다고 보아도 감히 틀린 말은 아닐 것이다.

「노자의문반신」의 논지를 개괄하면 다음의 세 조항으로 귀결한다.

① 자연관自然觀: 손성은 "천지는 주조하면서 선악을 함께 기른다. 악은 그냥 악이고, 선은 그냥 선으로서 각각 자연의 이치를 부여받을

뿐 서로 간섭하지 않는다"라고 말한다. 또 "유욕有欲과 무욕無欲은 모두 묘문妙門에서 나온다. 무욕만을 귀하게 여길 수는 없다. 스승을 스승으로 받드는 것은 욕심이 있기 때문이 아니겠는가"라고 말한다. 이는 독선獨善에 빠져 무욕으로만 치달으면 자연에 반하게 된다는 것이다. 대체로 노자의 자연은 대도무위大道無爲라는 이름하에 이것에 복귀하는 것을 목표로 한다. 인간에 대한 반항은 이에 근거하고 있다. 유교의 자연은 정성情性이 있는 자연을 귀중하게 여기며, 만물에 분명하게 나타나는 도道를 추구함으로써 유욕을 버리지 않고 오히려 교학의 근본을 유욕 위에 둔다. 그가 유욕에 의의를 인정하고 당당한 논변을 펼친 것은 아마도 대승의 보살에서 사상적 근거를 얻었으며, 선악을 함께 기른다는 자연관은 하나의 색이나 하나의 향기도 중도가 아님이 없다[一色一香無非中道]는 실상설實相說에서 철학적 기초를 얻었을 것이다. 상도常道를 주장하는 유교에 비해 한 단계 뛰어넘은 사상은 분명히 새로운 교학의 영향을 받은 것이며, 그는 이 사상을 얻어서 강한 주장을 과감하게 펼칠 수 있었을 것이다.

② 예악관禮樂觀: 손성은 "노자가 '배움이 끊어지면 근심도 없다'(『도덕경道德經』 제20장), '거룩함[聖]을 끊고 슬기[智]를 버리면 사람에게 이로움이 백 배나 더할 것이다'(『도덕경』 제19장), '어짊[仁]을 끊고 의로움[義]을 버리면 사람들이 다시 효성스럽고 자애로워진다'(『도덕경』 제19장), '예禮란 충성[忠]과 신의[信]의 얄팍한 껍질이며 혼란의 시작이다'(『도덕경』 제38장)라고 말한 것은 성인聖人의 예악禮樂이 나오지 않을 수 없다는 것을 몰라서이며, 자연으로 돌아갈 수 없음에도 불구하고 일부러 자연설을 극언함으로써 헛되게 자기만족을 하는 것일 뿐, 만물을 구제

하려는 것이 아니다"라고 주장한다.

③ 동진관同塵觀: 손성은 "노자는 '빛을 부드럽게 해서 티끌과 같이 한다[和光同塵]'(『도덕경』 제56장)라고 주장하면서 행동거지는 미친 듯 분별없이 함부로 날뛰고, 지은 책의 말은 삐딱하며, 최후에는 멀리 서융西戎으로 은둔했다. 화광동진한다는 그의 말은 빈말일 뿐이다. 그는 도道를 안다고 하더라도 결국 도를 체득한 사람은 아니다"라고 주장한다.

손성이 선악을 함께 기른다, 유욕과 무욕이 모두 묘문에서 나온다, 노자가 화광동진이라고 한 것은 빈말이다 등이라고 말한 것처럼, 이는 모두 대승사상에 접촉했을 때 용이하게 설파說破할 수 있는 내용으로서 그를 단순히 유교학자라고 할 수는 없다. 손성에게는 또 나군장의 「갱생론更生論」에 대한 반론이 있다. 이러한 사실에 근거하면, 더욱이 그의 제자로서 불교적 유교도인 손작이 있었다는 것을 고려하면, 불교사상을 접하면서 이를 자기편에 끌어들이기로 결단했을 것이다. 그가 불교에 관심을 가진 것은 유교에 새로운 의의를 부여해서 자연에 대한 설명이나 교학적 의의 또 이상적 생활이나 이상적 인격에 관해 유교를 노장 이상으로 높이려는 노력이었다. 당시 불교는 도유 양 교에서 선택되어 양 교 모두에 교리적 근거를 제공하게 되면서 양 교도들이 활발하게 연구한다. 그중에는 결국 양 교에 그대로 머문 사람이 있었던 반면에 한편으로는 양 교를 쭉정이 같다고 비판하며 버린 사람들이 빈번하게 등장한다. 당시의 승려는 모두 양 교 출신이었다고 해도 과언이 아니다. 양 교도들이 얼마나 많이 불교사상에 접촉했겠는가.

5. 손작孫綽의 「유도론喩道論」

손작은 박학하고 글솜씨가 뛰어났으며, 습착치의 친구이다. 「도현론道賢論」을 지어 불교의 칠도인七道人을 죽림칠현竹林七賢과 비교하며, 「유도론喩道論」을 저술하여 지도至道에 대해 의심한 사람을 깨우쳤다. 「도현론」은 도불의 교섭을, 「유도론」은 유불의 관계를 말한 것이다. 「도현론」은 산일해서 『고승전』에 단편적으로만 발견될 뿐이지만, 「유도론」은 『홍명집弘明集』 제3권에 엄존한다. 그는 불유다. 입각점은 유교에 있지만 유불 양 교를 조화시키고 한 발 더 나아가 불교의 사상을 빌려 유교를 장엄한다. 대체로 가장 명백한 유불조화론자다. 그의 주장이 기발하지는 않지만 조화사상을 제시한 최초의 인물로서 후세에 모범을 남겼다. 이후 조화론자들의 논지는 모두 그를 답습하므로 그의 위치를 알아야 할 것이다. 손작의 조화사상은 양 교의 궁극이 곧바로 일치한다는 데 기반을 두고 있다. 「유도론」에서 그는 다음과 같이 말한다.

> 주공周公과 공자孔子는 바로 부처이며, 부처가 바로 주공과 공자다. 대략 안팎으로 명칭이 다를 뿐이다. 그러므로 "황제가 되거나 왕이 된 것이다"(『장자莊子』 「재유在宥」 제3장). 부처는 깨달음이며, 깨달음이라는 뜻은 깨달은 중생[物]이라는 말이다. 성인聖人이 세상에 호응해서 만물에게 법도를 주는 것도 시대의 형편에 따른다. 주공과 공자는 세상의 잘못된 폐단을 구했고[救極弊], 부처는 그 근본을 밝혔을[明其本] 뿐이다. 둘 다 앞뒤로 맞아떨어지며 그 취지는 다르지 않다. … 잘못 파악한 사람은 그것을 항상 별개의 두 가지로 보고, 순리대로 통달한 사람은 언제나 한 가지로 이해한다.

주공과 공자는 동일한 존재이며, 다만 '시대적 폐단의 구제[救極]'와 '근본의 규명[明本]'으로써 이들을 구별하고 있다. 그리고 부처와 주공 및 공자를 일치시킨 것은 부처라는 관념 속에서였다.

부처는 도道를 체득한 사람이며, 도는 중생[物]을 인도하는 것이다. 거슬림 없이 감응해서 "하는 일이 없으면서도 하지 않는 일이 없다[無爲而無不爲]"(『노자老子』 제48장). 무위無爲하므로 허적虛寂하며 저절로 그렇게 된다. 하지 못하는 일이 없으므로 만물을 신묘하게 교화한다. 만물의 요청은 높기도 하고 낮기도 해서 일정하지 않기 때문에 교화 방법도 어느 경우는 정교하고 어느 경우는 거칠다. 뛰어난 이해력을 지닌 사람에게는 근본에 대해 제시하고, 순응하지 않는 사람에게는 재앙이 있다는 것을 보여 준다.

이는 부처라는 관념 속에 노장을 섭취하는 한편, 시대에 맞춰 세상에 호응한다는 점에서 주공 및 공자와 일치시키는 것이다. 또 노장의 무위사상을 부처라는 관념 속에 포함시키고, 여기에 유교의 목표인 인생 경영의 근원을 추구하고 있다. 요체에 접근한 사람이라고 해야 할 것이다. 그리고 유교에 대해서는 장단점이 무엇인지에 관해 맹목적이지 않고, 단점이 철학적 이치에 있음을 알고서 이를 불교의 이치를 통해 보완하고 있다. 「유도론」 첫 부분의 의문에 대한 답변 중에서 직접적으로 이러한 생각을 나타낸다.

주공과 공자의 자취만 보는 사람은 지극한 덕을 지닌 최상의 존재가 요堯와 순舜이라고 보고, 가장 심원한 진리가 『노자』와 『역경』에 설명되어 있다고 여긴다. 저 초월적인 세계의 신비한 뜻과 심오한 세계를 비추는 현묘함을 어찌 알 수 있겠는가.

이는 불교의 심오한 세계를 비추는 현묘함이 『노자』와 『역경』보다 뛰어나다는 말이다. 물론 앞서 제시한 "주공과 공자는 세상의 잘못된 폐단을 구했고, 부처는 그 근본을 밝혔을 뿐이다. 둘 다 앞뒤로 맞아떨어지며 그 취지는 다르지 않다"라는 것은 명백히 유교가 앞서서 세상에 호응하여 폐단을 구하며, 불교는 뒤이어 중생이 깨닫도록 근본을 밝혀준다는 뜻이다. 「유도론」은 상도常道를 주장하는 유교도에 대해서 지도至道를 깨우쳐 주는 것으로 불교를 지도라고 인정하는 그를 불유라고 하는 것은 당연하다. 그는 이와 같이 병에 맞게 약을 처방한다는 응병여약應病與藥의 사상을 빌려 오고, '시대적 폐단을 구한 것[救極]'과 '근본을 밝힌 것[明本]'의 차이라는 설명을 통해 양 교를 조화시킨다. '취지가 다르지 않다'는 것은 공평하게 본다면 결국 유교를 불교 안에 포섭시키는 것이다. 한 말漢末에 이미 등장한 노자부도설老子浮屠說을 돌이켜 보면 주공과 공자가 부처라고 하는 사상의 등장도 우연은 아니다.

이 조화사상에 대한 장해는 유교도가 항상 불교에 부여한 윤상倫常의 문제다. 즉 출가는 천륜天倫을 팽개친 것이라는 상도에 입각한 비난이다. 불유는 이 점에 대해서 힘써 노력한다. 손작은 "이야말로 세속의 미혹한 견해이고 본말을 전도한 매우 잘못된 견해다. 참으로 개탄스러워 이대로 침묵할 수가 없다"(「유도론」)라고 말한다. 뒤에 이어서 주나라의 태백泰伯이 육친을 멀리 떠나 외국에 살면서 그 풍속대로 단발과 문신을 한 일, 백이伯夷와 숙제叔齊가 굶어 죽은 일, 춘추전국시대 양나라의 고행高行이 용모를 훼손하며 절조를 지킨 일, 송나라의 백희伯姬가 바른 도리에 따라 목숨을 버린 일 등을 근거로 내세우면서 이들의 행위는 효孝에 위배되지 않을 뿐 아니라, 오히려 효에 합치한다고 말한다. “우리 모두를 착하게 해서 함께 잘 살 수 있는[兼善大通]”(「유도론」) 불도佛道 안에 대효大孝가 있는 것은 자연스럽다는 말이며, 석가에 관해서도 “태어난 본국으로 돌아가 널리 법을 폈고, 부왕도 감동해서 불법의 도량에 입문했다. 부처는 이렇게 해서 부모에게 영예를 안겨 드렸다. 어떤 효행이 이만하겠는가”(「유도론」)라고 말함으로써 대효를 역설하고, 비난하는 사람에 대해서 “위대한 사람을 모멸하고 천명天命을 무시하는 것이다”(「유도론」)라고까지 언급하는데, 힘써 대응했다고 할 만하다. 손작이 인용한 이러한 사례는 이후 이 문제에 대한 불교도들의 논변 속에 반드시 답습될 정도로 권위가 있다. 고행은 춘추전국시대의 과부였는데 용모와 행실이 아름다워 양나라 왕이 부인으로 맞아들이려 한다. 부인은 칼로 자신의 코를 베어 버린다. 왕은 이를 의롭다고 여겨 존중하는 뜻에서 ‘높은 행실’이라는 뜻의 고행高行이라고 불렀다.

6. 예경禮敬 문제, 혜원慧遠의 「사문불경왕자론沙門不敬王者論」

동진시대에 이르러 한편으로는 앞서 제시한 것처럼 조화론자가 등장함과 동시에 다른 한편으로는 배불논쟁이 발생한다. 배불논쟁의 주요 문제는 예경禮敬 문제와 응보應報 문제다. 이에 부수적으로 내외內外 문제가 있다. 문제를 제기한 사람은 항상 유교주의 위정자였다. 최초의 예경 문제는 동진시대 축도잠 당시 보정輔政이던 유빙庾氷(296~344)이 제기하며, 나아가 혜원 당시 초왕楚王 환현이 제기했는데 사문沙門은 왕의 앞에서 예경해야 한다고 주장한 것이다. 『홍명집弘明集』

제12권에서 이를 알 수 있다. 이 문제는 이후 당대唐代에 이르기까지 몇 번인가 반복되며, 송원宋元시대에 이르러 비로소 해결되었지만, 해결되었다는 것은 불교인의 기개가 사라졌다는 의미다. 중국의 국가 체제상 당연히 발생할 수밖에 없었던 문제이며, 그리고 인도문화와 중국문화 사이에 근본적인 차이가 있는 한은 또 당연히 발생하게 되는 문제다. 문제를 요약해 보면 1) 넓은 의미로는 인도문명을 중국문명에 귀순시키려고 한 순화順化 문제이며, 2) 좁은 의미로는 예경이라는 이름하에 종교를 정치의 아래에 종속시키려는 주권主權 문제다. 인도는 교주왕종敎主王從이고, 중국은 왕주교종王主敎從이다. 이와 관련해서 사상적 문제도 있었지만 그것은 유교자가 불교에 대해 이해하지 못한 데서 발생한 것이며, 사상적으로는 항상 열세적 지위에 있었다. 이 때문에 예경 문제도 언제나 위정자의 실패로 귀결된다. 유빙이 문제를 제기한 당시에 나군장의 「갱생론更生論」이 등장한 것을 보면 사상 문제와 관계가 있다는 것을 알게 된다. 문제가 발생한 계기는 방외方外의 축도잠이 강경講經할 때 그 권위가 왕을 압도했기 때문이며, 위정자는 이를 보고 앞으로의 화근이 여기서 배태되고 있다며 기우했던 것이다. 당시의 사문은 새로 전래한 교학이 번성함에 따라 상당한 권위를 갖게 되었고, 유교에서 가르치는 예경에 순응하지 않은 채 방외의 인사人士로서 전적으로 중국문명 위에 초연한다. 특히 축도잠과 같은 인격자에게는 왕공王公이 안중에 없었고, 왕공 역시 그의 앞에서는 머리를 숙였다. 이를 우려한 유빙은 지금 억제하지 않으면 장차 어찌 될지 헤아릴 수조차 없다고 여긴 것이다. 성제成帝의 조서에서는 "종교는 자기 자신의 일인데 이를 사회적으로 확장시킴에 따라 명교名敎가 없어지면서 부자간의 공경과 군신 간의 질서가 사라진다면 안 될 일이다"라는 취지로 말한다. 조서에서 하는 말은 아마 당연할 것이다. 더욱이 이에 반대한 하충何忠(292~346) 등의 표表를 보면, "일단 예배시키게 되면 결국 그 법法을 파괴하고, 선善을 닦는 풍속을 없애 버리는 지경에 이르게 된다"라고 말한다. 이와 같은 극단적인 의견을 볼 때 이 문제는 단순한 예경 문제가 아니라 두 문명의 부조화는 결국 불교 채택 여부의 문제로 이어진다고 예상할 수 있다. 불교도의 주장은 왕을 중심으로 하는 세간의 밖에 부처를 중심으로 하는 출세간을 주장하며, 부처 중심의 방외는 왕 중심의 사회에 포함시킬 수 없다는 것이다. 이것은 왕교이본설王敎二本說이다. 위정자는 이본二本은 결국 혼란을 야기하므로 내심內心으로 이를 받드는 것은 가능하지만 국가적으로 확장하지는 말아야 한다는 것이다. 이 논쟁은 한때 사상계를 뒤흔들었지만 결국 불배설不拜說의 승리로 끝난다. 승리하게 된 유력한 원인은 사문에게는 엄숙한 예경이 분명히 있다는 점이었다. 사문의 예禮는 계戒다. 그들은 온몸을 바쳐 이것을 지키는 기개가 있다. 국가에 대한 경敬도 있다. 아침저녁으로 향을 사르며 축원할 때 반드시 먼저 국가의 안녕을 생각한다. 하충 등은 이 사실을 지적하며 유빙 등의 주장에 대응했다. 여기서 유교의 예와 불교의 계의 조화에 대한 선구적 사상을 보게 된다.

동진 말기에 이르러 초왕 환현과 여산 혜원 사이에서 벌어진 예경 문제에 대한 논쟁은 중국불교사에서 이 문제에 대한 가장 격렬한 논쟁이다. 환현은 앞의 유빙 때를 거울삼아 많은 논의가 있어야 할 것으로 예상하고, 편지를 팔좌八座 즉 상서령尙書令과 시중侍中 등을 비롯해 특히 혜원에게 보내서 의견을 구하며 다가오는 8일까지 확실히 결말을 짓겠다는 의사를 표시한다. 환현은 "불교는 공경을 근본으로 삼으며, 노자는 왕후王侯를 3대(도道, 천天, 지地)와 같게 여긴다. 도불은 모두 공경을 잃지 않는다"라고 말한다. 이는 『노자』 제25장의 "도道는 위대하고 하늘[天]도 위대하고 땅[地]도 위대하며 왕 또한 위대하다. 세상에는 네 가지 위대한 것이 있으며 왕도 그중 하나다"라는 말에 근거한 것이다. 이에 대해서 크게 반대한 사람은 세속인으로서는 중서령中書令 왕밀王謐(360~407)이며, 승려로서는 혜원이다. 왕밀의 의견은 "왕王과 교敎는 종치宗致가 다르므로 신하의 예禮를 사문에게 적용할 수 없다. 형식적 공경은 마음에 영향을 미치지 않으므로 도道를 논해야지 자취를 논할 필요는 없다"라는 것이다. 이는 형식론에 대항한 자유론이며 상당한 의식적 수준을 보여 주는 것 같다. 환현은 "이전에 이 문제가 발생하지 않은 것은 사문이 왕과 접촉할 일이 없었기 때문이다. 성인聖人의 도道는 자연스러운 감정[情]에서 발생한다. 불교는 자연의 본성[性]에 거스른다. 임금의 도는 스승을 겸할 수 있지만 스승은 임금을 겸할 수 없으므로 천하에서 공경하지 않는 사람이 없어야 한다"라고 주장한다. 환현의 주장은 일리가 있는 것 같다. 그러나 그의 의견 중에서 불교에 관한 것을 보면 그는 불교를 "귀신에게 복福을 바라는 것", 또 "신령하고 기이한 방법으로 사람을 미혹시키는 것"이라고도 한다. 그가 이 문제를 제기하기 전 편지를 혜원에게 보내는데 살생해도 보응이 없으며, 감정과 욕망은 자연스러운 일이라는 것을 주장하면서 "길을 헤매다가 돌아올 수 있다면 바른길에서 멀리 떨어진 것은 아니므로 가던 길을 멈추고 빨리 세속으로 돌아오기 바란다"(『홍명집』 제11권)라는 취지로 권고한다. 이에 따르면 불교에 대한 이해가 매우 부족했다는 것을 알 수 있다. 이와 같은 사상이 없는 위정자가 제기한 문제는 취지는 일리가 있더라도 결국 실패를 면하지 못한다. 반대자는 유빙의 경우에서 하충 등이 주장한 것처럼 "일단 예배시키게 되면 결국 그 법法을 파괴한다"라는 생각에는 의심이 없었다. 요점은 '부처에게 예배할 것인가, 환현에게 예배할 것인가'이다. 환현의 주장대로 되지 않은 것도 이상한 일은 아니다. 혜원은 이때 출가出家와 재가在家의 이원론적 입장에서 출가는 전적으로 방외方外의 일이라고 주장함으로써 대응한다. 유명한 「사문불경왕자론」(5편)은 이때 저술했다. 5편이란 '출가出家', '재가在家', '구종불순화求宗不順化', '체극불겸응體極不兼應', '형진신불멸形盡神不滅' 등이다. 혜원은 "출가는 왕의 교화에 순응하지 않는 백성이 되는 것이다. 겉모습은 달리하지만 속마음은 예경을 위배하지 않는다. 왕의 교화에 순응하지 않는 것은 교화로는 도달할 수 없는 불변의 이원泥洹을 이상으로 삼기 때문이다. 만물은 천지에 의해 생겨나고 자라며 왕이 보전하지만 만물의 근심이나 걱정이 없어지는 것은 아니다. 불변의 궁극적인 곳에 도달하기 위해서는 교화와 다른 생활을 하지 않을 수 없다. 불교에도 권교權敎가 있어서 널리 일체에 순응하므로 그 자취에서는 세간과 동일하더라도 체득하는 궁극 즉 체극體極은 다르다. 그래서 여래如來와 요堯임금이나 공자에 대해서 그 가르침의 귀취歸趣라면 모르지만 형식적으로 같은지에 대해서는 논할 것이 못 된다"라는 취지로 말한다.

혜원의 이 주장은 여래와 요공堯孔의 가르침이 귀취는 같다고 하는 것으로서 유교에 대한 동정과 양보가 나타난다. 그리고 널리 일체에 순응하는 것은 불교의 권교이고 세간과 다른 것은 체극이라고 한 점에서 대승의 교리에 합치된 생활은 아직 제대로 이루어지지 않고 있음을 보여 준다. 혜원은 유교의 정신으로 천하를 구제하려는 뜻을 세우고 21세에 강남江南의 범선자를 따르기 위해서 고향인 안문雁門을 떠났지만 전란 때문에 길이 막혀 뜻을 이루지 못하고 결국 도안의 제자가 된 사람이다. 『연사고승전蓮社高僧傳』은 혜원이 배우려 했던 사람을 범녕이라고 하는데 이는 잘못이며, 양 『고승전高僧傳』대로 범선자가 당연히 맞다. 범선자와 범녕은 모두 예장豫章 지역에 있으면서 둘 다 유학자였기 때문에 이러한 혼란이 생긴 것이며, 연대상으로 볼 때 범선자여야 마땅하다.

여산 18현인 중 한 명인 뇌차종雷次宗(386~448)은 『거사전』 제3권에 따르면 어려서부터 혜원을 받들며 『모시毛詩』와 『삼례三禮』에 정통했다. 양 『고승전』에 따르면 혜원은 일찍이 여산에서 서진시대 원준袁準이 저술한 『상복경喪服經』을 강의했고 뇌차종과 종병 등이 배웠다. 차종은 나중에 이 경전에 대한 『의소義疏』를 저술할 때 앞부분에 뇌씨雷氏를 붙였는데, 종병이 편지를 보내서 "예전에 같이 석화상釋和尙에게 직접 배웠으면서 이제 뇌씨라고 자칭하는 것은 웬 말인가"라고 책망한다. 이 의소는 『옥함산방집일서목玉函山房輯佚書目』 제23권 중에 『약해상복경전略解喪服經傳』이라고 게재되어 있지만 앞부분에 '뇌씨의 말[雷氏云]'이라는 표기는 없다. 육덕명陸德明(550?~630)의 『모시음의毛詩音義』 중에 주속지周續之가 뇌차종과 마찬가지로 원법사遠法師에게서 시의詩義를 배웠다고 말하며, 『여산연사고승전廬山蓮社高僧傳』 맨 뒤에 여상汝上 왕모王謨(청)가 쓴 지識에 따르면 백향산白香山(772~846)은 유가劉軻(당)를 대신해 글을 쓰면서 "여산에서 도연명陶淵明(365~427)과 사령운謝靈運(385~433)부터 18현인에 이르기까지 유풍儒風이 면면히 이어진 것은 모두 원공遠公의 덕택이다"라고 말했다고 한다. 이로써 혜원과 유교의 관계를 알 수 있다. 혜원이 노장의 허황된 말장난을 버리고 현실 생활에 밀접한 유교의 기백을 가진 것은 천하의 학자들의 마음을 결집시킬 수 있었던 이유였다. 역성歷城 지역의 마국한馬國翰(청)은 『약해상복경전』에 서문을 부가하면서 이 『의소』의 앞부분에 뇌씨라고 이름붙인 데 대해 종병이 편지를 보내어 조롱했다고 말한 후에 "만약 그렇다면 차종의 이 주석은 곽상郭象의 『장자莊子』 주석 부류에 해당하며 전적으로 향수向秀를 답습한 것이다. 그래서 혜원법사는 곽상의 가르침을 따르는 사람들에게 유교의 의미를 궁구해서 원허元虛에 빠지지 않으면서도 미묘하고 깊은 의미를 드러내도록 힘쓴 것이므로 그가 주도한 연사蓮社의 명성은 마땅히 높았고, 도연명은 이를 흠모했다"라고 한다. 혜원과 유교의 관계를 완전히 인정한 것이다. 혜원은 이와 같이 유교에 대해 공감하고 있었지만 그의 인생에서는 결국 불교를 마지막으로 삼으면서 최고의 이상적 경지인 열반은 출가 생활에 의해서만 가능하다고 본다. 혜원이 환현에게 대응해서 쓴 논문은 출가와 재가의 이원론적 입장에서 출가를 전적으로 방외의 일로 설정한다는 논리다. 이에 기반해서 "가사袈裟는 왕을 알현하기 위한 복장이 아니고, 발우鉢盂는 조정에서 사용하는 그릇이 아니다. 도道로써 사람을 폐할 수는 있어도 사람 때문에 도를 없애서는 안 된다"라고 주장한다. 또 "정신을 논해야지 형식을 따져서는 안 된다"라고 주장한다.

이 논쟁은 환현의 실패로 끝났지만 혜원의 방외설方外說은 대승불교의 이상에 보탬이 되지 못하고 마침내 중국불교가 종교와 사회를 구분

짓게 만들어서 어떠한 생활형식에도 호응해야 하는 보살의 동사同事 사상이 결국 중국불교사에서는 현실화되지 못하는 단초를 제공했다. 만약 혜원이 단호하게 이를 사회적으로 해방했다면 중국불교에서 그 효과가 아마도 현저했을 것이다. 남제의 문선왕文宣王(460~494) 같은 사람이 있었지만 결국 혜원이 남긴 영향을 바꾸기에는 부족했다.

역사적으로 나타났던 주요한 예경 문제는 다음과 같다.

① 동진 성제 때 보정이었던 유빙이 제기한 것(『홍명집』).

② 동진 말기 환현이 제기한 것(『홍명집』).

③ 유송 효무제孝武帝가 제기한 것(『집사문불응배속등사集沙門不應拜俗等事』).

④ 북위 양현지楊衒之의 배속拜俗 문제(『광홍명집』).

⑤ 수 양제煬帝가 제기한 것(『광홍명집』).

⑥ 당 고종高宗이 제기한 것(『광홍명집』).

이와 같이 예경 문제는 남북조 이래 수당대까지 여러 차례 반복되며 남송시대 즈음 점차 누그러지고 원나라 때에 이르러 완전히 잠잠해진다.

7. 내외內外 문제, 사태沙汰 문제

인도문명과 중국문명 사이에 넘을 수 없는 도랑이 있으며, 이는 결국 내외 문제를 야기했는데 남북南北 양쪽 지역에서 거의 동시에 발생하며, 유송시대로 내려오면 고환의 「이하론夷夏論」이 등장해서 일시에 사상계의 큰 문제가 되고, 시간이 지나 당나라 초기 부혁傅奕(554~639)에 이르러 상당한 편견을 수반하게 된다. 이 문제의 배경에는 항상 민족적 편견과 오해가 있으며, 또 종교적 편견과 배척이 있다. 주로 도교도들이 제기한다. 남쪽 지역에서는 동진 채모蔡謨(281~356)의 의견이 이에 해당한다. 북쪽 지역에서 제기된 것으로는 석호石虎 시대에 왕도王度의 상소가 있다. 채모는 "외국의 풍속을 중국식으로 바꿀 수는 있지만, 중국의 풍속을 외국식으로 바꿀 수는 없다. 부처는 외국 사람이다. 외국 사람을 위해서 조정의 명령으로 송頌을 짓게 해서는 안 된다"(『광홍명집』 제6권)라고 주장한다. 이하夷夏를 가치의 표준으로 삼은 것은 민족적으로 전승되는 중국에 기인한다. 그러나 이 시대에는 단순한 내외의 구별이나 이하라는 명분만으로는 전반을 호령할 수 없을 만큼 인도문명을 이해했다. 채모의 의견은 당연히 받아들여지지 않는다.

저작랑著作郎 왕도는 "부처는 외국의 신이므로 중국 사람이 받들 이유가 없다. 국가 권력으로 조趙나라 사람들의 예불禮佛을 금지하고 출가한 조나라 사람들도 환속시켜야 한다"(『광홍명집』 제6권)라고 주장한다. 이 주장은 석호가 범죄나 부역 회피 등의 부적절한 행위를 한 사문을 가려내려고 조칙을 내리면서 의견을 구한 데 편승해서 제기한 것이다. 돌이켜 보면, 한위漢魏시대에 출가자는 외국인뿐이었지만 동진시대가 되면 불도징에게 감화되어 내국인들도 출가했고, 더욱이 그 수가 매우 많았으므로 이에 따라 출가자들 중 정신적으로 타락한 사람이 있었을 뿐만 아니라 부역을 회피하려고 도망친 사람도 있어서 이 문제가 발생하게 된 것이다. 『진서晉書』 제95, 「불도징전佛圖澄傳」에서는 "백성들이 불도징 때문에 부처를 받들며 사묘를 짓고 앞다투어 출가하는데 그중에는 거짓으로 그러는 사람들이 뒤섞여 있어서 잘못된 일들이 많이 발생한다"라고 한다.

사태沙汰 문제란 시험을 통해 승려를 도태시킨다는 말이다. 이는 국가 정책상 발생한 것으로서 예경 문제와도 다르고, 내외 문제와도 다르며, 때로는 경제 문제와 연관되지만 주로 국가의 치안을 위한 것으로서 가장 공감이 가는 문제다. 오늘날 중국의 사원寺院에는 이곳저곳 할 것 없이 이른바 고등유민高等遊民이라고 불러야 마땅한 승려들이 경이로울 정도로 많다. 오늘날처럼 불교가 침체된 시대에도 그렇다. 불교가 번영의 시대로 접어들고 있었을 때는 아마 상상 이상이었을 것이다. 그러므로 일반적인 불교사에서 말하자면 여전히 준비시대에 지나지 않은 동진시대에 이미 이 문제가 발생했던 것이다. 유명한 삼무三武의 폐불 사건 등의 내부 사정은 사태 문제가 극단적으로 치달은 것이며, 중국의 불교 상황에서는 오히려 폐불 사건이 상당한 이유가 있었다.

① 후조시대 석호가 자문을 구하려고 내린 조서 속에 이미 사태의 의미가 나타난다. 이는 가장 빠른 것이다.

② 전진前秦의 부견이 사태를 실시한다.

③ 동진 말기 환현에게 사태의 의견이 있다.

④ 유송 효무제에게도 그런 의견이 있다.

⑤ 북주 무제가 실시한다.

⑥ 당 무종이 실시한다.

이 중에서 전진의 부견은 가장 빨리 이를 실행한 셈이다. 당시 태산泰山에는 승랑僧朗이라는 유명한 승려가 있었다. 부견은 특별히 태산만은 제외한다. 『고승전』 제5에 “부견이 나중에 승려들을 도태시킬 때 별도로 조서를 내려, 승랑법사는 지계持戒와 덕德이 얼음이나 서리처럼 고결하며 배우는 사람들도 맑고 빼어나므로 곤륜산 한 곳만은 수색하지 말라고 했다”라고 한다. 곤륜산은 태음泰陰 지역에 있다. 낭공산朗公山이라고도 부르며 여기에는 남북조시대 이래 당송唐宋시대를 거치며 상당히 번성한 명찰名刹인 신통사神通寺가 있다. 여기에 승랑이 머물렀던 자취로서 낭공탑朗公塔이 있다. 사문탑四門塔도 있고, 천불애千佛崖라는 당대唐代의 석굴도 있다. 산동山東 제일의 불교사적으로서 『중국불교사적[支那佛教史蹟]』 제1집에 분명히 밝혀 두었다. 『고승전』의 기록에 따르면 부견이 사태를 실행했던 것과 비슷한 경우가 있다. 그 후 환현이 부견과 마찬가지로 사태를 실행하면서도 한편으로 부견의 사례처럼 혜원의 여산은 제외한 것이다. 『고승전』 제6의 기록에 사태 문제의 내용을 보여 주는 것이 있는데 다음과 같다.

> 그 후 환현은 승려들을 숙청하고자 관료들에게 다음과 같이 명령하였다. “경전의 가르침을 진술하고 의미를 유창하게 설법할 수 있거나 계율을 반듯하게 닦아 큰 교화를 베푸는 데 기여할 수 있는 사문들이 있다. 여기에서 어긋나는 자들은 그만두게 하여 돌려보내라. 오직 여산만은 도道와 덕德이 있는 사문이 머무르는 곳이므로 예외로 삼는다.”

사태 문제가 반드시 유불관계에서 발생하는 문제라고 할 수는 없지만 윤상倫常 문제, 사회 문제, 내외 문제, 사상 문제 등과 연관해서 역사적으로 반복되었기 때문에 일단 여기서 서술한 것이다.

8. 불멸不滅 문제, 응보應報 문제

1) 나군장羅君章의 「갱생론更生論」

유빙의 예경 문제와 관련해서 나군장의 「갱생론」이 출현한다. 『홍명집』 제5권에 게재되어 있다. 「갱생론」의 사상은 천지만물은 자연의 순환에 따르며, 인간의 정신과 신체는 자연에 따라 모이거나 흩어진다는 것을 전제로 영원불멸을 인정하고 있으며, 일종의 불멸설不滅說이다. 이를 근거로 당시의 예경 문제가 단순한 윤상 문제가 아니라 그 배후에는 인과응보, 신명神明불멸에 대한 회의懷疑사상이 포함되어 있어서 사상과 신앙이 복합된 문제라고 해야 할 것이다. 나군장은 이 글에서 "성인聖人이 『주역』을 지어 그 궁극을 모두 갖추었으므로 정신을 궁구하면 변화를 알고, 이치를 궁구하면 본성을 이해하게 된다"라고 말한다. 이로써 유교에 입각하고 있다는 것을 알 수 있다. 나군장은 "만물은 정해진 수數가 있고 천지는 무궁하다. 무궁한 변화는 정해진 수가 있는 만물 가운데서 벌어진다. 만물이 갱생하지 않는다면 천지에 끝이 있다는 말이 된다. 갱생한다는 것은 천지에 끝이 없음을 분명하게 한다"라고 말한다. 또 "무궁한 길을 돌고 돌며 현명한 사람, 어리석은 사람, 장수하는 사람, 요절하는 사람 등이 되면서 자연에 어긋나지 않는다. 정신과 물질은 자연의 짝이며, 그것이 모이거나 흩어지면서 생사生死의 변화가 발생하지만 정신과 물질이 만나게 될 때는 부절처럼 저절로 합쳐진다. 사람들은 모두 합하면 반드시 분리될 것을 슬퍼하고, 분리되면 반드시 합쳐진다는 것으로 위로를 삼지는 않는다. 달관達觀한 사람은 생사를 잠든 것과 깨어 있는 것의 차이일 뿐이라고 본다"라고 말한다. 이는 천지가 무궁하고 무한하다는 데서 추론한 불멸설이며, 근본사상을 노장과 『주역』의 무인자연無因自然에 둔 것이다. 현명함과 어리석음 등은 자연에 따른 것이고, 정신과 물질도 자연에 따라 맺어지는 짝이라고 하면서 자연에서 극치를 추구하며 개성을 자연 속에 몰각시킴으로써 생사일여生死一如라는 위안을 추구하고 있다. 이는 자연 속으로 도피해서 자연에 의지해 이성理性을 기만하는 것이다. 생사를 한가지처럼 여긴다는 생사일제관生死一齊觀, 천지가 무궁하게 갱생한다는 갱생무궁관更生無窮觀에는 큰 장점이 있지만 이로부터 도출한 자연순응의 생활은 아마도 하는 일 없이 그저 편안함만 추구하는 방식[無爲恬澹]이 되든지 혹은 적성에 맞춰서 그냥 살아간다는 방식[適性自然]이 되기 마련이다. '현명하거나 어리석고, 장수하거나 요절한다' 또는 '정신과 물질이 흩어지기도 하고 만나기도 한다'는 등은 인생의 큰 문제로서 이에 대해 어떤 해석을 하고, 어떤 태도를 도출하는지는 중대한 일일 것이다. 나함의 설명에서는 아마도 우리들의 ① 불멸에 대한 요구를 만족시키지 못하고, ② 따라서 이에 호응할 만한 책임 있는 행위를 찾기 어렵다. 이를 자연에 귀결시킨 것과 업도業道에 근거를 둔 것은 곧 노장과 불교의 차이인 것이다. 나함은 불교를 신봉했지만 그의 근본사상은 여전히 노장의 범위를 벗지 못한다. 불교에 『부증불감경不增不減經』이라는 경전이 있다. 마치 나함과 동일한 것 같지만 근본사상의 차이가 있는 이상 당연히 다른 것이어야 한다.

이에 대해서 비판한 사람은 손성이다. 이러한 무인자연설無因自然說에서는 개성의 의미가 없고, 개성을 인정하지 않는 갱생무궁설更生無窮說을 통해서는 안심安心을 얻기 어렵다고 비판한다. 당연한 비판이다. 그는 "형체[形]가 산산이 부서져 흩어져 버리면, 정신[知]도 이와 같이 흩어져 서로 뒤섞이고 변화해서 다른 사물이 될 것이다. 다른 사물들도 각자 그 옛 모습을 잃고 지난날로 되돌아가지 못한다. 이것이 감정이 있는 존재가 슬퍼하는 이유다. 만약 그렇다면 당신은 혼자만의 생각으로 위안을 삼아서는 안 될 것이다"라고 나함에게 편지를 썼다.

2) 정도자鄭道子의 「신불멸론神不滅論」

시대를 조금 지나서 유송시대에 이르면 정도자의 「신불멸론神不滅論」이 있다. 본명은 정선지鄭鮮之, 자字는 도자道子이며, 원가元嘉 3년(426)에 상서우복야尚書右僕射가 되고, 4년(427)에 죽었다. 또 혜림의 「백흑론白黑論」, 도사道士 고환의 「이하론夷夏論」도 있다. 「백흑론」과 관련해서 하승천 대對 종병의 신불멸神不滅논쟁, 하승천 대 안연지 사이의 논쟁이 있다. 또 「이하론」에 대해서는 명승소明僧紹 이하 수많은 반론이 있다. 유송대劉宋代의 사상계는 신멸불멸神滅不滅논쟁으로 상당히 활발했다. 이들 중에 여기서는 정도자의 「신불멸론」만을 살펴본다. 이 글은 『홍명집』 제5권에 현존한다.

정도자의 글로서 「여선사서론거식與禪師書論踞食」 1편이 있다. 범태가 도생道生과 혜관慧觀 두 법사에게 편지를 보내 혜의慧義(372~444)의

거식踞食 주장에 대해 논한 것과 동시이므로 정도자가 말하는 선사는 아마도 혜의법사일 것이다. 당시 사문의 단복袒服과 거식이라는 이국적 풍속이 예악禮樂으로 사회를 규율하는 유교계에서는 문제 될 수 있는 것이었다. 한漢 민족 안으로 들어와서 이에 동화되지 않고 헛되이 고래의 풍습을 견지한다는 것은 불교도의 태도라고 하기에 부족하다. 이 태도는 단지 의례儀禮의 문제에 그치는 것이 아니라 사상을 중국화하는 데도 큰 장애가 된다고 할 수 있다. 정도자는 불멸설에서는 불교의 입장이지만, 윤상倫常 문제에서는 불교의 말을 비난한다. 공평한 태도라고 해야 할 것이다. 신멸불멸에 대해서는 정신과 육체는 별개의 것이라는 형신별본形神別本과 정신이 주체고 육체는 종속한다는 신주형종神主形從의 사상에 입각하는데, 먼저 그러한 태도를 표명하면서 "주공과 공자를 최고로 삼아 인의仁義와 예교禮教에 마음이 묶여 있지만, 신명神明의 근본에 대해서는 아무 말도 못 한다. 불교의 지극한 말을 믿지 않고, 대부분 형체와 정신이 함께 소멸하며 정신작용과 의식도 함께 없어진다고 생각한다. 나는 현묘한 가르침을 찾다가 이理는 형形 이상의 것이며, 신神은 이理 이상의 것임을 깨닫고 이 글을 짓는다"라고 말한다. 이에 따르면 형신形神의 관계는 '신神-이理-형形'의 순서이며, 형신별본이 된다. 신불멸神不滅의 근본사상은 여기에 있다. 그는 형신 간에 밀접하게 서로 지탱하는 즉 상즉상자相卽相資의 관계가 있다고 하더라도 각각의 근본은 다르다고 하며, 나아가 정신의 근본[神本]을 다음과 같이 주장한다.

형체는 호흡과 함께 작용하고, 정신은 묘각妙覺과 같이 흐른다. 활동하는 것과 고요한 것은 서로 도와주지만 정미하고 거칠다는 점에서 근원이 다르다. 이는 형체와 정신이 각각 본래의 모습이 있고 그로 인해서 작용하는 것이 아니겠는가. … 정신은 삶의 근본이고 그 근원은 지극히 영묘한 데 있는데 어떻게 7척의 육체와 똑같이 시들고, 문이나 창문 정도에 해당하는 감각과 함께 사라지겠는가.

정도자는 이와 같이 신을 형과 이理 이상의 것으로 간주하지만 그것의 실재에 대해 어떠한 증명도 하지 않고 독단적으로 주장하며, 뒤이어 임의로 다섯 가지 문답을 설정해 변론할 뿐이다. 이 내용을 종합하면 다음과 같다.

① "만물의 큰 근본인 태극은 혼원渾元의 기氣에 지나지 않지만, 모든 변화의 근원으로서 무한하다. 하물며 영靈의 극치로서 유有와 무無를 다 넘어선 경지에 있는 신명이 어떻게 사라질 수 있겠는가": 이것은 태극을 형이하의 기, 신명을 태극 이상의 형이상적 실재라고 하는 것이다.

② "정신[神]은 형체[形]에 의존하지 않는다. 따라서 형체가 사라져도 없어지지 않는다. 그리고 이 정신은 형체가 발생하면 반드시 거기에 깃들어 자연스럽게 작용하므로 양자의 관계는 상즉相卽이다": 이는 정신을 형이상의 초월적 존재로 간주하는 것이지만, 이렇게 본다면 결국 유의 범주 안으로 들어와 태극과 구별되는 권리를 잃게 될 것이다.

③ "인생의 죄와 복은 자연히 생겨난다. 형체에 곧바로 깃드는 정신에게도, 정신에 의해 작동하는 형체에도 죄와 복의 근원은 없다": 이는 운명을 자연이라고 간주한 것으로서 이 점에서는 왕충과 같은 숙명론자다.

④ "홍범洪範은 살아가기 위한 근본을 말한 것으로 불교와 마찬가지다": 정도자는 이와 같이 홍범에 의거해서 정신의 불멸을 입증할 수 있다고 생각한 것이다.

정도자가 태극을 만물의 큰 근본이자 혼원한 기로서 무한하다고 간주하고, 이 기와 별도로 신명을 설정해서 이것이 유와 무를 모두 넘어서므로 불멸한다고 말한 것은 태극과 신명을 모두 시작도 끝도 없는 것[無始無終]으로 간주한 것이다. 이는 마치 수론파數論派에서 물질적 근원을 의미하는 자성自性과 정신적 근원을 의미하는 신아神我라는 두 가지 근원을 내세운 것처럼 결국 이원론二元論이 된다. 더욱이 형체를 태극에서 변화하여 발생한 것으로 보고, 정신을 이에 대립시켜 정신을 근본으로 간주하고 형체를 이에 종속시키면서 정교한 것과 거친 것이므로 근원이 다르다고 말한 것은 신본형말설神本形末說이다. 그리고 신과 태극의 본말에 대한 설명은 없지만 그의 사상을 파헤쳐 보면 태극 위에 신을 놓고 있다. 신을 이理 이상에 두고 있으므로 하물며 기 이상이 아닐 리는 없다. 그렇다면 이원관二元觀일 수도 있지만 결국은 신일원설神一元說이다. 신일원설일 경우 신과 태극 사이에 곤란한 문제가 발생한다. 그리고 형과 신의 사이를 상즉으로 보면서도 그러한 상즉은 자연이라고 말한다. 이는 자연설이며, 기계론적 설명이다. 또 인간 세상의 죄와 복을 자연에 귀결시킨 점은 결국 숙명설이 되어 버려서 윤상의 기초를 상실하게 만든다. 불교에서 자극을 받아 일종의 불멸不滅철학을 고안한 것과 달리 자연설, 숙명설의 도덕관道德觀을 벗지 못한 것은 결국 중국사상의 근저에서 기인한다. 불교에는 법계자연法界自然사상이 있고, 노장에는 대도자연大道自然의 사상이 있다. 상당히 유사해 보이지만 사실은 다른 것이다. 정도자가 대도자연의 사상을 인생에 끌어들여 죄복자연罪福自然이라고 한 점은 명분을 얻었지만 실질을 상실했다고 해야 할 것이다.

3) 대안공戴安公과 주도조周道祖의 논란

다음으로 보응 문제는 유빙이나 환현에게서도 나타나지만, 심하게 왜곡된 것은 대안공과 주도조 간에 주고받은 글 속에 나타난다. 주도조는 유유민劉遺民(354~410), 도연명과 나란히 심양潯陽의 삼은三隱으로 불리는 사람이다.

대안공은 어려서부터 스스로 행실을 단속하기 시작해서 나이가 많이 들 때까지 올바른 품행으로 주위에 피해를 주지 않았음에도 불구하고 한평생 온갖 고난을 다 겪게 되자 선악의 보응에 관해 의문이 생겨 「석의론釋疑論」을 지어 혜원에게 질문한 적이 있다. 혜원은 건강이 좋지 않아 짧게 답신을 보낸 반면, 주도조가 혜원을 대신해 이를 비판하고 대안공이 다시 답서를 보내는 등 둘 사이에 논쟁이 벌어진다. 결국에는 혜원이 「삼보론三報論」을 지어서 보냈으며, 대안공이 점점 이해하게 된 것 같다. 「석의론」은 『광홍명집』 제18권에, 「삼보론」은 『홍명집』 제5권에 수록되어 있다.

대안공은 "사람의 삶이란 운명적으로 미리 정해져 있다. 빈궁 혹은 영달, 선량 혹은 악하거나, 어리석든지 혹은 지혜롭든지, 장수하거나 요절하는 것은 모두 운명이다. 운명은 명초冥初에 결정되어 있어서 행적行跡으로 그 자연을 바꿀 수 없다. 그러므로 선을 쌓고 악을 쌓는다는 등의 말은 모두 권교權敎일 뿐이다. 군자는 행동하면서 이미 마음에 두므로 어찌 잠깐이라도 선을 잊겠는가. 가르침에 따라 책임을 지는 것이지 하필이면 보응을 기대하겠는가"라고 주장한다.

대안공의 사상은 후한 왕충과 마찬가지로 숙명설이다. 유자儒者가 인생의 문제를 깊이 고찰할 때 회의에 빠져 겨우 양심설良心說에서 만족을 찾는 것은 고금에 걸쳐 똑같다. 대안공이 보응에 의지해 행위를 결정할 것이 아니라 양심에 따라 좌우되어야 한다고 말하는 것은 매우 공감할 수 있다. 이는 공리功利관념을 떠나 이해利害를 초월한 행위에 최후를 맡기는 것이 되지만, 명초에 결정된 운명을 고수한 것은 왕충과 마찬가지로 숙명관에 떨어지고 마는 것이다. 숙명은 목적이 없는 쇠사슬이다. 이 숙명설이 있는 이상 양심설의 효과도 지속될 리가 없다. 언행일치에 대한 자신감은 대안공에게 소극적인 안심安心을 얻게 했지만, 이에 수반해서 인생에 대한 번민에서는 벗어나지 못하게 했다. 번민은 때로 안주하지 못하게 한다. 이것이 혜원에게 보응에 대한 의문을 던진 이유다. 이미 유교적 보응설은 믿지 않았음에도 불구하고 불교의 보응에 대해 질문한 것은 근본적으로 안주를 추구하려는 동기가 있다는 것을 말한다.

주도조는 혜원에 대신해서 비판적으로 "정해진 운명의 의의를 분명히 해야 한다. 당신(대안공)이 말한 정해진 운명이란 이理보다 위에 있으면서 이理가 가리키는 대로 맡긴다는 의미인가, 혹은 이理는 불분명하므로 잊어버려야 한다는 의미인가. 만약 전자라면 선악에 따르거나 거스르도록 하는 도리는 어떻게 해야 분명히 할 수 있는가. 만약 후자라면 좌망坐忘이 아닌 한은 매사에 느낌이 발생한다. 즉 믿음대로 복을 받으면 기쁘고, 악행에 대해 벌하지 않으면 원망이 생기는 것이다.

일체를 망각하려고 해도 이런 일이 없겠는가. 자신을 돌아보며 이것을 분명히 해야 한다. 그래서 깨끗한 마음[洗心]으로 근본[宗]을 간직하고, 형체를 단련하여 도道를 듣고서 무명無明의 깊은 뿌리를 뽑아내며 탐욕의 총총한 그물을 막아야 한다. 그러면 명계冥界 가운데에서 징험이 있기를 기대하지 않아도 그림자와 메아리처럼 저절로 징험되고, 보응이 있기를 바라지 않아도 경사와 형벌은 뚜렷해진다"라고 주장한다.

이는 보응이 우리의 기대에 따른 것이 아니라 자연의 수리數理로서 존재한다는 말이다. 주도조는 맹목적인 운명설에는 안주할 곳이 없다고 보고, 자기의 경험에서 운명의 원인을 탐애와 무명이라는 근본으로 소급함으로써 세심설洗心說을 내세운다. 운명 대 세심설은 유교 대 불교 즉 중국사상 대 인도사상을 극명하게 나타내는 것이다. 그는 탐애와 무명을 근절하는 것이 수도修道의 궁극이라고 여기며, 이에 이르러야 비로소 안주할 세계가 있고, 안주하는 세계에서는 보응에 따라 움직인다는 생각이 없다고 말하는 것이다. 보응에 의지해 행위를 결정하지 않는다는 점은 두 사람의 의견이 일치하지만, 맹목적인 운명에 복종하는가와 무명을 벗어던지려는 생활 사이에는 매우 큰 차이가 있다. 겉으로는 동일해 보일 수 있지만 내용적으로는 하늘과 땅 차이다. 그래서 주도조는 "당신의 생각과 다릅니다[不如君所位也]"라고 말하며 결국 문답을 멈췄던 것이다.

4) 혜원慧遠의 「삼보론三報論」

혜원은 선악의 행위에 대한 징험이 나타나지 않는다는 의문에 대해서 「삼보론」을 지어 깨우쳐 준다. 먼저 노장에 의거해서 유교의 가르침이 변화에 맞춘 임의적인 말임을 분명히 하고, 다음으로 불교에 의거해서 노장의 막막한 말들[沈冥說]이 비로소 그 취지를 얻는다는 것을 분명히 하며, 마음을 공문空門에 집중하면 모든 사상의 이치가 동일해진다고 한다. 이러한 견지에서 불교의 삼보를 설명하는데 "세간에서는 선행을 쌓아도 재앙을 만나기도 하고, 악행을 저질러도 복을 받기도 한다. 이는 모두 현세의 업[現業]은 아직 나타나지 않았고, 전생의 행위에 대한 보응이 나타난 것이다. 우리들의 마음은 일에 따라 감응한다. 감응에는 늦거나 빠른 차이가 있으므로 보응에도 선후의 차이가 있을 뿐이다. 선후의 차이가 있더라도 모두 감응하게 된다"라고 말한다. 다음으로 보응을 초월한 경우에 대해서 "미묘한 불법을 체득하고 마음을 현묘한 불문에 씻어서 일시에 감득한다면 분명히 높은 경지에 오른다. 이러한 사람은 숙세의 죄가 쌓였더라도 다스리려고 노력하지 않아도 반드시 저절로 소멸하며 삼보를 받지 않는다"라고 설명한다. 혜원의 설명은 불교의 일반적인 업보설 및 해탈설에 지나지 않지만 세상 사람들의 궁금증을 해결해 주는 설명으로서 이보다 뛰어난 것은 들어 보지 못한 것 같다.

대안공은 이 글을 받고 답서를 보내며 다음과 같은 내용을 적는다.

> 예전에 괴롭고 힘들 때에 즐겁게 「석의론」에 의탁하여 스스로 생각을 흩뜨렸습니다. … 속견俗見의 마음만으로 추리하였기에, 참으로 미진한 부분이 있었습니다. 그러나 삼보三報는 넓고 멀어서 말로써는 이를 따져 보기가 어려워서 제가 오로지 그 단서를 찾으며 이해하려고 노력했지만 조금 진전이 있었을 뿐입니다. 친히 말씀을 받들게 되니 그 막힌 것이 뚫리게 되었습니다.

여기에 나타나듯이 대안공의 마음속에는 풀기 어려운 울분이 있었으며, 「석의론」을 지어서 해결해 보려고 시도했다. 이를 초월한 마음의 경지에 머문 사람만이 비로소 안주할 곳을 얻을 수 있게 된다.

제2절

유송劉宋시대

1. 혜림慧琳의 「백흑론白黑論」(「균선론均善論」)

혜림은 송나라 세종世宗 문제文帝(재위 424~453) 때 사람이다. 제경諸經 및 노장을 잘 알았다. 성격은 오만방자하고 자부심이 강해서 스승인 도연道淵에게도 예의를 차리지 않았다. 세종에게 중용되며, 알현하러 갈 때는 항상 독탑獨榻에 앉았다. 「백흑론」은 불교를 배척한 것으로 이에 찬성한 사람은 형양衡陽의 태수 하승천이며, 반대한 사람은 종병과 안연지다.

「백흑론」은 현전하지 않는다. 종병의 「난백흑론難白黑論」에 인용된 내용을 통해 유교에 입각하고 노장을 추가해서 불교를 배척한 것임을 알 수 있다. 종병의 「난백흑론」은 『홍명집』 제3권에 있다. 혜림의 논지는 두 가지로 개괄할 수 있다.

① 불교는 본무설本無說이다. 그 점에서 노장과 동일하므로 새롭게 도입할 필요가 없다. 더욱이 본무설을 가르침의 근본으로 삼을 수는 없다. 중국에 있는 유교의 인륜에 노장의 허무를 추가하면 충분하다. 본무의 가르침을 막아야 한다.

배를 골짜기에 감추어도 몰래 가져간다는 말(『장자』「대종사大宗師」)이나 사람이 없는 시장에서는 말을 구하려 해도 얻을 수 없다(『장자』「전자방田子方」)는 논의가 중국에서도 유행하고 있지만, 심오한 이치가 아니므로 굳이 들춰내서 가르침의 근본으로 삼지 않는다.

나무를 미세하게 분석해서 텅 빈 것으로 보아도 울창하게 그늘을 드리우는 나무의 무성함을 손상시킬 수 없고, 건물의 구성요소인 재목을 분석해서 집이 없다고 보아도 그 건축물의 장대한 아름다움을 덜어 낼 수 없다(『예기禮記』「단궁檀弓」 하). 조개무늬의 아름다운 비단(『시경詩經』「소아小雅」)은 알록달록한 색채로 아름다움을 표현하고, 맛있는 국은 소금과 식초의 조미료에 따라 맛을 내는 것이다. 따라서 본무의 가르침을 막아야 한다.

② 생사 문제를 거론하면서 인간의 생명욕에 편승해 유인하는데 사실인 것 같지 않다. 따라서 그 가르침의 효과도 인정할 수가 없다.

죽음의 이치는 인간 세계의 일만으로는 다 나타낼 수 없다. 주공과 공자는 이 이치를 의심했지만 논의하지 않았고, 석가모니는 논의했지만 진실이 아니다.

무상無常의 이치를 밝히는 것이 도리어 갈망하는 마음을 증강시키고, 인생의 괴로움과 거짓을 서술해서 쾌락 추구에 진력하게 한다.

신비한 빛을 살펴보아도 지름이 한 치인 구슬만큼 빛이 없고, 영묘한 변화를 경험해도 티끌만 한 실질이 없다. 수명이 무량하다고 반복적으로 말하지만 누가 백 살 늙은이를 본 적이 있는가? 모두 사실이 아니다.

도道는 무욕無欲에 있는데 유욕有欲으로 구하고 있다.

이는 불교가 한편으로는 본무本無의 무상無常한 가르침을, 다른 한편으로는 윤회보응을 내세운 것은 근본적으로 진실하지 않고 이치도 아니므로 가르침의 근본으로 삼을 수 없다는 것이다. 중국에 이미 노장의 가르침이 있으므로 이를 사용해서 불교를 배척해야 한다는 것이다.

혜림은 이 때문에 승계僧界에서 배척당하지만 명주明主의 구원을 받아 바라이죄는 면한다. 명주란 송의 세조世祖(재위 453~464)를 말한다. 혜림의 주장에 찬성한 하승천은 종병에게 편지를 보내서 "혜림은 비구로서 이를 분명히 밝히지 않았습니다. 흰옷 입은 속세의 불교도로서 이를 분별해야 할 것입니다. 노장[白]과 불교[黑] 둘 중에서 어느 쪽이 옳은지 살펴 주십시오"라고 말한다. 하승천은 동해東海의 섬剡 사람이며 고금의 일에 박식하고 특히 역수曆數에 정통해서 송나라에서 저작랑著作郎으로 일했다. 조정에서 의논할 일이 있을 때마다 반드시 먼저 그에게 물었다. 이때는 형양의 태수였다. 이 문제로 종병과 두 번에 걸쳐 논란이 있었다. 종병은 이로 인해 「명불론明佛論」을 짓는다. 하승천은 다시 「달성론達性論」을 지어 안연지에게 보내며 이를 계기로 안연지와 세 번에 걸쳐 논쟁한다. 하승천은 또 유소부劉少府와 보응에 관해 의견을 주고받는데 모두 이때의 일이다.

이와 같이 하승천은 상당히 혜림을 지지하면서 여러 사상가들과 논쟁을 거듭했는데, 그의 기반은 유교였다. 이에 얽매여 불교를 비판하려는 취지였으며 나중에 교주交州에서 배척당한다. 논쟁한 문헌들은 다음과 같다.

- 하승천이 종병에게 보낸 글[何與宗書](『홍명집』).
- 종병이 하승천에게 답한 글[宗答何書] 즉 「백흑론白黑論」 비판 및 저술 「명불론明佛論」(『홍명집』).
- 하승천의 「석균선론釋均善論」(『홍명집』).
- 종병이 하승천의 「백흑론」 해석을 비판한 답서[答何衡陽難釋白黑論](『홍명집』).
- 하승천이 종병에게 다시 답한 글[何重答宗](『홍명집』).
- 하승천의 저술 「달성론達性論」(『홍명집』).
- 안연지의 「석하형양달성론釋何衡陽達性論」(『홍명집』).
- 하승천이 안연지에게 보낸 답변[答顔永嘉](『홍명집』).
- 안연지의 하승천에 대한 재반론[重釋何衡陽](『홍명집』).
- 하승천의 안연지에 대한 재답변[重答顔永嘉](『홍명집』).
- 안연지가 하승천에게 또다시 설명한 글[又釋何衡陽](『홍명집』).
- 하승천의 「보응문報應問」(『광홍명집』).
- 유소부가 보응에 대해 혜원을 대신해서 하승천에게 답한 글[答何承天](『광홍명집』).

이와 같이 혜림의 「백흑론」에 관해서 두 번에 걸쳐 하승천과 논쟁한 사람은 종병이며, 하승천의 「달성론」에 반론한 사람은 안연지다.

종병은 남양南陽 열양涅陽(신야新野 상류에 있으며 남양군南陽郡 서부에 위치함) 사람이다. 평생 벼슬하지 않고 산수를 즐겼으며, 거문고와 책을 좋아했고 그림에도 뛰어났다. 여산에 올라 혜원과 50일 동안 교유하게 되면서 「명불론」 같은 글을 쓰게 된다. 안연지는 자字가 연년延年이다. 문장은 사령운과 이름을 나란히 할 정도였고, 술을 즐겼으며 매우 솔직해서 거리낌이 없는 성격이었다.

2. 종병宗炳과 하승천何承天의 논란

종병이 하승천과 논란한 문제는 형신形神의 관계, 유무有無의 이제二諦, 불교의 목적, 보응의 의미 등이다. 그중에서 신명神明의 문제가 논의의 중심이다. 종병은 "불법佛法은 인간의 홍망에 관련한 것이므로 어정쩡하게 옳은지 그른지를 결정하지 않아서는 안 된다"(「종답하서宗答何書」)라고 말한다. 옳은지 그른지 단호한 태도를 보여야 한다는 것이다.

1) 형신形神의 관계

종병은 "인간계를 초월한 세계와 죽음의 이치에 대해서 확연히 공허하다는 입장인 것인가? 만약 그렇다면, 많은 성인들과 노자나 장자는 무엇 때문에 신神이 있다는 말을 했겠는가", "형체는 거친 것이고 정신은 오묘한 것이다. 정신이 주도하며 형체는 따른다. 어떻게 똑같이 없어지겠는가. 지극히 밝은 지혜와 지극히 정밀한 의지로써 오직 성심으로 신명을 다한다면 감응해서 신체를 받고 또한 7보의 정토에 태어나게 되는 것인데 어찌 진실이 아니라고 하겠는가", "천당이나 지옥이라는 말은 중생을 계도하는 데 모두 그림자와 메아리 같은 실질적인 영향이 있다. 무언가를 바라는 탐욕이 있더라도 날마다 줄여 가는 깨끗한 길을 실천해 나아가므로 서쪽으로 가면서 영郢에 도착하기를 구하는 것과 같아서 도착하지 못할까 걱정할 필요가 없다"라고 말한다.

하승천은 이를 반박하면서 "이승에는 예악禮樂이 있고 저승에는 귀신이 있다는 것이 성왕聖王의 가르침이라면 정신이 있다는 것은 분명하더라도 내세의 보응은 없다. 보응이 있다면 주공과 공자가 침묵했을 리가 없다. 형체가 사라진 채 정신만 존재할 수는 없다. 형신은 장작과 불의 관계와 같다", "주공과 공자의 도道는 천성天性에 따르며, 실천의 근본이다. 성인은 나의 스승이다. 내생의 일을 말하는 것은 사치일 뿐이다"라고 말한다.

종병은 다시 "주공과 공자가 내세의 보응을 말하지 않았다는 말은 항상 의심이 간다. 더욱이 현묘하고 텅 빈 도와 신령스러운 신선의 일은 세간의 전적 중에도 있으며 불교에만 있는 것이 아니다", "장작과 불의 비유는 형신에 합당하지 않다. 불은 장작에서 생기지만 정신은 형체에서 만들어지는 것이 아니다"라고 반론한다.

2) 유무有無의 이제二諦

혜림이 노장의 공空과 유교의 유有를 아울러 사용해서 본무本無의 불교를 막아야 한다고 주장한 데 대해 종병은 "불교의 본무는 여러 인연이 화합해서 이루어진 것들이 모두 존재하지 않는 것이라는 말이 아니다. 그늘을 드리우거나 건축물의 아름다움 등은 그 자체로 있다. 이것을 유의 진리 즉 유제有諦라고 한다. 그러나 본성은 텅 비어 없으므로 이를 무의 진리 즉 무제無諦라고 하는 것이다", 또 "불경에서 현재는 머무르지 않는다고 한 말의 의미를 명확히 하면 존재는 항상 비어 있다는 뜻이다. 이 이치는 심오하지만 깨닫는 사람이 없어서 가르침의 근본으로 삼지 않는 것일 뿐이다"라고 말한다.

하승천은 "유제와 무제의 설명은 보내온 글대로이다. 기운이 왕성할 때 실질은 반드시 공하다면 곧 사물은 항상 공하므로 공과 사물은 하나가 된다. 공과 유가 다르지 않다면 현명함과 어리석음 등의 구분이 있을 이유가 없는데 어째서 애욕愛欲이나 전생의 인연을 제거하지 못할까 봐 두려워해야 하는가, 그리고 사물이 있다고 보는 견해만 잘못인가?", "죽음이나 삶은 근심의 대상이 아니다. 구구하게 거취에 구애받고, 살아 있으면서 죽은 뒤의 일을 걱정하는 것은 잘못이다"라고 반론한다. 하승천의 사상은 불교의 가르침은 허공과 다름이 없다는 즉 대공무별설大空無別說이라고도 부를 만하다.

종병은 "색色이 공하며 별도의 공이 있지 않다는 말은 유가 없다는 말이 아니다. 현명함과 어리석음의 구분은 유의 관점에서일 뿐이다. 공의 관점에서 본다면 온갖 다른 것들이 모두 공하다. 색은 그 자체로 색인 것이 아니며 인연이 화합해서 존재할 뿐이다. 본래 그 자체는 유가 아니다. 유라고 하더라도 유가 아니다. 이 지극한 이치로 나와 사물을 바라보면 환하게 보인다", "여러 인연이 화합하면서 일순간에도 팔고八苦가 갖춰진다. 공자 문하에서 높은 학문적 경지에 오른 72명의 제자들 중 50세까지 산 사람은 별로 없다. 안회顔回는 요절했고, 염백우冉伯牛는 병에 걸려 죽었으며, 자로子路는 처형당했고, 재여宰予는 족형族刑을 당한 일 등 이루 다 말할 수 없다. 굶주림을 참아 가며 도道를 널리 알리면서 제후국들의 분란을 해결하려다가 그렇게 된 것이다. 불법佛法에서 이를 이해해 보면, 오직 비애감만 느껴질 뿐인 이 사실들이 어찌 전생의 인연이 모인 결과가 아니겠는가"라고 반박한다.

3) 불교의 종극宗極

종병은 "열반은 즐거움이 없음을 즐거움으로 삼고, 법신은 신체가 없음을 신체로 삼는다. 이것이 불교의 종극宗極이다. 이로써 고상한 사람들에게 신명神明을 무생無生에서 밝히도록 하고, 아무 이익이 없는 데서 이익을 얻게 한다. 이것이 무욕無欲의 욕欲이다"라고 말한다.

하승천은 "열반은 고苦에서 벗어나는 것을 즐거움으로 삼고, 법신은 선善에 접하는 것을 자신으로 삼는다. 그런데 과연 아무 이익이 없는 데로 귀착한다면 아무 이익이 없음을 획득한다란 무슨 말이겠는가. 형신形神이 함께 사라지는 상태가 아닌가. 이것이 나의 주장이다"라고 반론한다.

종병은 "형체는 감응에 따르더라도 정신은 극단으로 가면 형체를 초월해서 홀로 존재한다. 형체가 없이 정신만 존재하는 것을 법신이 상주한다고 표현한다"라고 반박한다. 종병은 하승천이 "불교의 교화를 억제하고 오직 유학에만 뜻을 두고 있다"라고도 말한다. 다시 말해 하승천은 유교를 으뜸으로 내세우고 있는 것이다. 종병은 유교에 대해서 "그들이 남긴 실제 이치는 깊고 크다고 할 수 없다. 만약 밖으로는 예악을 따르고 안으로는 무생의 이치를 수양해서 열반의 경지에 이르도록 정신을 맑게 하며 억겁의 세월을 한 해로 여긴다면 이것이야말로 참으로 큰 것이 아니겠는가"라고 말한다. 종병은 "귀하(하승천)가 듣는 바가 높다면 금방 달라질 것입니다"라고 하면서 「명불론」을 찬술하여 보낸다.

하승천은 마지막으로 "나는 귀하의 논의가 완성되도록 침묵해야 할 것 같다. 외국의 일은 중국에서 힘써야 할 일과 다르다고 생각해서 그렇게 말했을 뿐이다. 그러나 천지의 본성에 밝은 사람은 비현실적인 괴이한 학설에 미혹되지 않고, 홍망의 길을 아는 사람은 이치를 벗어난 말에 신경을 쓰지 않는다. 만약 귀하의 논의가 좋은 방편으로서가 아니라 감정에서 나온 것이라면 통달한 사람의 폐단일 것이다"라고 답변한다.

종병은 이제二諦의 교리에 기반해서 속제俗諦에는 12인연에 따른 팔고八苦와 무상無常의 현세와 내세를 인정하고, 진제眞諦로서 법신은 몸이 없다는 즉 법신무신法身無身을 으뜸으로 설정한다. 종병이 신명은 홀로 존재한다고 가정한 것은 하승천이 천지성天地性을 설정한 것과 마찬가지다. 하승천의 천지성은 여전히 조송趙宋의 유교에서 말하는 기질성氣質性에서 벗어나는 것은 아니지만, 그가 유有와 공空을 하나로 본 경지는 어느 정도 천지성에 근접한다고 인정해야 할 것 같다.

두 사람의 차이는 ① 종병이 속제의 차별상을 통감한 데 반해 본래 세간의 입장에 선 하승천은 불교의 말은 공허하다는 대공무별大空無別의 사상을 고집하며 결코 차별상을 고려하지 않는다, ② 종병이 신명은 상주한다고 본 데 반해 하승천은 천지성을 말하면서도 형신이 모두 소멸한다고 고집한다는 점이다. 만약 종병의 견해가 유무有無의 이제에 경중을 두지 않고, 형形과 신神 이 두 가지를 상하로 구분하지 않으며, 또 유제를 떠난 무제가 아니고 형체를 초월하면서도 법신을 포함하는 것이 된다면, 그리고 하승천의 주장이 천지성 안에서 유무는 하나이며 나아가 여기에 영원성을 부가한 것이 된다면 두 사람의 견해가 일치하게 된다.

종병의 사상은 유불의 조화를 시도한 것이며 시대적 풍조였다. 당시의 불교는 이러한 경향이 있었고, 유교에도 이러한 경향이 있었다. 이는 종병이 은둔 생활을 하면서 유불을 일치시킨 행적을 보인 이유이며, 한편으로 보면 당시에 순수한 유교가 없었다고도 말할 수 있다. 『송서宋書』에 「유림전儒林傳」이 없는 이유가 여기에 있다.

3. 종병宗炳의 「명불론明佛論」

이 글은 하승천에게 보여 주려고 특별히 찬술한 것으로서 『홍명집』에 게재되어 있다. 글의 끝부분에서 다음과 같이 말한다.

> 옛날에 혜원화상이 여산에서 수행했고, 내가 여산에 온 지 50일이 되었다. 고결하게 정진하고 이치와 학문이 분명한 것이 진실한 혜원의 종풍이다. 그의 스승인 도안법사는 영묘한 덕이 뛰어났고 만나기 어려운 비구였으며, 아울러 맑은 진실을 품은 사람이었다. 이들은 모두 도道에 두루 통달했고 후에는 산에서 홀로 살았다. 그러므로 신명의 교화가 멀리 바위와 숲에까지 미쳤다. 혜원화상은 바위 위나 나무 아래, 냇가나 골짜기에서 나와 함께 이야기를 나누었는데 그 말이 뛰어나서 사람을 숙연하게 했다. 이와 같은 논의도 혜원화상이 경전의 뜻에 의거해서 말한 것일 뿐이다.

이에 따르면 종병이 여산에서 50일 동안 혜원의 지도를 받으며 연구하고 신앙했던 일이 이 글을 짓게 만든 인연이었다는 것을 알 수 있다.

이 글을 쓴 취지는 앞부분에 나타난다. "세상에서는 부처의 가르침을 허탄하다고 여기는 사람들이 많다. 모두 내 몸을 돌보지도 못하는데 한가롭게 먼 장래의 일을 근심하겠느냐고 한다. 또 만 리 밖의 일이나 사후의 일은 모두 염려할 일이 아니라고 생각한다. 하물며 수미산이 거대하고 불국토는 장엄하며, 정신이 멸하지 않고 사람은 부처가 될 수 있으며, 마음이 모든 것을 짓고 일체의 현상은 모두 공空한 것이며, 숙연宿緣은 끊임없이 이어져 아득히 억겁이 지나도 반드시 보응이 있다는 불교의 가르침에 대해서랴. 중국의 군자는 예의에 밝지만 사람의 마음을 아는 데는 어두우므로 어찌 부처의 마음을 알겠는가. 세상의 일은 가까운 일이라도 깊이 도모하지 않으면 오히려 성공과 실패가 뒤집히는데 하물며 정미한 정신의 일은 어떻겠는가. 우물 안 개구리의 소견을 가지고 망령되게 큰길을 억측해서 정신을 함정에 빠뜨리는 데 이르렀다. 불경을 지침으로 삼아 수행해야 할 것이다. 불경은 오경五經의 덕을 포함하면서 원대한 실상을 깊이 더했으며, 노자와 장자의 허虛를 포함하고 공의 궁극을 거듭 더했다"라고 말하고 있다. 따라서 이 글을 지어 정신의 불멸을 주장한 동기가 단순히 불경의 높고 원대한 이론을 설파하려는 데 있지 않고, 이를 통해 나라를 경영하는 바탕으로 삼으려는 데 있음을 알 수 있다. 종병의 의견에 따르면 나라의 일은 사상에 기반하며, 세간에서 벌어지는 일이 항상한 도道에 어긋나는 것은 모두 영원불멸의 신념이 없기 때문이다. 불멸의 신념을 확립하려면 먼저 부처에 대한 믿음의 문제를 해결해야 하며, 그래서 이 글을 지었다는 것이다.

종병은 정신이 주도적이고 형체는 종속적이라는 신주형종神主形從, 정신은 정묘하고 형체는 거칠다는 신묘형추神妙形麁를 주장하기 위해 신명을 『역易』과 관계시켜서 『역』이 음양 이상의 것으로 간주하는 도와 신은 불교의 무위도無爲道와 신명에 해당한다고 여긴다. 신불멸神不滅의 기초는 바로 여기에 있다.

> 일음일양一陰一陽을 도道라고 하며, 음양으로 헤아릴 수 없는 것을 신神이라고 한다(『주역周易』「계사繫辭」상). 이는 대개 무위도無爲道에 이르면 음과 양 두 가지가 뒤섞이기 때문에 일음일양이라고 말하는 것이다. 도에서 내려가 정신에 들어가면 항상 음양의 밖으로 벗어나 있고 음과 양 두 가지로 탐구할 수 없기 때문에 음양으로 헤아릴 수 없다고 하는 것이다.

이는 우리들의 개성적 신명을 보편적 천지의 무위도에서 내려온 것이라고 함으로써 신명과 무위도가 다르면서도 동질적이라고 말하는 것이다. 『역』에 대한 이러한 새로운 해석은 여산의 학문을 계승한 것이 아닐까? 도와 신의 관계는 수론파에서 물질적 근원을 의미하는 자성과 정신적 근원을 의미하는 신아의 관계와 같은 것이지만, 다르면서도 동질적이라는 점에서는 차이가 있다. 도를 무위無爲, 신을 유위有爲라고 할 때는 마치 유식의 진여와 뇌야의 관계가 된다. 이 신명은 불멸의 것이며, 본래부터 부모에게서 나온 것이 아니다. 본질적으로 무위도와 평등하며 따라서 만인에게 평등한 것이지만 이미 한 발짝 내려오면서 인연에 따라 옮겨 다니는 주체인 이상 태어나기 이전에 이미 거칠고 정묘한 구분이 있으며 차별성을 내포하므로 갈고닦는 노력을 하지 않고서는 성인의 경지에 들어갈 수 없는 것이다. 이에 종병은 세 가지 법칙을 제시한다.

① 정신의 불멸[神之不滅].

② 인연이 모이는 이치[緣會之理].

③ 연습을 거듭해야 될 수 있는 성인[積習而聖].

여기에 이르면 하승천과 차이가 분명해진다. 신에는 불변不變과 수연隨緣의 두 가지 특징이 있다. 불멸은 그것의 평등상이고 연회緣會는 차별상이다. 이와 같이 철학적으로도 이미 하승천과 서로 다르며, 더군다나 그 평등상을 완성시키기 위한 실제 문제인 적습이성積習而聖 같은 것은 하승천에게서는 보이지 않는 내용이다.

종병은 여산의 법신감응法身感應사상을 계승함으로써 지속적으로 정신을 궁구해서 얻게 되는 것을 신명이 홀로 환하게 빛나고 있는 법신이라고 한다. 개성적 신명과 보편적 신명을 합일시킨 것이다. 법신은 무생無生이고 따라서 무신無身이며, 무신이면서 신神이 있는 것 이것을 법신이라고 한다.

오직 정신만 비추면 더 이상 생명을 받지 않는다. 생명이 없으면 신체가 없으며, 신체가 없으면서도 정신은 있는 것을 법신이라고 한다.

법신은 지극히 신령하며 오묘하게 감응한다는 것을 설명하기 위해서 종병은 황제가 용을 타고 날아오른 일(『사기史記』「효무제기孝武帝記」), 요임금이 용처럼 물에 잠기고 순임금이 새처럼 날아올랐으며 주공이 바람의 방향을 바꿔 쓰러진 벼를 일으킨 일(『상서尙書』「금등金縢」),

공자가 음식을 먹지 못하는 상황에서도 거문고에 맞춰 노래하며 건재한 일(『사기』「공자세가孔子世家」) 등을 인용하면서 이러한 막힘없이 두루 작용하는 신통한 공력은 모두 정신을 궁구한 데서 말미암는다고 결론을 내린다. 이것은 불교의 법신사상 안으로 유교를 섭취한 것이다. 법신은 정신의 불멸을 예상한다. 종병은 또 "도는 정신을 단련하는 데 있는 것이며, 형체를 보존하는 데 있지 않다. 삭발과 소신燒身공양은 여기에서 기인한다. 만약 육체가 죽을 때 정신도 사라지는 것이라면 단지 유교의 가르침만으로도 충분할 것이다. 무엇 때문에 불멸이나 성불成佛을 얘기해서 삭발이나 소신공양을 하도록 하겠는가"라고 말한다. 종병은 이와 같이 천지에 영혼이 있다는 천지유령天地有靈과 정신은 불멸한다는 정신불멸精神不滅의 사상을 입론의 기초로 삼고, 조건에 따라 모였으므로 본성은 텅 비어 있다는 연회성공緣會性空에 기반해서 정신의 감응은 아무런 제약이 없다는 신감무방神感無方을 주장함으로써 하승천의 불교의 말은 공허하다는 주장인 대공무별설大空無別說을 비판한다. 종병의 사상은 말할 것도 없이 유불조화사상이다. 명백한 조화사상이라는 사실은 다음의 말에서 나타난다.

공자, 노자, 여래의 가르침은 비록 세 가지로 길이 다르지만 선善을 익힌다는 점에서는 길을 함께하는 것이다.

공자의 가르침은 부처와 통하는 것이며, 현묘하고 지극한 변함없는 도道라고 하지 않을 수 없다.

이제 주공과 공자에 의지해서 백성을 기르고 불법佛法을 맛보아 정신을 기르면, 살아서는 밝은 임금이 되고 죽어서는 밝은 정신이 되면서 항상 임금이 된다.

종병은 「명불론」 중에서 무량수불無量壽佛, 관세음觀世音, 석가釋迦와 다보多寶를 말하고 있다. 이것은 『무량수경無量壽經』과 『법화경法華經』을 연상시키는 것으로서 여산의 염불念佛을 추정할 수 있는 하나의 소재다. 여산의 염불은 말 그대로 염불삼매일 뿐이다. "마음을 깨끗이 해서 생각하고 느끼면 무량수불을 만나 백억 개의 수많은 세계를 뛰어넘어 아무런 수고로움이 없는 곳에 이른다"라고 한 것은 왕생정토往生淨土가 이윽고 허무신虛無身과 무극체無極體를 증명한다고 말하는 것이며, "한마음으로 관세음을 외친다"라고 한 것은 『법화경』「보문품普門品」의 관음신앙에서 온 것이다. 이름을 외친다는 신앙은 관음신앙과 동반하며, 정토교와 『법화경』은 항상 밀접한 관계를 이룬다.

종병은 또 불교가 동쪽으로 전래한 데 대해서 후한의 명제明帝(재위 57~75) 이전에 전래했다는 증거로서 다음과 같은 사실을 열거한다.

① 백익伯益의 『산해山海』에 천독天毒이라는 나라를 소개하고 있다는 사실.
② 곽박郭璞(227~324)이 천독을 천축天竺으로 간주한 사실.
③ 동방삭東方朔(B.C.E. 154~B.C.E. 93)이 한의 무제武帝(재위 B.C.E. 141~B.C.E. 87)에게 겁소劫燒를 대답한 사실.
④ 유향劉向(B.C.E. 77~B.C.E. 6)이 지은 『열선列仙』에서 불경에 등장하는 74인의 인물을 서술한 사실.

이는 모두 후세의 불교인들이 불교의 동쪽 전래를 증명하기 위해 사용하는 소재들이다. 이들을 불교의 동쪽 전래 증명의 자료로 사용하는 것은 현존 문헌 가운데 종병의 『명불론』이 최초라고 간주된다. 타당한 말인지는 논외로 하더라도 불교 역사상 가볍게 간과할 수 없는 말들이다.

4. 하승천何承天의 「달성론達性論」과 이에 대한 안연지顔延之의 비평

종병이 불교에 입각해서 「명불론」을 짓고 정신의 불멸을 주장한 데 대해 하승천은 유교에 입각해서 「달성론」을 지어 형체와 정신은 함께 사라진다는 형신구멸形神俱滅을 주장한다. 『홍명집』 제4권에 있다. 「달성론」에서는 하늘의 음양陰陽, 땅의 강유剛柔, 사람의 인의仁義로 논의를 구성하면서 다음과 같이 불교를 비판한다.

① 봄에 자라나고 가을에 떨어지는 이치에 따라 형체와 정신은 마땅히 함께 흩어진다. 내세에 형체가 있을 리가 없다.
② 욕망을 품은 채 보응을 바라는 일은 있을 수 없다.
③ 모든 생명을 똑같은 중생이라고 할 수는 없다.

이와 같이 형체와 정신은 함께 사라진다고 주장하면서도 다시 "3후后가 하늘에 계신다(『시경詩經』 「대아大雅」 문왕文王)는 말은 정령이 승천해 있다는 말이다"라고 말한다. 그의 사상에는 모순이 포함되어 있다. 이에 대해 안연지의 비판이 있다. 하승천의 배불은 종병과의 논란

부분에서 말했듯이 동기가 내외를 구별하려는 데 있으며, 이론으로서는 저급하다. 하승천이 불교를 비판한 3조목 가운데 뒤의 2조목은 송유도 반복했던 비난이다.

이를 비판한 안연지는 일찍이 「정고庭誥」(『홍명집』 제13권)를 지은 사람이다. 「정고」 중에서 "불교의 말씀은 가장 뛰어난 극치에 이른다. 이민족에게서 온 것이라는 이유로 세상의 모든 학자가 싫어하지만 하늘의 도道에 이민족과 중국의 차별은 없으며, 사람의 영혼에 안과 밖이라는 제한은 없다"라고 말한다. 이에 따르면 당시에 내외의 구별에 의거한 배불설이 많았다는 것을 추측해 볼 수 있다.

> 저 현묘하고 신령한 경전, 지극히 밝은 말씀은 의미가 (위에서 말한) 세 가지 방법을 아우르며 가장 뛰어난 극치에 이른다. 다만 그 언어가 이민족에게서 나왔다는 이유로 세상의 학자가 모두 싫어하고, 그 일이 다른 나라 사람들에게서 발생했다는 것 때문에 우리의 관습에 맞지 않다고 한다. 그러나 하늘이 도道를 부여하면서 이민족과 중국에 차별을 두지 않았을 것이며, 사람이 영혼을 부여받는 데 어찌 중국의 밖과 안이라고 제한할 수 있겠는가. (「정고庭誥」)

노불의 차이를 변별해서 몸을 단련한다는 연형練形과 마음을 다스린다는 치심治心으로 구별한다.

> 도를 닦는 사람은 대개 그 흐름이 선법仙法에서 나왔기 때문에 몸을 단련하는 것을 최상으로 여기며, 부처를 숭상하는 사람은 그 근본이 정신의 가르침에 있기 때문에 마음을 다스리는 것을 우선으로 한다. (「정고庭誥」)

『광홍명집』(제1권)에 따르면 "안연지가 일찍이 「이식론離識論」을 지었을 때, 송나라 문제가 혜엄慧嚴(363~443)에게 명령해서 검증하게 했다. 서로 논변하느라 해가 저물었다. 그러자 황제가 웃으면서 '오늘 그대들이 부끄러운 줄도 모르고 지리한 변론만 늘어놓았다'라고 말했다." 이 기록을 통해 안연지가 불교를 어느 정도 이해하고 있었는지를 짐작할 수 있을 것이다.

이와 같이 불교에 대해 이해하고 있던 안연지는 하승천의 편협함을 아쉬워하면서 "만약 유교와 불교를 함께 사용해서 번잡한 형식을 없애고 의미에 도달한다면 부절처럼 합쳐질 것이다. 마치 음악에서 여呂만을 고집하고 율律을 버린다면 결국 모든 조화를 잃게 되는 것처럼 그래서는 안 될 것이다"라는 취지로 말한다. 하승천의 편견을 깨뜨리기 위해서 그의 비판에 대해 다음과 같이 말한다.

① 신명의 존재와 소멸은 초목이 피고 지는 것과 다르다. 만약 초목과 같다면 정령이 하늘에 있다는 것은 대체 무슨 말인가? 이는 초목과 다르다는 것이 아니겠는가. 만약 정령이 있다고 한다면 그다음으로는 필연적으로 형체를 받는다는 말로 이어진다. 왜냐하면 정령만 있고 어떠한 형체도 없다고 한다면 정령이 하늘에서 무엇에 의거해서 어떻게 존재하는지를 말할 수 없게 되기 때문이다. 이처럼 한편으로 내세를 부정하면서도 다른 한편으로는 스스로 정령이 승천해 있다고 말하는 것은 명백한 모순이며, 억지로 배제할 수 없다는 것을 증명한다.

② 감응[感]이 있는 곳에 작용[對]이 없을 수 없다. 베푸는 일[施]과 보응[報]은 반드시 일치한다. 반드시 일치한다면 이를 바라는 일은 아무 잘못이 없다.

이에 대해서 형신이 함께 소멸한다고 주장한 구멸론자俱滅論者인 하승천은 말문이 막힌다. 그는 회통해서 "신백神魄(『노자』 제21장)은 황홀한 것이며, 떠도는 영혼[遊魂](『주역』 「계사」 상)이 변화한 것임을 부정하는 것이 아니다. 그것이 형체를 받는다는 것을 부정한다"라고 답변한다. 이는 곧 스스로 구멸론을 폐기한 것이다.

안연지는 나아가 이를 비판하면서 "떠도는 영혼이나 정령은 있고, 형체가 없을 뿐이라고 한다면 형체가 없는 존재가 있다는 말이 된다. 공자도 그것의 유무를 판별하지 못한 데 대해서 정령이 있다는 유有로 단정한 것은 이미 유교의 영역을 벗어난 것이다. 이는 곧 당신이 학문을 좋아한다고 하지만 아직 의지할 곳을 찾지 못했다는 것일 뿐이다"라고 답변한다. 안연지의 비판은 예리하며 그의 폐부를 찌른 것이라고 할 만하다.

이와 같이 이 논쟁은 이제 신명의 멸불멸이 아니라 양쪽 모두 불멸을 인정하면서 어떤 형체가 있는가 없는가라는 유질무질有質無質의 논쟁이 된다. 명백히 하승천의 패배로 귀착되었다고 평가해야 할 것이다.

5. 하승천何承天과 유소부劉少府의 논란

하승천이 이때의 논쟁에서 얼마나 노력을 기울였는지는 종병과 안연지에 대한 것 외에 유소부와 문답한 「보응문報應問」(『광홍명집』 제18권)이 현존하고 있어서 알 수 있다. 하승천은 "거위는 풀을 뜯어먹을 뿐 뭇 생명을 해치지 않지만 요리사를 만나면 잡아먹히는 재앙을 당한다. 제비는 날아다니는 벌레를 잡아먹으므로 생명을 해치는 것이지만 사람들이 아껴 준다. 따라서 살생에 나쁜 과보란 없고, 복을 짓더라도 선한 보응은 없는 것이다. 나는 불경이란 단지 가설적인 권교로서 사람들에게 선善을 권장하는 것일 뿐 사실이 아니라고 생각한다. 서쪽의 보응설은 지엽적으로는 명쾌하지만 근본에는 항상 어둡다. 말은 번잡할 뿐 요긴한 것은 적고, 비유는 너무 멀어서 검증이 안 된다. 오경五經과 어긋나므로 옛 성인의 가르침에 맞지 않음에도 얕은 생각에 맞춰 부추기므로 말세의 세속인들에게 믿음을 얻을 뿐이다. 현명한 판단을 위해서는 세 번의 반성을 해야 할 것이다"라고 말한다.

유소부는 이에 답변하면서 "거위가 사람에게 잡아먹혀 죽는 것은 벌레가 제비에게 먹히는 것과 같다. 벌레는 현세에서 보응을 받았고, 제비는 아직 받지 않았을 뿐이다. 과보는 삼업三業에 의한 것으로 늦거나 빠르게 나타나는 차이가 있을 뿐이다. 여래는 이치를 궁구해서 본성을 다 밝혔으며, 감응함으로써 가르침을 만들어 다섯 가지 선으로 계도하고, 계품戒品을 설정해서 여섯 가지 폐단을 없앴으며, 반야로 관조하며 열 가지 선을 퍼뜨려 결국 깨달음에 이르게 한다. 이는 결코 말단에만 밝고 근본에 어두운 것이라고 할 수 없다. 공자와 석가는 정묘하고 거친 차이가 있을 뿐이다. 반야의 여러 경전을 본 사람은 허점이 없어서 의심도 하지 않는다. 왜 오직 공자의 책만을 읽어야 하고 다른 것은 폐기해야 하는가? 실상實相은 말로 표현되지 않으며, 말로 한다면 희론이 된다"라고 말한다.

이처럼 하승천과 유소부의 논쟁은 아주 정반대의 입장에 서 있으며 결론을 맺을 수가 없다. 유소부의 보응관은 혜원의 삼보설이며 이 관점에서 보면 유교도 마찬가지로 보응설이 있고 단지 양자의 차이는 정교한가 거친가의 차이에 지나지 않는다는 것이며, 곧 다음과 같은 유소부의 말로 정리할 수 있다.

> 그대는 현재의 가르침에 의거해서 삼세를 비난하며 번잡하고 황당해서 달리 말할 것도 없이 이상하다고 한다.
> 만약 인과因果가 마치 형체에 그림자가 따르는 것처럼 틀림없다는 것을 인정한다면, 가르침의 효과에 대한 검증도 마치 부절을 합치하는 것과 같은 것이다.

이 두 가지 구절 중에서 앞은 하승천의 불교관이며, 뒤의 것은 유소부의 불교관이다. 하승천이 불교를 번잡하고 괴이하다고 여긴 것은 현재의 가르침에만 입각해서 삼세에 대한 말을 이해했기 때문이다. 그러나 한발 나아가 인과의 이치를 삼세에 확장해서 본다면 보응이 틀림없음은 부절처럼 합치하는 것이라는 말이 된다.

이상에서 보았듯이 유송시대에 보응의 유무, 신멸불멸의 논쟁에서 반대한 사람은 하승천 한 명이며, 다른 사람은 모두 보응과 신불멸을 지지한다. 이로써 당시의 사상적 경향을 가늠해 볼 수 있을 것이다.

6. 모자牟子의 「이혹론理惑論」

이 책은 양나라 승우가 편찬한 『홍명집弘明集』에서 수록하고 있다. 모자는 어떤 사람인가? 『대장경大藏經』 고려본高麗本에는 단지 모자牟子라고만 기록되어 있다. 명본明本에는 한나라의 모융牟融이라고 하지만, 모융이라는 이름은 아마도 단순한 가정일 것이다. 유송의 태시泰始 연간인 465~471년 사이에 중서시랑中書侍郎 육징陸澄(425~496)이 칙

명에 따라서 『법론法論』을 편찬한다. 『법론』은 현존하지는 않지만, 승우의 명저 『출삼장기집出三藏記集』 제12권에 『법론』 목록이 수록되어 있어서 이를 통해 「이혹론」을 알 수 있다. 승우가 『홍명집』 제1권에 「이혹론」을 수록한 것은 다른 많은 논문과 마찬가지로 이 『법론』에 의거해서 가능했던 것이다. 『출삼장기집』 제12권에 인용된 『법론』 목록에서 모자에 관한 기사는 다음과 같다.

모자. 한편으로 창오 태수 모자박이라고도 전해짐[牟子. 一云蒼梧太守牟子博傳].

여기에는 「이혹론」이라는 명칭이 없을 뿐만 아니라 더욱이 "창오태수모자박전蒼梧太守牟子博傳"의 의미도 상당히 불분명하다. 모자는 평생 처사處士로 살았으며 태수가 된 적이 없다고 전해진다. 그렇다고 해서 창오의 태수가 모자를 널리 알렸다라고 해석하는 것은 결코 타당하지 않다. "창오태수모자박전"이라는 말은 첫 번째로 우리들을 곤혹스럽게 한다. 「이혹론」에는 서문이 있으며, 이에 따르면 "모자는 유학의 경전을 비롯한 여러 사상가들의 서적을 모두 섭렵했고 심지어 병법이나 신선에 관한 책도 모두 읽은 학자였다. 한의 영제靈帝(재위 168~189)가 붕어하자 어머니를 모시고 혼란을 피해 교주交州로 갔다가 26세에 다시 창오로 돌아와 아내를 맞이하며, 태수가 등용하려 했지만 거절한다. 태수의 추천으로 형주荊州에 사신으로 가려고는 한다. 때마침 교주의 주목州牧에게서 기용하고 싶다는 요구도 있었지만 거절한다. 그 당시 주목의 동생은 예장豫章의 태수였는데 중랑장中郎將 책융笮融에게 살해당하자 주목은 기도위騎都尉 유언劉彦을 파견해서 처벌하려고 한다. 그러나 다른 주州와 군郡이 의심할까 봐 걱정해서 군대를 전진시키지 못하고, 문무를 겸비한 모자의 재주를 이용해서 영릉零陵과 계양桂陽 지방을 통과하려고 한 것이다. 모자는 어머니가 갑자기 돌아가시는 바람에 갈 수가 없었다. 이를 계기로 지금 같은 어지러운 세상에서는 자신을 드러낼 때가 아니라고 생각해서 불교에 뜻을 기울이고, 아울러 노자와 오경을 연구한다. 그러자 세속의 무리들이 오경을 배반하고 다른 도道로 향했다고 비난하기도 한다. 모자는 그들과 다툰다면 이미 도가 아니고 침묵만 하는 것도 능사가 아니라고 여겨, 곧 성현의 말들을 인용하면서 논증하고 해설했다. 이것이 바로 「이혹론」이다. 모자는 일찍이 신선의 벽곡술이나 장생술을 배우는 사람에 대해서 오경에 근거해 비판했는데 도가의 술사들은 감히 대꾸하지도 못했다." 이상의 기사는 모자가 석釋·노老·공孔이라는 세 가지 학문을 했으며, 신선도에 대해서는 반대자이고, 오경을 주요 근거로 하면서도 이치에 한층 더 부합하며 불교에 공감한 사람이라고 말하는 것이다.

이 서문 중에 있는 책융의 일은 명백한 역사적 사실이다. 책융은 도겸陶謙에게 배속되어 있었지만, 환제桓帝의 초평初平(190~193) 4년(193)에 조조曹操(155~220) 때문에 팽성彭城에서 쫓겨나자 남하南下해서 광릉廣陵의 태수를 살해하고, 나아가 예장에 들어가 또 태수 주호朱皓를 살해한다. 주호의 형이었던 교주의 자사刺史 주부朱符가 이에 분노해서 유언을 파견하여 처벌하려고 했던 사실을 가리키는 것이다. 서문은 모자를 이 다툼과 어느 정도 관계시킴으로써 어떻게 해서든지 신뢰할 만한 체재를 구비한다. 이 때문에 고래의 학자들은 모자가 후한 말기의 사람이라고 믿어 의심치 않았으며, 「이혹론」을 기초로 해서 불교가 처음 전래했던 때를 논의한다. 가령 모자가 실존 인물이더라도 「이혹론」을 찬술한 때는 전하는 바에 따라 일정하지 않으며 혹은 초평 2년(191)이거나 초평 중(190~193)이거나 혹은 흥평興平(194~195) 2년(195)이다. 그가 어머니와 함께 교주로 피난한 것은 영제의 붕어 이후인데 만약 붕어한 그해라고 한다면 190년이 된다. 창오蒼梧로 돌아와 아내를 맞이한 것이 그다음 해라고 한다면 그때가 그의 나이 26세가 되었을 때다. 창오 태수의 뜻을 받들어 형주로 가려고 할 때, 때마침 교주 주목의 요청이 있었지만 거절하고, 또 주목의 사신으로서 북행北行하려고 했지만 어머니의 임종을 맞이하는 바람에 뜻을 이루지 못한다. 그 후 불교에 전념하며 이 글을 지었다고 한다면 「이혹론」이라는 저술은 흥평 2년 무렵이 되며, 그의 나이 겨우 30세가 된다. 책융이 광릉에서 불사를 건립한 것은 193년 혹은 195년이므로 이렇게 추정한 연대는 대체로 타당하다고 생각한다. 여기서 모자에 관한 복잡한 의문이 발생한다. 195년 즈음, 창오 및 교주 지역에서, 30세의 모자에게 삼교에 관한 지식이 과연 있을 수 있는가? 불교 문헌을 통틀어 봐도 한 말漢末에 교주나 창오 지역에는 불교가 존재했다는 것을 증명할 만한 다른 재료가 없다. 더욱이 「이혹론」의 내용을 보면 아무래도 한 말의 것은 아니다. 근래에 서진 즈음의 것이라고 보는 학자도 있지만, 나는 유송 이전의 작품이 아니라고 생각한다. 이와 관련해 그 내용을 일단 검토해 볼 필요가 있다.

①, ②, ⑧ 세 항목은 부처를 설명한다. 그중에서 ①항목에서는 4월 8일 출생, 4월 8일 출가, 2월 15일 열반, 17세에 태자비를 맞이하고 19세에 출가한 일을 말하며, 차닉車匿과 건척揵陟이라는 이름을 열거하고,

250계戒를 언급한다. 그리고 위의威儀와 행동거지의 법도를 말하는 내용에서는 유불을 조화시키고, 세속의 일을 떠나 설법하고 경전을 읽는다고 말하는 내용에서는 도불을 조화시킨다. 또 ②항목에서는 부처를 정의하면서 "도와 덕의 원조이며 신명의 근원이다"라고 말하고 있다. 여기서 '도와 덕의 원조'에서는 도불조화의 흔적이, '신명의 근원'이라고 한 데서는 유불조화의 흔적이 나타난다.

③, ④ 두 항목에서는 도를 설명한다. 도를 정의하면서 "도란 인도한다는 뜻이다. 사람을 인도해서 무위無爲의 경지에 이르게 하는 것이다"라고 말한 것은 노자적이며, 공자의 오상五常을 대도大道의 작용이라고 한 것은 유불조화의 의도를 포함하고 있는 것이다.

⑨, ⑩, ⑪, ⑮ 네 항목은 유교도가 제기한 문제로서 불교의 출가는 인륜을 없앤다는 문제에 대한 변론이다. ⑨, ⑩ 두 항목에서는 불효라는 비난에 대해 태백이 머리카락을 자르고 문신까지 한 일, 예양豫讓이 재를 삼키고 몸에 옻칠을 하면서 모습을 바꾼 일, 섭정聶政이 자신의 얼굴 가죽을 벗겨 자해한 일, 백희가 불에 타 죽은 일, 고행이 얼굴을 베어서 정조를 지킨 일 등을 제시하며 입증한다. 또 ⑮항목에서는 수대나須大那 태자는 인仁하지 않고 불효자다라는 비난에 대해서 변론한다. ⑪항목에서는 "요임금, 순임금, 주공, 공자는 세속의 일을 했지만, 부처와 노자는 무위에 뜻을 두었다"라고 말함으로써 도불 양 교를 일치시킴과 동시에 삼교를 조화시키고 있다.

⑫, ⑬ 두 항목은 마찬가지로 유교에서 불멸을 비난한 것에 대한 변론으로서 다시 태어나는 일과 귀신의 일을 논증한다.

⑭, ㉞ 두 항목은 이하夷夏 문제로서 중국 사람이 이적夷狄의 도를

따라서는 안 된다는 데 대한 답변이다. 그중에서 불교를 배운다고 해서 요순주공堯舜周孔의 도를 버리는 것이 아니라고 하는데, 유불조화의 의도가 나타난다.

⑯항목은 사회 문제이며, 불교계의 타락을 말하면서 지금의 사문은 술 마시는 일에 탐닉하거나 처자식을 두고, 물건을 싸게 사서 비싸게 파는 등 오로지 속임수를 일삼는다는 비판적 내용을 담고 있다.

⑦, ⑳, ㉕, ㉖, ㉗ 다섯 항목은 유불의 관계에 대한 문답으로서 ⑦에서는 칠경七經 중에 부처를 언급하고 있지 않은 것은 어째서인가라는 질문에 대해 오경에는 빠져 있는 내용이 있다고 말하며, 또 ⑳, ㉗에서 경서와 그 해설[傳]에만 치중하는 사람을 하급의 선비라고 말한 것은 유교를 불교와 도교의 아래에 두는 것이다. 또 ㉕항목에서 오경을 오미五味에, 불교와 도교를 오곡五穀에 비유함으로써 도교와 불교를 유교 이상의 같은 위치에 두면서도 한 걸음 더 나아가, 시야의 폭이 넓어진 것은 불교 덕분이라고 말한 것은 불교는 유교의 위에 있을 뿐만 아니라 도교의 위라고 하는 것이다. 발문跋文에서 글 구성을 1편 37조로 만든 이유가 불경의 요체로서 37품과 『노자』의 「도경道經」 37편에서 본뜬 것이라는 말 속에는 노불 일치의 흔적이 나타난다.

이상을 종합하면 다음과 같은 추론이 가능하다.

1) ①항목에 나타난 부처의 전기는 오나라에서 번역된 『서응본기경瑞應本起經』 및 『육도집경六度集經』을 연상시킨다. 4월 8일 출생, 17세에 태자비를 맞이하고, 19세에 출가했다는 말은 이상의 두 경전 외에 『수행본기경修行本起經』과 『인과因果』라는 두 경전에도 있지만 『수행본기경』은 흰 말의 이름을 건특騫特이라고 하며, 『인과경』은 2월 8일

에 출생했다고 한다.

2) 유교도가 제기한 폐륜廢倫 문제, 신멸神滅 문제가 왕성했던 때는 동진 말기 여산 혜원 즈음부터로서 혜원은 「업보론業報論」 및 「삼보론三報論」을 썼으며, 또 「사문불경왕자론沙門不敬王者論」 중에서도 이것을 논한다. 이 시대에 나타난 것으로 나군장의 「갱생론更生論」이 있다. 또 손작의 「유도론喩道論」 중에서 불효라는 비난에 대해 태백이 이국의 풍속대로 단발과 문신을 한 일, 백이와 숙제가 후사를 걱정하지 않고 굶어 죽은 일, 백희가 바른 도리에 따르기 위해 생명을 버린 일 등을 인용하면서 변호하며, 동시에 도를 "중생[物]을 인도하는 것"으로 정의하고, 또 "주공이 곧 부처고 부처가 곧 주공이다"라고 함으로써 유불 양 교를 조화시키지만, 이것은 이 글의 기초를 이루는 생각은 아닐 것이다. 유불조화 및 삼교조화는 유송시대의 사상적 조류다.

3) 이하夷夏논쟁은 대체로 후조 석호 때 왕도가 부처를 이적의 신이라고 한 데서 시작해 이후 유송시대에 이르러 채모가 중하中夏와 이적의 구별을 토대로 불교를 배척하며, 특히 도사 고환이 「이하론夷夏論」을 지음으로써 상당히 교계를 동요시킨다. 「이혹론」 안의 이하夷夏 논란은 고환의 비난이 있은 후의 것으로 생각된다.

4) ⑯항목에 기술된 사문의 그릇된 행적은 대체로 후조의 불도징 시대 이후에 나타난 것이며 불교 보급의 여파다. 일찍이 서진 혜제惠帝(재위 290~306) 때 이미 기역耆域은 승복僧服을 화려하게 꾸민 것을 비판했고, 이후 동진의 도안이 승니僧尼의 규범과 승단의 규칙으로서 24조항을 제정한 것(『불조역대통재佛祖歷代通載』 제6권)은 타락했다는 것을 반증한다. 그러나 사문이 처자식을 거느리게 된 것은 나집이 처자식을

거느린 이후의 일이다. 이러한 나쁜 행실이 나타나기 전에 먼저 그것이 유포되지 않으면 안 된다. 불도징, 도안, 나집 시대 이후에서야 비로소 이러한 폐해가 있을 정도로 유포되었는데, 그 이전에는 있었을 리가 없다.

5) ㉑항목에서 불교 초전初傳에 관한 말은 『사십이장경四十二章經』을 연상시키고, 발跋에서 혹자가 삼가 오계五戒를 받는다고 한 것은 오의 강승회 때 만들어진 오계를 떠오르게 하며, ⑮항목에서 수대나 태자를 인용한 것은 오나라 때의 『육도집경』을 연상시키고, ⑤항목에서 혹자가 일찍이 우전국于闐國에 갔었다고 한 것은 위나라의 주사행朱士行(203~282)이 우전국으로 간 뒤라는 것을 증명하는 것 같다.

이러한 여러 가지 사항을 통해 볼 때 삼국시대 이후는 물론이고 더 아래로 동진 말기에서 남송시대에 이르지 않고서는 이 글이 나타날 수가 없다. 아마 모자는 가탁한 인물이며, 불교도가 이 이름에 의탁해서 자문자답하며 불교에 대한 여러 비판을 회통시키려고 했을 것이다. 「모자」라는 항목이 처음 나타난 것은 송의 명제明帝가 태시 중(465~471)에 중서시랑 육징에게 조칙을 내려 편찬하게 한 『법론』에서다. 『출삼장기집』에서 『법론』의 목록을 기재하고 있다. 총 16질帙의 『법론』에 수록된 논문은 모두 도안과 지도림支道林(314~366) 이후의 것이며 단 두 가지만 예외다. 하나는 오 강승회의 서문이고, 둘은 모자다. 모자 아래에는 “한편으로 창오 태수 모자박이라고도 전해짐[一云蒼梧太守牟子博傳]”이라는 설명이 있으며, 그리고 『출삼장기집』의 저자 승우는 『법론』 목록의 서문에서 불교도가 아닌 모자를 수록한 것은 한나라 명제 때 전래한 법法을 기록해 두기 위해서라고 한다. 모자가 송 명제 때 처음으로 세상에 등장한 것은 그가 진晉나라 말기에서 송 초기의 인물일 것이라는 상상을 뒷받침한다. 이를 나집이 입적한 연도(413)부터 태시 말년(471)에 걸친 58년 사이에 둔다면 큰 잘못은 없을 것이다. 지은이는 유교와 도교는 물론, 역사나 신선에도 통달한 불교자로서 여산의 감화를 받고, 주속지나 뇌차종 특히 종병처럼 삼교일치사상을 가진 사람이다.

이상의 대체적인 논의는 반드시 학계의 검증과 승인을 받아야 할 것이라고 생각한다. 나는 한 걸음 나아가 한층 많은 시대를 규정하며 가능하다면 지은이도 추정하려고 했으며, 여기서 뜻하지 않게 상당히 유력한 단서를 얻었다. 그것은 도사 고환의 「이하론」에 대한 야성사冶城寺 혜통惠通의 「박고도사이하론駁顧道士夷夏論」에 「이혹론」과 똑같은 어구가 일곱 군데 정도 존재한다는 사실이다. 「이하론」의 취지는 "도불 이교의 도는 부합하지만, 세속은 하늘과 어긋난다. 중국의 본성을 갖고 있으면서 서쪽 이민족의 가르침에 따라서는 안 된다"라는 것이다. 이 논문이 성립한 때는 태시 3년설(467년설)과 영명永明 9년설(491년설) 두 가지가 있는데 전자가 타당하다. 이 글에 대한 비판은 실로 거셌다. 고사高士 승소僧紹는 노불을 비교하며 불교를 높였고, 또 고환이 노장의 뜻을 잃었다고 지적한다. 사진지謝鎭之는 도불 이교의 귀결이 다르다고 말한다. 주광지朱廣之는 이교가 일치하므로 모두 사용할 것을 주장하며, 주소지朱昭之는 도 안에 유불을 통일시키려 한다. 승민僧敏은 「이하론」의 중국중심설에 대해 천축중심설의 입장에서 양 교의 차이를 변별하고, 고환이 노장사상을 선도화仙道化시킨 것을 배척하면서 도교를 간사한 재주라고 한다. 이 외에 주옹周顒의 반박론도 있다고 한다. 이러한 반박론은 모두 『홍명집』 제7권에서 보존하고 있다. 그중에서 야성사 혜통의 반박론은 『축쇄장경縮刷藏經』에서 겨우 한 장 반에 지나지 않는 단문임에도 다음과 같이 일곱 군데가 모자의 「이혹론」과 어구가 서로 같다.

① 「이혹론」 제26조항의 내용과 일치: “공명의公明儀가 소를 위해 황제의 가야금[淸角]을 연주했지만 소는 고개를 숙인 채 먹이를 먹고 있었다. 소에게 가야금 소리가 들리지 않았던 것이 아니라 그 귀에 맞지 않았기 때문이다. 음악을 바꿔서 모기, 등에, 여우, 송아지 소리[聲]를 내었더니 소는 귀를 흔들고 꼬리를 치고 땅을 구르며 들었다고 한다.” 여기서는 소리를 성聲으로 「이혹론」에서는 명鳴으로 표현하는 등 몇 가지 글자상의 차이는 있지만 내용은 차이가 없다.

② 「이혹론」 제35조항의 내용과 일치: “비유하자면 가벼운 깃털은 높은 곳에서 바람이 불면 날아가고, 작은 돌은 골짜기에서 물살을 만나면 굴러가지만 오직 태산만은 회오리바람에도 끄떡하지 않고, 반석은 급류에도 휩쓸리지 않는 것과 같다. 매화와 오얏나무는 서리를 맞으면 잎이 지고 소나무와 오동나무는 추위를 만나도 시들지 않는다는 말은 믿을 만하다.” 여기서는 골짜기[谷]라고 하지만 「이혹론」에서는 시내[谿]라고 하는 등 표현상 약간의 차이가 있을 뿐 역시 동일하다고 해야 한다.

③ 「이혹론」 제34조항의 내용과 일치: “안연은 동야필東野畢이 말 다루는 방법을 보고 그가 실패할 것을 예견했다(『순자』 「애공哀公」). 또 자공은 주邾나라와 노魯나라의 회합을 보고 그들이 죽을 것을 미리 알았다.” 「이혹론」에서는 안회를 안연으로 표현하거나 “말을 타는 날에”

등 다소 추가된 내용이 있을 뿐이다. 역시 완전히 같은 것으로 볼 수 있다.

④ 「이혹론」 제36조항의 내용과 일치: "남쪽을 북쪽이라고 하면서도 스스로 미혹하지 않다고 생각하고, 서쪽을 동쪽이라고 하면서도 스스로 몽매하다고 하지 않는다." 「이혹론」과 전적으로 같은 내용이며 여기서는 몽蒙, 「이혹론」에서는 몽矇으로 표현하고 있을 뿐이다.

⑤ 「이혹론」 제30, 36, 31조항의 내용과 일치: "나는 노자에게 오미에 대한 훈계만 있을 뿐(『노자』 12장) 단식의 가르침은 없다고 들었다. 그러므로 매미와 나방이 먹지 않는다는 것을 군자가 어찌 훌륭하게 여기며, 개구리와 구렁이가 동굴에서 동면하는 것을 성인이 어찌 귀하게 여기겠는가. 또 옛날부터 성현이라도 죽지 않은 사람은 없었다." 「이혹론」 제30조항에서 "내가 『노자』 상하편을 읽어 보니 다섯 가지 다양한 맛을 금지하는 계戒는 있지만(『노자』 12장) 곡식을 끊으라는 말은 보이지 않는다"라는 내용이 있으며, 제36조항에는 "매미가 먹지 않는다는 것도 군자는 귀하게 여기지 않고, 개구리와 이무기가 동굴에서 동면을 하는 것도 성인은 중히 여기지 않는다"라는 내용이 있고, 제31조항에는 "또 요임금, 순임금, 주공, 공자도 모두 백 세까지 살지 못했다"라는 내용이 있다. 글자가 조금 다르지만 거의 완전히 동일하다고 할 수 있다.

⑥ 「이혹론」 제37조항의 내용과 일치: "그러므로 순임금의 무덤은 창오蒼梧의 들판에 있고 우임금의 봉분은 회계산會稽山에 있다. 주공은 이장했다는 기록이 있고, 공자는 양영兩楹의 꿈을 꾸었다고 한다. 증삼에게는 자신의 다리를 살펴보라는 말이 있고, 안회에게는 불행하

다고 한탄한 얘기가 있는 것이다." 「이혹론」에서는 무덤[墳]을 산山이라 하고, "안회에게는 불행하다고 한탄한 얘기가 있다[顔回有不幸之嘆]"를 "안연에게는 불행히 단명했다는 기록이 있다[顔淵有不幸短命之記]"라고 하며, 또 백이, 숙제, 문왕, 무왕 등 많은 예시를 추가하고 있지만, 이 글은 그대로 계승된다.

⑦ 「이혹론」 제18조항의 내용과 일치: "옛날에 기린을 보지 못했던 사람이 본 적이 있는 사람에게 기린이 무엇과 닮았는지 물었다. 그러자 기린은 기린과 같다고 대답했다. 질문자는 기린을 보았다면 묻지 않았을 텐데 기린이 기린과 같다고 답하면 어떡하느냐고 말했다. 그래서 기린은 노루의 몸에 소의 꼬리, 사슴의 발굽에 말의 등을 하고 있다고 대답했다. 질문자는 비로소 잘 이해했다." 「이혹론」에서는 기린麒麟을 린麟이라고만 하거나 "비로소 잘 이해했다[乃曉然而悟]"를 "금세 이해했다[霍解]"라고 하는 등 글자나 표현상의 차이가 있을 뿐이다.

만약 문구는 바뀌었지만 의미가 같은 것을 열거한다면 이상에 그치지 않으며, 이상의 것은 거의 그대로인 경우를 지적한 것이다.

이와 같은 내용적 동일성은 우연한 일치가 아니다. 그렇다면 혜통이 모자를 답습했는지, 또는 이와 반대로 모자가 혜통을 차용했는지의 문제가 되므로 여기서 혜통이라는 인물의 성향에 대해 알 필요가 있다.

양『고승전』 제7에 따르면, 송 경사京師의 야성사 혜통에게는 『현증론顯證論』, 『법성론法性論』, 『효상기爻象記』라는 저작이 있고, 동해東海의 서담지徐湛之와 진군陳郡의 원찬袁粲의 스승이자 친구다. 일찍이 원찬이 『거안론遽顔論』을 지어 보여 주면서 이에 대해 논쟁했다고 한다. 따라서 불교만이 아니라 노장과 『역易』에 조예가 있는 학자라는 것을 알 수 있다. 『송서宋書』에서는 사문 혜통은 원찬이 가탁한 이름이라고 하며 『통재通載』는 이를 그대로 따르고 있지만, 물론 오류로서 혜통이라는 실존 인물이 있고 실제로 원찬의 스승이기도 하면서 친구이기도 하다.

태시 연간의 『법론』 중에 수록되어 세상에 나타난 「모자」와 태시 3년에 지어진 「이하론」에 대한 「박고도사이하론」 사이의 이러한 일치를 어떻게 설명해야 할까? 혜통과 같은 학자가 「모자」를 표절했다고는 생각할 수 없다. 그래서 마땅히 혜통의 글을 「모자」가 빌려 왔다고 해야 할 것이다. 더욱이 「모자」라는 글이 이하논쟁 이후의 것이라는 점은 이미 서술한 대로이다. 이제 「이혹론」을 혜통 자신의 저작이라고 밖에는 생각할 수 없을 것 같다. 혜통 이외의 인물이 혜통의 글을 그대로 표절하면서 한대漢代의 「모자」 안에 있다고 하는 것은 이윽고 혜통을 표절자로 보는 것이나 마찬가지다. 혜통의 눈앞에서 아마도 법을 위해서라고 말하면서 이러한 일을 했을 리는 없다. 생각할 수 있는 유일한 길은 혜통이 반박론을 지은 데 만족하지 않고, 그의 호법護法의 정신은 결국 「이혹론」이라는 글을 써서 멀리 한 말 모자의 작품이라고 함으로써 자신의 견해를 확립하는 기초로 삼았다고 보는 것이 자연스럽다고 믿는다. 이렇게 볼 때 「모자」의 연대도 저자도 명료하고 아울러 내용적으로도 아무런 의문이 남지 않는다. 원찬이 사문 혜통에 가탁해서 고환을 반박했다는 말은 도리어 혜통이 처사인 모자에 가탁해서 자신의 생각을 서술했다는 말이 와전된 것은 아닐까? 혜통 자신이라는 추정은 결국 실패한다고 치더라도 남북조 초기의 것이라는 나의 추정에는 오류가 없다면 책융의 사료史料는 그 원형을 불교에 대한

「무론誣論」에서 얻은 것이 아닐까? 『홍명집』 제1권에 게재된 작자 미상의 「정무론正誣論」에는 불교를 모함한 사람의 말이 있다. "한 말에 책융이란 사람이 병사를 이끌고 서주徐州의 자사인 도겸陶謙에게 의탁했다. 도겸은 그에게 운수運輸를 감독하도록 했다. 책융은 이전에 불교를 받들었는데 결국 관官의 운수품을 횡령해서 자신의 이익을 챙겼고 절을 크게 지었다 등등. … 나중에 유요劉繇에게 공격을 받아 죽었다 등등." 「정무론」에서 "등등[云云]"으로 생략한 내용은 「무론」에서는 분명히 생략하지 않았을 것이다.

「이혹론」의 편찬자는 후한시대의 찬술 지역을 교주에서 모색하고, 교주의 자사인 주부와의 교류를 이용해 책융에 이르며, 책융에 관한 재료를 「무론」에서 얻었던 것이다. 편찬자가 교주를 찬술 지역으로 삼은 것은 아마도 의도된 것이었다. 한 말의 불교 상태가 일부라도 알려진 장안長安이나 낙양洛陽 등을 채택했다면 명백한 모순이 있을 것이라고 예상하고, 한 말의 불교 사정을 전혀 판명할 수 없는 지역으로서 교주를 선택해서 모순이 없도록 하려고 궁리했을 것이다. 더욱이 한 말에 교주 지역에서 유불도 삼교가 「이혹론」이 나타날 정도로 모두 왕성했다고 한 것은 매우 기발하다. 조금이라도 역사적 안목이 있는 사람이라면 여지없이 의문을 가졌을 텐데, 기존에 한 말의 것으로서 조금도 의심하지 않았다는 사실은 오히려 신기할 따름이다.

제3절

남제南齊시대

1. 범진范縝의 「신멸론神滅論」

유송의 「이하론」에 비해 그 이상이라고도 할 만큼 교계에 파문을 일으킨 것은 범진이 제시한 「신멸론」이다. 신멸론은 동진 만년부터 끊임없이 반복되었으며 범진에 이르러 절정에 도달하고 양대까지 논란이 이어진다. 그 후 불교가 크게 진보해서 이 문제를 일으키지 않게 된다. 아마도 신神의 의미가 남북조시대에서는 개성적인 것이었지만 삼론, 천태, 지론, 섭론 등의 교리에 이르러 개성을 초월한 심心 또는 식識이 되면서 멸불멸 같은 것은 문제 되지 않는다. 범진의 전기는 『남사南史』 제57권의 「범운전范雲傳」에 부가되어 있다. 기골이 타고났으며 언변이 뛰어나 양 무제가 중서국자박사中書國子博士로 삼았던 사람이다. 그의 학문은 "경서에 해박했고 특히 삼례에 정통했다[博通經術尤精三禮]"라고 하므로 유교자라고 해야 한다. 성품은 곧고 소박하며 기품 있는 고상한 담론을 좋아하고, 교유한 친구는 없고 오직 외사촌 동생인 소침과 사이가 좋았을 뿐이다. 경릉왕竟陵王 자량子良이 많은 빈객들을 초청했을 때 범진도 그중에 있으면서 부처란 없다고 크게 떠들자 자량이 "인과를 믿지 않으면 부귀와 빈천은 무엇 때문인가?"라고 질문했으며 이에 대해 범진은 다음과 같이 답한다.

인생이란 나무에 핀 꽃과 같습니다. 동시에 피더라도 바람에 떨어질 때 어떤 것은 주렴 휘장에 스쳐 방석 위에 떨어지고, 어떤 것은 울타리 담장에 걸렸다가 뒷간에 떨어지기도 합니다. 방석 위에 떨어진 것은 전하이며, 뒷간에 떨어진 것은 소인입니다. 귀천은 비록 다른 길이지만 인과가 대체 어디 있겠습니까.

즉 우연설偶然說, 운명설運命說, 자연설自然說, 불가지설不可知說이다. 자량을 납득시키지는 못하지만 범진은 이를 계기로 이후 그 이치를 논하며 「신멸론」을 짓는다. 이 논이 등장하자 조정 안팎으로 떠들썩했다. 자량은 승려들을 모아 논박하도록 했지만 굴복시키지 못한다. 범진은 신령이나 귀신을 믿지 않는다. 당시 이릉夷陵에는 오상묘伍相廟, 당한삼신묘唐漢三神廟, 호리신묘胡里神廟가 있었는데 제사 지내지 못하도록 명령을 내린 적도 있다. 범진은 배불론자일 뿐만 아니라 완전히 무신론자다. 「신멸론」은 『홍명집』 제9권 소침의 「난신멸론」 안에 전부 인용되어 있다. 소침의 「난신멸론」은 31개의 문답으로 되어 있으며 소침은 이를 6단으로 나눠서 여섯 가지로 반론을 제기한다.

범진의 신멸의 이유는 첫 번째 문답에서 "정신이 바로 육체고, 육체가 바로 정신이다. 그래서 육체가 존재하면 정신도 존재하고, 육체가 없어지면 정신도 없어진다"라는 답변으로 귀결된다. 범진은 신멸의 논의를 진행시키며 "육체는 지각이 없고 정신은 지각이 있어서 둘 사이는 구별되고, 정신과 육체를 하나라고 해서는 안 되며 상즉한다고 할 수도 없다는 말이 있다. 그런데 그렇지 않다. 육체는 바탕이고 정신은 작용 등으로서 다른 것이 아니라 명칭만 다를 뿐 본체는 동일한 것이다"라고 말한다. 범진은 이를 설명하기 위해 비유를 들어 "육체와 정신의 관계는 칼과 날카로움의 관계와 같다. 칼과 날카로움은 다르지만 칼이 없으면 날카로움은 없고 날카로움이 없이는 칼도 없다. 칼 없이 날카로움만 존재하는 이치가 없는 것처럼 육체가 사라지고 정신만 있는 이치는 없다"라고 한다. 그러나 혹 "육체와 정신의 관계는 칼과 날카로움의 관계와 다르다. 사람은 나무와 같은 성질이 있지만 나무와는 다르게 지각[知]이란 것이 있다. 나무는 형신形神이 동일하더라도 사람은 다르다고 말하는 사람이 있을 것이다. 그런데 그렇지 않다. 사람의 성질과 나무의 성질은 다르다. 나무에는 지각이 없지만 사람에게는 지각이 있다. 사람은 나무와 같은 성질을 비롯해서 나무와 다르게 지각도 함께 갖고 있는 것이 아니다. 사람에게는 지각 없음[無知]의 성질이 없는 것이다." 그렇다면 "죽은 사람의 몸에 지각이 없는 것에 대해서 나무와 같은 성질이면서 나무와 다르게 지각이 없는 것이냐고 말한다면 이는 문제가 아니다. 살아 있는 사람에게는 나무와 다르게 지각이 있고, 나무와 같은 성질이 없다. 살아 있는 몸과 죽은 몸은 다르다. 죽은 몸은 살아 있는 몸이 변한 것이다. 살아 있는 몸과 죽은 몸은 구별해야만 한다." "육체가 곧 정신이고 정신이 곧 육체이므로 손 등에도 정신적인 구분이 있다. 정신은 생각하고 수족은 아픔과 가려움을 지각한다. 지각과 생각은 얕고 깊은 구별이 있지만 별개의 것은 아니다. 얕고 깊은 차이가 있더라도 정신은 동일하다. 동일한 정신의 작용이 수족에 의탁해서 나타난 것일 뿐이다." 혹은 "육체는 동일하다고 하면서 범부와 성인의 구별로써 육체와 정신을 구분하려는 사람도 있다. 그러나 그렇지 않다. 범부와 성인은 신체기관[器]이 다르다. 그렇다면 성인은 모두 동일하냐고 묻는다면 그렇지 않다. 성인의 신체기관은 모두 다르다." 이에 이르면 범진의 주장은 만형만신설萬形萬神說이 된다. 범진은 이와 같이 형신이 동일하다고 입증하면서 몸이 사라지면 동시에 정신도 없어진다는 것을 증명하고, 다음으로 종묘에서 귀신에게 제사 지내는 것에 대해 효자의 마음일 뿐이라고 함으로써 귀신을 부정하며, 끝으로 신멸론의 효과는 불교의 폐단을 구제하는 것이라고 말한다. 다시 말해 범진은 "불교가 자기 자신을 위하는 마음이 깊고, 허탄한 말을 하며 정치를 해치고 풍속을 무너뜨리는 여러 폐단을 구제하기 위해서" 이 논을 지은 것이며, 그의 주장은 다음과 같은 여섯 항목으로 귀결된다.

① 육체와 정신은 명칭만 다를 뿐 본체는 동일하다[形神名殊體一].
② 나무에는 지각의 성질이 없고, 사람은 지각의 성질이 있다[木質無知, 人質有知].
③ 동일한 정신이 다르게 작용한다[一神異用].
④ 범부와 성인은 신체기관이 다르다[凡聖異器].
⑤ 성인의 신체기관은 각각 다르다[聖器各別].
⑥ 귀신이나 신령은 존재하지 않는다[鬼神無有].

즉 육체와 정신이 하나의 몸을 이룬 이상은 육체에 수반해서 정신이 존재한다. 육체가 다르면 정신도 다르므로 사람과 초목이 다를 뿐만 아니라 범부와 성인도 다르고 나아가 성인과 성인도 다르다. 그리고 육체와 정신 사이에 어떠한 필연적인 관계가 없으므로 육체가 사라짐과 동시에 정신은 없어지며, 귀신이나 신령은 존재하지 않고 인간의 운명은 모두 우연이라는 것이다. 이것은 만유만신설萬有萬神說, 형신구멸설形神俱滅說, 운명우연설運命偶然說이다.

2. 소침蕭琛의 비평

소침은 이에 대해 여섯 단계로 구분해서 반박한다.

① 육체가 곧 정신이고 정신이 곧 육체라는 말은 독단이며 아무런 증거도 없다. 꿈은 어떤가? 꿈을 꿀 때 육체에는 지각이 없음에도 불구하고 보이는 바가 있다는 것은 육체와 정신이 각각 다르기 때문이 아니겠는가.

② 칼과 날카로움의 비유는 맞지 않다. 날카로움이 닳아서 둔한 칼이 될 때는 날카로움이 없이 칼만 있다. 날카로움이 사라졌다고 해도 칼이 있는 이상 칼과 날카로움은 각각 별개가 된다. 이에 따르면 육체와 정신이 함께 사라진다는 말이 맞지 않다는 것을 알 수 있다.

③ 사람에게는 지각의 성질이 있고, 나무에는 지각의 성질이 없다고 하는데 그렇지 않다. 초목은 피고 질 때를 안다. 모든 존재는 모두 정신으로써 지각하며, 성질로써 지각하는 것이 아니다. 초목에는 정신의 지각이 없다고 하면서 사람에게는 있다고 할 수는 없다. 육체와 정신이 각각 다르다고 할 수 있다.

④ 손발에 모두 정신이 나누어져 있다면 몸이 완전할 때는 정신도 완전하고, 몸이 상했을 때는 정신도 상하게 되는 것이다. 그런데 손발을 절단해도 정신이 온전한 사람이 있지 않은가. 육체가 상해도 정신은 해를 입지 않은 것이라고 해야 한다. 정신과 육체가 하나가 아님을

알아야 할 것이다.

⑤ 범부와 성인은 신체가 다르고 각 성인들의 신체도 다르다고 하는데 그렇지 않다. 범부의 정신이 성인의 몸에 의탁할 수 없다고 하는데, 의탁할 수 있다. 육체와 정신이 하나라면 성인은 성인을 낳고, 용감한 사람은 용감한 사람을 낳아야 한다. 그러나 사실은 그렇지 않다. 바로 육체와 정신이 별개이기 때문이다.

⑥ 불교에 빙자해서 일어나는 폐해는 본인도 싫어한다. 그러나 이는 불교의 잘못이 아니다. 육가六家의 재주도 모두 폐해가 있다. 공묵孔墨은 경계하지 않으면서 오직 여래만을 질타해서는 안 된다.

3. 양梁 무제武帝의 신명성불의神明成佛義

범진의 「신멸론」은 양대에도 계속된다. 양 무제의 칙령에 따라 광택사光宅寺의 법운法雲(467~529)은 주요한 신하들에게 글을 보내서 「신멸론」에 대한 의견을 수렴하는데 이것이 무제의 「칙답신하신멸론勅答臣下神滅論」이다. 그 밖에 이에 호응한 62인의 답서가 있다.

무제는 짧은 글 중에서 "믿을 만하다. 세 분 성인의 가르침을 보면 모두 불멸을 말한다. … 경서에 어긋나고 어버이를 배반하므로 해서는 안 될 말이다. 신멸의 주장을 짐朕으로서는 납득하기 어렵다"라고 말하며, 62인의 답변도 모두 간략하다. 이 외에 앞에서 서술한 소침의 비판, 그리고 심약沈約(441~513) 및 조사문曹思文의 비판 외에 무제의 「신명성불의神明成佛義」가 있다. 이것은 이 문제에 관련된 것 중에서 독창적 견해가 있다. 이른바 무명신명설無明神明說로서 무명과 신명을 아울러 갖춘 마음[心]이 불멸한다는 주장이다. 『기신론起信論』의 알라야식사상과 유사한 점이 있어 보인다.

> 마음[心]이 작용의 근본이며 근본은 하나이지만 작용은 분화된다. 분화된 작용 자체는 홍성과 쇠락이 있지만 하나인 근본의 본성은 바뀌지 않는다. 하나의 근본이란 곧 무명이며 신명이다. … 무명은 생멸하는 모습이 있는데 생멸은 다른 작용일 뿐이며 마음[心]으로서의 무명의 의미는 바뀌지 않는다.

"사람은 미혹해서 그 작용의 차이를 보고 마음이 육체[境]를 따라 사라진다고 말한다. 이 때문에 무명이라는 이름 아래 주지住地라는 명칭을 부가한다"라고 한다. 그리고 "무명은 바로 신명이며 신명의 본성은 바뀌지 않는다. 앞의 마음이 무간지옥에 떨어질 만큼 무거운 죄를 짓고, 나중의 마음이 상상 이상의 오묘한 선행을 쌓는다면 선과 악이 크게 동떨어져 앞뒤로 서로 멀어지므로 작용을 일관하는 하나의 근본이 없다면 상속할 수가 없다. 따라서 앞의 악이 사라져도 미혹된 식識은 바뀌지 않고, 나중의 선이 발생해도 어두운 마음[心]은 고쳐지지 않는다. 즉 심식心識의 본성은 하나이며 연원에 따라 다른 것이다. 생멸하고 변천하며 선악이 뒤바뀌더라도 근본인 마음은 일찍이 달라지지 않아서 작용의 근본은 끊임없으므로 성불의 이치는 분명하고, 육체[境]를 따라 옮겨 다니기 때문에 생사를 끝까지 밝힐 수 있다"라고 말한다. 즉 무명無明의 심心에 신명神明의 의미를 일관함으로써 불멸과 성불의 의미가 있다고 말하는 것이다. 이른바 상속상주相續常住의 사상이다. 유심유식설唯心唯識說이 아직 잘 연구되지 않았던 때의 사상으로서 어쩌면 눈여겨볼 만한 것으로 보인다.

제4절

북제北齊시대: 안지추顔之推의 「가훈家訓」

안지추의 자字는 개介이다. 아버지인 협勰은 상동왕湘東王 역繹의 참군參軍이었다. 대대로 『주관周官』과 좌씨학左氏學에 능통했다. 일찍부터 가업을 이었고 12세 때에는 역이 몸소 노장을 강의하자 문도門徒가 된다. 허담虛談은 좋아하지 않고 도리어 『예전禮傳』을 익히고 여러 서적을 박람해서 정통하지 않은 것이 없었다. 수의 개황開皇 중(581~600)에 초청되어 예중禮重을 받았고, 질병으로 죽는다. 『문집文集』 30권, 『가훈家訓』 20편이 있으며 다 같이 세상에 널리 퍼졌다. 『북제서北齊書』 제45권 「문원편文苑篇」, 『북사北史』 제83권 「문원文苑」에 전기가 있다. 『북제서』의 내용이 약간 자세하지만 둘 다 불교와의 관계에 대한 언급은 없다. 그의 『환원기還寃記』라는 저서는 『설부說郛』에 수록된다. 보응을 현세에서 추구하며 보응사상을 상식적으로 조화시키려고 한 것이다. 불교인은 그의 『가훈』 중의 「귀심편歸心篇」에서 오상五常과 오계五戒를 조화시킨 내용을 전승한다. 『광홍명집廣弘明集』 제3권 중에 있다. 불교가 중국의 덕목인 오상과 조화를 시도한 일은 상당히 이른 시대부터였던 것 같다. 『무량수경無量壽經』의 오악단五惡段 같은 것은 유교의 도덕을 불교 안에 추가한 것이다. 안지추의 연대는 북제 만년으로서 북주 무제의 폐불은 그가 노련해진 시대에 발생했다. 이때에 이르러 몸소 문학자로서 불교의 장점을 파악하는 데 인색하지 않았다는 점은 그가 편협하지 않았을 것이라고 추측하게 한다.

안지추는 불교에 대한 세상 사람들의 비평을 세속적인 비방으로 보고, 다섯 종류로 개괄해서 우탄迂誕, 기광欺誑, 간특姦慝, 손국損國, 이인異人이라고 한다. 이는 도덕, 경제, 사상의 세 가지 제목으로도 분류할 수 있다.

① 우탄迂誕: 세계 바깥의 일 및 신령한 교화는 고정적이지 않다는 말에 대한 비방.
② 기광欺誑: 길흉과 화복이 아직 보응하지 않은 일에 대한 비방.
③ 간특姦慝: 승니의 행업行業에 순수하지 못한 점이 많다는 비방.
④ 손국損國: 재정을 낭비하고 조세와 부역을 소모시킨다는 비방.
⑤ 이인異人: 인연에 따라 선악의 보응이 있다고 하더라도 오늘 누군가 고생한 결과로써 후세의 다른 사람이 이득을 얻게 된다는 것이며 이는 부당하다는 비방.

①은 불교의 세계관이나 초탈사상에 대한 것이다. 불교의 사상은 아마도 현실 세계에만 집착하는 사람이 이해할 수 없는 점이 있어서 우탄하다는 말은 고정관념을 갖고 있는 사람이라면 당연히 할 수 있는 비평이다.

②, ⑤는 보응설에 대한 비평이다. 눈앞의 사실 세계가 보응의 이치에 맞지 않다고 말하는 것이다. 이 말은 한편으로는 보응설을 궁구하지 않아서이고, 다른 한편으로는 우리들의 윤리관에서 발생하는 당연한 요구를 돌아보지 않게 한다. 더욱이 이 비평은 이윽고 그대로 유교

의 적선적악설積善積惡說에 대해 제기할 만한 것으로 불교보다도 유교에 한층 더한 통봉痛棒이 된다. 불교는 사실 세계의 불만을 당위 세계의 보응을 기다림으로써 현실을 초월한 안심安心이 가능하지만, 유교의 경우는 회피할 여지가 없다. 예로부터 천도天道에 대한 분만憤懣은 이 부분에서 발생한다.

③과 ④는 당연한 말이다. 오늘날에도 적용된다.

⑤의 이인은 금세今世와 후세後世 사이에 의식의 연속이 없다는 생각에서 비롯한 것으로서 이에 대해서는 왕생往生신앙이나 유식唯識의 철저한 개인의식설個人意識說이 있다고 하더라도 모든 사람을 만족시키기는 어렵다. 신앙적인 문제가 될 것이다.

이 다섯 가지 세속적 비방에 대해 안지추는 다음과 같이 풀어서 말한다.

① 인간사의 평범함으로 우주 바깥을 다스릴 수 있겠는가. 대체로 사람들이 믿는 것은 오직 귀와 눈뿐이다. 이 외의 것은 모두 의심하게 된다. 어째서 범부의 억설만을 믿고는 대성大聖의 묘한 이치를 의심해서 항하恒河의 모래같이 많은 세계의 미진수겁微塵數劫을 없애고 싶어 하는가? 세간의 주술사는 여러 가지 환술로 불구덩이를 지나다니고 칼날을 밟는 등 눈 깜작할 순간에 천만 가지 변화를 일으킨다. 사람의 힘으로도 이렇게 할 수 있는 것이다. 어째서 헤아릴 수 없는 신통의 감응이 천 리나 되는 보당寶幢이나 백 유순由旬이나 되는 자리[座]로 정토淨土를 만들어 내며, 묘탑妙塔을 땅에서 솟구치게 하는 일에 거리낌이 있겠는가.

② 선악의 행위와 화복의 귀결은 구류백씨九流百氏들이 모두 똑같이

말하는 것이다. 어째서 오직 석가의 전적만을 허망하다고 하는가? 만일 선을 행했는데 우연치 않게 화禍의 과보를 만나고, 악을 행했는데 복福의 징험을 만났다고 해서 이를 원망하며 거짓말로 속였다고 한다면 곧 요순도 허망하다고 말하는 것이고, 주공과 공자도 진실하지 않다고 하는 것이다.

③ 개벽 이래로 착하지 못한 사람은 많고 착한 사람은 적다. 무슨 근거로 모두가 정결해야 한다고 꾸짖는가? 명승名僧의 높은 행실은 보고도 말하지 않으면서 세속에 뒤섞인 무리들을 보고는 비방하며 헐뜯는가? 배우는 사람이 근면하지 않은 것은 가르치는 사람의 잘못이 아니다. 시詩와 예禮의 가르침을 기준으로 조정의 선비들을 판단해 보면 대략 온전히 행동하는 사람은 없다. 경전과 계율의 금기를 기준으로 출가자를 판단하면서 어째서 오로지 어긋나서는 안 된다고 꾸짖는가?

④ 내교內敎에는 여러 길이 있지만 출가는 하나의 법法뿐이다. 만약 마음으로 정성스레 효를 다하며 인혜仁惠를 근본으로 삼는다면 반드시 삭발해야 되는 것은 아니다. 어째서 정전井田을 다 폐하고 탑묘를 세우며 호적정리를 다 해야만 승니가 되는 것이겠는가. 모두 위정자가 관리를 잘못했기 때문에 법에 어긋난 사찰들이 백성들의 농사를 방해하고, 일 없는 승려들은 나라의 조세를 낭비하는 것일 뿐, 대각大覺의 본지本旨가 아니다. 만약 백성들을 교화해서 도량에 입문시켜 묘락妙樂의 세상이나 상가국[儴佉國]처럼 된다면 곡식은 자연히 생기며 무한한 보물 창고가 있게 될 것이다. 무엇 하러 농사짓고 누에 치는 이익 따위를 추구하겠는가.

⑤ 형체는 비록 죽더라도 정신은 남아 있다. 사람이 세상에 태어나

면 다시 후세의 몸[後身]을 기약하게 되는데, 비록 연속되지 않는 것 같더라도 죽고 난 다음에 앞의 몸에 기대는 것이 마치 어린아이가 늙은이가 되고 아침이 저녁이 되는 것과 같을 따름이다. 범부가 무지몽매하여 미래세를 보지 못하고 저곳에서의 생과 지금의 생이 한 몸이 아니라고 말할 뿐이다. 만약 천안天眼이 있어서 시시각각으로 끊임없이 생멸하는 것을 본다면 어찌 두려워하지 않겠는가.

안지추는 이와 같이 하나하나 해석하고 최후에는 다음과 같이 말한다.

> 사람이 태어나 세상에 머물 때에는 반드시 속가의 생계를 돌보면서 문호를 세워야 하므로 처자식을 내버려 두고 모두 함께 출가할 수는 없다. 그러나 출가하지 못하더라도 단지 행업을 닦고 경전의 독송에 유념한다면, 이는 내생의 자량資糧이 될 것이다. 사람의 몸이란 참으로 얻기 힘든 것이다. 헛되이 보내지 말아야 할 것이다.

안지추의 논문에서 "백 유순이나 되는 자리로 정토를 만든다"라는 말은 아마도 『유마경維摩經』을 연상시키며, "묘탑을 땅에서 솟구치게 한다"라는 말은 『법화경法華經』에 기초한 것이고, "묘락의 세상"이라는 말은 『무량수경』에 입각하며, "상가국[儴佉國]"이라는 말은 『미륵경彌勒經』을, "곡식은 자연히 생긴다"라는 말은 『누탄경樓炭經』 등에 기초한다. 따라서 불경에 관해 어느 정도 알고 있었는지를 충분히 보여준다. 안지추는 원래 유불이 근본적으로 일치한다는 사상을 품고 있다. 이 때문에 "내교와 외교外教의 두 가지 가르침은 원래 그 바탕이 하나다"라고 말한다. 그런데 그 뒤에 이어서 "지극함으로 나아가는 것이 다르며 깊고 얕음도 같지 않다"라고도 말한다. 이는 불교의 이치가 매우 깊고 지극하다는 것을 인정하는 것이다. 궁극이 다른 이상 오히려 이본異本사상이라고 해야 할 것 같지만, 그는 양 교 사이에서 일치를 발견해 냄으로써 본일설本一說을 주장한다. 본일설이란 오계와 오상이 동일하다는 주장이다.

> 내전內典의 첫 번째 법문에 시설된 다섯 가지의 금계禁戒는 외서外書의 5상常과 부합된다.
> - 어진 이에게는 살생하지 않는 금계禁戒가 있다.
> - 의로운 이에게는 도둑질하지 않는 금계가 있다.
> - 예의 바른 이에게는 사음을 행하지 않는 금계가 있다.
> - 지혜로운 이에게는 술 마시지 않는 금계가 있다.
> - 미더운 이에게는 거짓말하지 않는 금계가 있다.

이와 같이 유교의 골격을 이루는 덕목인 오상을 불교의 오계에 부합시킴으로써 그는 큰 희열을 느낀다. 더욱이 이는 내전內典의 첫 번째 법문이다. 첫 번째 법문은 일치시키면서 끝이 일치한다고는 말하지 않는다. 결국 궁극은 다르다고 말한다. 여기에 이르러 본일설도 효과가 적다고 해야 할 것이다. 이미 내외內外라는 말 속에 불교에 대한 태도가 나타나 있다. 대개 북조北朝의 불교문화는 물질적으로는 석경과 석굴이 있고, 정신적으로는 지론과 정토와 선이 있었으므로 이에 대한 겸양의 생각을 가졌던 것은 당연하다. 이 태도는 당시의 불교 비방에 대해서 그 어리석음을 깨우쳐 주려고 힘쓰게 한 이유가 된다. 그의 세속적 비방에 대한 비판을 보면 보응사상에 대해서도 상당한 이해가 있었다는 것을 짐작할 수 있다.

제5절

수隋시대: 문중자文中子 왕통王通

위진남북조시대 동안 부진했던 유교의 뒤를 잇는 수의 왕통王通(583~617)은 유교 부활의 조짐을 알리는 한 획을 긋는 인물이다. 개황開皇 3년(583)에 태어나 대업大業 13년(617) 35세의 젊은 나이에 일찍 세상을 떠난 것은 유교의 큰 손실이다. 왕통은 인수仁壽 3년(603) 21세에 문제文帝(재위 581~604)에게 태평십이책太平十二策을 상주하지만 문제는 채택하지 않는다. 왕통은 태자에게 다른 생각이 있는 것을 알고 하분河汾으로 돌아가서 제자들을 가르치고, 육경六經을 다듬으며 공맹의 뒤를 따른다. 결국 태자가 황제를 시해하고 자립해서 양제煬帝(재위 604~618)라고 했으며, 왕통은 부름을 받았지만 나아가지 않는다. 위징魏徵(580~643), 방현령房玄齡(579~648), 두여회杜如晦(585~630) 등 당唐의 기틀을 다진 인물들은 모두 그의 문하에 들어가서 배웠다. 제자 설수薛收(591~624) 등이 문답을 모아서 『중설中說』이라고 했고, 문중자文中子라는 시호를 받았다.

왕통은 근본적 의미를 중中에 두고 왕도王道의 실현을 목표로 삼으며 그 방법으로서 예악을 진흥시키려고 했다. 사상적으로 『중용中庸』을 벗어나지 못하므로 참신하지는 않지만, 견실하고 온건하게 옛 도를 여실히 주장한 것은 시대적 사조에서 본다면 특이했으며, 이러한 점이 후세에 정주程朱가 존경했던 이유였다. 그의 삼교관三教觀은 중용으로서 치우치지 않은 풍격이 있다. 35세에 요절했음에도 불구하고 『예론禮論』 25편, 『악론樂論』 20편, 『독서讀書』 150편, 『찬역贊易』 70편, 『시詩』 360편, 『원경元經』 50편을 지었다고 한다. 이것을 왕씨王氏의 육경이라고 한다. 박학했지만 불로佛老에까지 미치지는 못해서 불로에 대해 사상적으로 논평한 것은 없다. 단지 간결한 서술에 지나지 않지만 그중에서 불로에 대한 태도가 나타난다. 문중자(『중설中說』)의 말은 상당히 간결하고 풍격은 『논어論語』를 닮았다. 공자를 따른다는 포부가 이 안에는 나타나 있다.

질문: 부처는 누구인가?
문중자: 성인聖人이다.
질문: 그의 가르침은 어떠한가?
문중자: 서쪽의 가르침이다. 중국은 곧 공자다. (「주공편周公篇」)

수대의 불교사상은 전무후무한 절정에 도달한다. 정영淨影, 천태天台, 가상嘉祥, 두순杜順과 같은 보기 드문 학자들이 배출된다. 그럼에도 이에 대해 공자라는 한마디로 평가해 버린 것은 불교사상계에 무관심했다는 증거다.

질문: 장생長生하는 신선의 도道란 무엇인가?
문중자: 인의仁義는 닦지 않고 효제孝悌도 세우지 않으면서 어찌 장생을 말하는가. 참으로 염치없는 사람이다. (「예악편禮樂篇」)

진秦과 한 이래의 신선도神仙道는 북위 초에 부활하며, 그 후 점차 정신적인 것으로 다듬어지면서 북주시대의 통도관通道觀에 이르러 폐단을 벗어 버리게 된다. 특히 수대에 들어서면서 도교는 불교의 이론에 자극을 받아 면목이 크게 바뀐다. 신선도에 대한 왕통의 비판은 과거의 미신 또는 당시의 일부에 대한 비판이며, 노장 부류 전반에 대한 것이 아니다. 만약 노장 부류 전반에 대한 평가였다면 이 또한 무관심의 결과다.

정원程元: 삼교三教는 어떻습니까?
문중자: 악惡을 다스리는 오래된 여러 방법들이다.
정원: 폐지하면 안 됩니까?
문중자: 그래서는 안 된다. (「문역편問易篇」)

문중자는 『홍범당의洪範讜議』를 읽고 삼교는 이에 하나가 될 수 있다고 말했다. 정원程元과 위징魏徵이 무슨 말인지 문의하자, 백성을 고달프게 하지 않는 것이라고 말했다. (「문역편問易篇」)

왕통은 불로를 폐지할 수 없다는 것을 알았고, 또 백성에게 이로운 점이 있다는 것도 알았다. 그의 태도는 온건하다. 특히 왕통의 삼교에 대한 태도가 온건하고 중정中正했다는 것은 불로 양 교의 폐해와 불로의 관계를 서술한 데서 가장 잘 나타난다. 다른 유자儒者라면 크게 비판할 만한 폐해에 대해서도 왕통은 교가教家의 잘못일 뿐 교조教祖나 교의教義의 잘못이 아니라고 한다.

문중자: 시서詩書가 왕성했지만 진秦나라는 멸망했다. 이는 중니仲尼의 잘못

이 아니다. 허현虛玄의 가르침이 한창이었지만 진晉의 왕실은 혼란스러웠는데, 이는 노장의 잘못이 아니다. 재계齋戒를 닦았어도 양梁나라는 망했다. 이는 석가의 잘못이 아니다. 『역易』에서도 말하지 않던가. 그 사람이 아닌데도 도道가 그냥 행해지는 것은 아니라고. (「주공편周公篇」)

당 중기에 이르러 한유韓愈(768~824)가 황실의 단명短命을 부처를 받든 죄라고 한 것과는 큰 차이가 있다. 이러한 고결한 정신과 넓은 포용력은 그의 문하에 수많은 인물들이 모여든 이유였을 것이다.

문중자(『중설中說』)에서 유가儒家가 불만인 점은 「천지편天地篇」에 "항상함 그것은 좌망坐忘이다"라는 말 즉 유교에 입각하면서 노장의 흔적을 따르는 듯한 문자가 있다는 점이다. 그러나 이것은 심心을 통해서 천지와 일체가 되고, 영靈적으로 독존하는 도道에 참여할 줄 모르는 사람의 평가다. 만약 죽은 나무나 타 버린 재와 같은 경지를 지극하다고 여기는 사람이라면 이른바 집착에 빠지게 되겠지만, 안으로 자타가 일여一如라는 도를 발견한다면 누구라도 왕통에게 큰 장점이 있다는 것을 인정하게 될 것이다. 「주공편周公篇」에서 "중장자광仲長子光은 동설董薛에게 그대의 스승은 지인至人이로구나, 생사가 하나여서 변함이 없구나라고 말했다"라고 감탄하는 내용이 있게 된 이유는 분명히 좌망의 체험에서 비롯되었을 것이다. 돌이켜 보면 북제의 문선왕文宣王(재위 550~559)은 승조선사僧稠禪師(480~560)에게 사사하며 온종일 도량을 떠나지 않고 이것만이 지극에 도달하는 도라고 여기며 천하의 법사法師를 폐지하려 할 정도로 수선修禪에 몰두한다. 그 뒤를 계승한 수대에 수선이 보급된 것은 당연하다. 왕통도 이 영향을 받을 수밖에 없었을 것이다. 교리상으로는 많은 교섭이 없었다고 해도 수도修道상에서 이 법요法要에 무관심하지 않았던 이유는 노장에서 좌망이라는 말은 빌렸더라도 내용은 반드시 수선이었을 것이기 때문이다. 만약 왕통이 오래도록 수선함으로써 내관內觀을 많이 누적해서 우주의 대도大道에 참여하게 되었다면 반드시 불로의 교의와 교섭하기에 이르렀을 것이며, 이에 이르렀다면 당 중기의 이고를 기다리지 않고 어쩌면 신유교新儒教를 창조했을지도 모른다. 요절했기 때문에 복고주의에서 더 나아가지 못한 것은 안타까운 일이다. 그러나 위진남북조라는 긴 세월 동안 극심하게 침체되어 불교와 조화를 추구하는 것 외에는 길이 없었던 이른바 불유시대 즉 불교적 유교의 시대에 복고적이기는 하지만 순수한 유교의 입각지를 세울 길을 개척했으며, 요절했음에도 불구하고 문하에서 세상을 구제할 만한 인물들을 배출한 것은 훌륭하다고 평가할 만하다. 유교 역사상 맹자 이후 침체된 유교는 왕통에 이르러 부활의 한 걸음을 내딛었고, 중당中唐의 한퇴지와 이고에 이르러 두 번째 걸음을, 그리고 송유에 이르러 바야흐로 최고점에 도달한다. 왕통의 사상사적 의의는 당송을 위해서 길을 열었다는 점에 있다고 해야 할 것이다.

『문중자』가 위작僞作이라거나 여러 번 증보되었다는 주장도 있지만 삼교에 관한 평론에는 특히 후대 사람의 말이라고 인정할 만한 점이 있기는커녕 예전부터 있었던 것으로 생각되므로 추호의 의심도 없이 왕통의 것이다.

각성시대

제3장

1. 서언緖言

송유가 연구한 중심은 성리性理의 문제다. 허기虛氣 또는 이기理氣의 대립은 성리 문제의 필수적이고 예비적인 것으로서 주정복성主靜復性은 성리 문제에서 연역되는 필연적 귀결이다. 예비지식으로서도 실제 수도修道에서도 경우나 사람에 따라 다소 차이는 있지만 문제의 중심은 성리로 집중된다고 할 수 있다. 성정性情과 동정動靜의 관계 문제는 새로운 것이 아니고 적어도 내관하며 성찰한 이래의 것이지만 견성성불見性成佛의 선종禪宗이 사해四海를 풍미하던 당시에는 오랫동안 잠잠했던 유학자들도 자극을 받아 깨어나지 않을 수 없었다. 각성한 유학자들은 실제 경험에서 체득한 새로운 사상을 조직하면서 가능한 한 옛 자료를 사용하며 가능하다면 옛 유학의 모습을 잃지 않으려고 노력한다. 송유의 체계 속에 포함된 내용이 옛 유학 이상으로 전진하여 유학사에서 찬란한 광채를 발휘했다는 것은 누구도 의심하지 않는다. 오래된 가죽 주머니에 가득한 새로운 포도주에 비교할 정도의 것이 바로 염락관민濂洛關閩의 송유들의 체계다. 새로운 사상을 조직하는 데 고전의 언어를 빌렸다고도 할 수 있고, 혹은 고전의 언어를 해석하는 데 새로운 사상을 활용했다고도 할 수 있다. 새로운 사상이란 불로에서 얻은 것이다. 노장과 유교는 오랜 세월 대립하면서 크게 영향을 주고받았다. 그것이 송대에 들어 융합한 것은 불교 특히 선종의 중개를 통해서다. 송유의 체계는 유불로儒佛老의 융합이지만 그 근저에 놓인 것은 불교이며, 불교가 아니고서는 설명할 수가 없다.

송유의 연원은 당 이고의 『복성서復性書』이며, 이고의 학설은 양숙梁肅(753~793)의 『지관통례止觀統例』에 기반했고, 양숙의 설명은 천태 제6조 형계담연荊溪湛然(711~782)을 계승하며, 모두 정좌靜坐를 통한 체험을 말한다. 문자로 표현된 것은 좀 짧지만 그 이면에는 모든 인격을 건 체험이 가로놓여 있으며, 이는 송유는 물론 이고와 양숙 등의 생명이다. 여기서 주로 서술하려는 것은 이고의 『복성서』이지만, 그 시대의 풍조를 살펴보기 위해 잠시 동한에서 당대唐代에 이르기까지 불교를 대략적으로 서술하고, 당대 유교의 대표자로서 한퇴지를 일별한 다음에 이고를 살펴보게 되면 이고와 송유의 관계가 점차 명백해질 것이다.

2. 당唐 이전의 삼교三敎, 당대唐代의 불교 대관大觀

중국불교에서 1900년간의 사상사를 크게 구별해 보면 대체로 이식, 연구, 조직, 유지, 혼잡 등 다섯 시대로 구분할 수 있다. 동한, 삼국, 서진은 이식시대이며, 동진과 남북조는 연구시대고, 수와 당은 조직시대, 오대와 송은 유지시대이며, 원과 명 그리고 청은 혼잡시대가 된다. 동한 명교名敎의 학문이 훈고형식으로 흐른 데 대한 반동으로서 내부적으로는 노장이 흥기하고 외부적으로는 불교의 침투가 있었으며, 삼국시대를 지난 후 사회적 혁명과 더불어 사상계도 혼란을 겪고, 서진 만년에서 동진을 거치면서 민족적으로는 호胡와 한漢이 대립하고 사상적으로는 불교와 유도儒道가 대립하며 중국문명사에서 일대 전환기를 맞이하게 된다. 동진부터 남북조를 거치며 불교가 전파되고 연구되면서 도교가 상당한 발전을 이루는데 양쪽은 서로 대립적으로 충돌을 반복함에 따라 이전에는 볼 수 없었던 사상적 활동이 나타난다. 이 시기 동안 삼교일치설이 있었지만 사상가들 중 우수한 인물들은 대개 불교나 도교 어느 한쪽에 몰입했으며, 유교는 거의 잠잠한 편이었다. 불교계에서는 여러 학자들을 배출했으며 도교계에서도 뛰어난 인물들이 차례로 출현했고, 도교계에서 인물이 등장했을 때는 반드시 불교와 충돌이 발생했다. 수대에 이르면 정치적으로 남북을 통일했으며, 동시에 사상적으로도 통일의 풍조가 지배적이었고 그 후 당 중기까지 도교에서 인재가 끊어지기도 했지만 이미 완전히 불교에 의해 통일되었다. 이러한 상태로 양진兩晉과 남북조, 수, 당의 긴 세월을 지나면서 유교계에서 인재라고 할 만한 사람이 거의 없는 상황이었는데 그중에서 유교를 위해 기개를 떨친 유일한 인물은 한퇴지뿐이다. 비록 실패였다고 하더라도 그의 공로는 결코 사라지지 않는 것이었다.

당 왕조(618~908) 290년 동안 불교 여러 종파의 조직은 전반기에 대성된다.

① 가상사嘉祥寺 길장吉藏의 삼론종三論宗.
② 장안章安 관정灌頂(561~632)의 기록으로 대성된 천태종天台宗.
③ 지수智首(567~635)와 도선道宣이 대성한 율종律宗.
④ 도작道綽(562~645)과 선도善導가 대성한 정토종淨土宗.
⑤ 현장玄奘과 대승기大乘基(632~682)가 대성한 유식종唯識宗.
⑥ 지엄智儼(602~668)과 법장法藏이 대성한 화엄종華嚴宗.
⑦ 신수神秀와 혜능慧能에 의해 북쪽과 남쪽으로 보급된 선종禪宗: 혜능 이후로는 남악南嶽, 청원靑原, 하택荷澤 등 세 개 파派로 갈라진다.
⑧ 일행一行(683~727)과 선무외善無畏(637~735) 및 금강지金剛智(671~741) 그리고 불공不空(705~774)에 의해서 새롭게 전래한 밀교密敎.

이와 같이 인도불교 전부가 이식되었을 뿐만 아니라 한 걸음 더 나아가 중국사상에 융합한 불교는 당대唐代에 이르러 발흥한다. 물론 『화엄합론華嚴合論』의 저자 이통현李通玄(635~730) 같은 사람이 있으며, 『대보적경大寶積經』의 번역자 보리유지菩提流支도 있고, 『유부율有部律』을 번역한 의정義淨(635~713) 등 전후로 비교할 수 없을 정도로 불교가 왕성했다. 이는 당 전반기였다. 후반기에 이르면 단지 천태를 부흥시킨 강남의 담연湛然과 화엄을 부흥시킨 강북의 징관澄觀(738~839)이 있었을 뿐이다. 그 밖에 밀교와 정토종도 있었지만, 대덕大德은 모두 선가禪家로 모여들었다고도 할 수 있다. 즉 남악南嶽(677~744)의 아래에서 마조馬祖가 나타나며, 그 아래로 백장百丈과 남천南泉(748~834)이 있고, 나아가 백장 이하로 위산潙山과 황벽黃壁의 두 계파가 출현해서 이어지다가 앙산仰山과 임제臨濟가 된다. 이것을 위앙종潙仰宗과 임제종臨濟宗이라고 부른다. 또 청원靑原(671~738)의 아래에서 석두石頭(700~790)가, 그리고 그 아래로 약산藥山 및 천황天皇의 두 계파가 출현해서 결국 오대에 이르러 조동曹洞과 운문雲門 그리고 법안法眼이라는 세 종파가 된다. 이것들을 합해서 오가五家라고 부른다. 오가로 파가 나뉜 것은 회창폐불會昌廢佛(845~847 동안 발생) 이후로서 다른 종파가 쇠퇴할 때 더욱더 순풍에 돛 단 듯이 세력이 발달한다. 이들은 어느 것이든 혜능의 뒤를 이은 남선南禪이며 그 밖의 여러 종파들은 이들과 조화를 시도하지 않을 수 없었다. 오가의 차이는 요컨대 스승의 인격의 차이다. 임제는 통쾌하고, 위앙은 근엄하며, 조동은 세밀하고, 법안은 명확하며, 운문은 고상했다고 한다. 그중에서 송대에 발전한 것은 임제와 운문 두 종파이며 다른 세 종파에서는 거의 인물이 나오지 않는다. 유자儒者로서 마음을 불교에 의지한 사람 중에서 유명한 사람은 마조에게 참여한 방온龐蘊(?~808), 백장에게 참여한 유자후柳子厚(773~819), 약산에게 참여한 이고이며, 한퇴지조차도 조주潮州에서 석두를 계승한 대전大顚(732~824)과 교류한 적이 있다. 유가儒家 출신으로서 출가한 사람으로는 선禪의 단하丹霞(739~824)와 천태天台의 담연湛然, 화엄華嚴의 종밀宗密(780~841) 등이 있다. 요컨대 대체적으로 말하면 당 전반은 교상教相시대이고 후반은 관심觀心시대이므로 중국불교의 장엄한 광경은 전반에 있었다고 하더라도, 중국사상과의 융합은 관심시대부터 시작된 것이어서 이고 이후로 찾아야 할 것이다.

당 말기 선종宣宗(재위 846~859) 이후 황제의 탄신일에 조정에서 삼교담론의 행사가 거행되며 그 후 송 초에 이르기까지 백 년 하고도 십수 년 동안 반복된다. 이는 아마도 석도釋道 양 교의 융합책이었을 것이며, 유교가 중개 역할을 함으로써 이 행사는 틀림없이 삼교 간에 상호 공통점을 찾으며 교리적으로 융합하고 습합하도록 하는 기회가 되었을 것이다. 삼교에 대해 대체적으로 관찰해 보면 당대唐代를 통틀어 사상계를 지배한 것은 아무래도 불교였고, 도교는 불교로부터 새로운 생명을 얻었다고 해야 한다. 참선參禪하면서 불공佛供을 드린 도사 여동빈이 삼교일치를 제창한 것은 진박의 선구였으며, 길게는 송유를 위해 길을 열었던 것이다. 당대唐代의 유교는 아마도 번민煩悶시대였고, 스스로 석도의 사상을 섭취해서 자신의 것으로 소화한 것은 송유다. 송유는 불교와 관계있다는 말을 원하지 않았으며, 언뜻 불교적으로 보이는 이고를 선구자로 삼지 않고 진박을 따를 만한 예시로 삼는다. 진박도 관계가 있기는 하지만 사상적으로 훨씬 더 부정할 수 없는 사람은 이고다.

3. 한퇴지韓退之시대의 사조 및 『원도原道』, 『원성原性』

가상대사嘉祥大師 길장은 자신의 저작인 『삼론현의三論玄義』에서 유도 이교를 외도外道로 간주하며 교상판석으로는 소승교 아래에 위치시키고, 규봉圭峰 종밀宗密도 그의 저작 『원인론原人論』에서 인천교人天敎 중에 포함시키며 불교 아래에 위치시켰지만, 이에 대한 유교의 응수는 거의 없었다. 당을 통틀어 유교자 중에서 어쨌든 뛰어나게 두각을 나타낸 사람은 한퇴지다. 『원도原道』와 『원성原性』에 표현된 그의 사상은 천박하고 모순이라서 도저히 불교나 도교와 비교할 만한 것이 못 되지만 조야朝野에서 모두 불교의 풍조에 복종하던 때에 유일하게 거침없이 유교의 본령을 지키며 제왕의 권위에도 굴복하지 않은 용기는 대단한 것이며, 그의 기개는 한 줄기 맥락을 만들어 송유를 이끈 먼 원인이 된다. 그런데 그가 지조를 지켰는지 아닌지는 불교자는 물론 유교자들 사이에서도 문제가 된다. 이와 관련해 약간 언급해 둘 필요가 있다. 이는 한퇴지 한 사람에 관한 논란이 아니고, 요컨대 불교가 인심人心의 근저를 지배한 이유를 밝히는 일이다.

한퇴지의 생명은 불로를 배격하는 데 있다. 『원도』와 『원성』 등의 논문은 물론이고 불교자들에게 주었던 것들에서도 기탄없이 이러한 생각을 노출하고 있다. '송혜사送惠師'라는 시詩에서,

내 말은 그대가 마땅히 떠나야 한다는 것일세	吾言自當去
그대의 도道는 내가 따를 것이 아니네	子道非吾遵
강에 살던 물고기는 연못에서 살지 못하고	江魚不池活
들판에서 날아다니던 새는 새장 속에 길들이기가 힘들지	野鳥難籠馴
나는 서쪽의 가르침을 믿지 않네	吾非西方教
그대는 가련하게도 술 취한 미치광이로구나	憐子狂且醇
나는 빈둥대며 노니는 것조차 싫어하는데	吾嫉惰遊者
그대는 가련하게도 어리석은 일에 정성이구나	憐子愚且諄

가는구려, 각자 다른 취향대로　去矣各異趣
그런데 어찌하여 손수건이 홍건히 젖나　何爲浪霑巾

라고 말하는 것처럼 비록 친한 사이였기 때문이었다고 하더라도 혜자惠子를 미치광이나 어리석다고 표현하는 등 유자라는 자부심이 매우 높다. 그는 「논불골표論佛骨表」에서 "모든 재앙은 신臣이 직접 받을 것이오나 하늘이 굽어 살피실 것이니 신은 결코 두려워하거나 후회하지 않겠사옵니다"라고 하는 등 격렬한 어구로써 거리낌 없이 논의를 감행하다가 한 차례 조주潮州로 귀양 가게 된다. 그의 '좌천되어 가는 도중에 남관에서 질손인 상에게 지시하다[左遷至藍關示姪孫湘]'라는 시에서는 다음과 같이 말한다.

아침에 상소를 올렸건만　一封朝奏九重天
저녁에 팔천 리 길 조주로 귀양 가네　夕貶潮州路八千
임금을 위해 폐단을 없애 보려 했으니　欲爲聖明除弊事
노쇠한 마당에 남은 생이 아까우리오　肯將衰朽惜殘年
구름 가로지른 진령산이 가리니 내 집은 어디인가　雲橫秦嶺家何在
눈 덮인 남관에서 말이 나아가지도 못하네　雪擁藍關馬不前
네가 먼 길을 온 데는 응당 생각이 있었을 터　知汝遠來應有意
풍토병으로 강가에 흩어지걸랑 내 뼈를 잘 거두어 다오　好收吾骨瘴江邊

그의 원통한 탄식이 천 년을 지나더라도 느껴질 정도로 흘러넘친다. 그렇지만 조주에서 올린 표문[潮州刺史謝上表]에서는 "불경不敬을 저질러서 만 번 죽어 마땅한데, 어리석은 충심을 가엾게 여겨 죽음을 면하도록 해 주셨을 뿐만 아니라 녹봉까지 내려 주시니 성은이 망극합니다. 열심히 길을 재촉해 만 리 떨어진 조주에 도착해서 성덕聖德을 칭송하므로 백성들은 환호하게 될 것입니다"라고 말하고, 이어서 조주에는 풍토병이 많다는 것을 서술한 후 "소신은 어려서부터 병이 많았습니다. 나이 겨우 50에 머리가 하얗고 치아가 빠졌습니다. 오래 살지도 못할 상황인데 머나먼 험지로 좌천되었습니다. 더욱이 조정에 친한 사람들도 없습니다. 폐하께서 가엾게 여겨 주시지 않으면 소신을 위해 말해 줄 사람이 없습니다"라고 애걸하는데 이는 앞뒤가 잘 안 맞는 것 같다. 계속해서 "소신의 글이 그렇게까지 출중하지는 않지만 폐하의 공덕에 대한 논술은 교묘郊廟에 바칠 만할 정도로 옛사람들에게 밀리지 않습니다. 천보天寶 이후 67년, 조정의 무용武勇을 사방에 떨쳤습니다. 마땅히 악장樂章을 정해서 신명神明에게 고하고, 태산으로 순행해서 그 일을 황천皇天에 아뢰어야 합니다. 이러한 때에 소신은 섬에 갇혀 있습니다. 매우 슬프게도 죽을 날이 다가옵니다. 폐하는 천지의 부모이시니 가엾게 여겨 주십시오"라고 말하는데 이는 윗사람이 좋아하도록 아첨하는 말이라고 할 수밖에 없다. 이에 관해서 홍매洪邁(1123~1202)는 "소환되기를 바라는 마음 때문에 좌절해서 아첨한 것은 내용상 앞뒤로 모순이 심하다"(『용재오필容齋五筆』 제9권 「한공조주표韓公潮州表」)라고 논평하며, 이교李翹는 "임금이 양 무제처럼 되지 않게 해야 하고, 한 무제가 되도록 이끌어야 하는 것. 한퇴지는 곤란을 잘 참은 사람인가"라고 논평했고, 한퇴지의 의기에 공감해서 마찬가지로 불로 배척을 사명으로 삼은 구양수歐陽修(1007~1072)조차 "일을 논할 때에는 감격해서 죽음도 마다하지 않으며 이는 진실로 의義를 아는 사람인 것 같다. 좌천되어 슬픔과 한탄을 참지 못한 절박한 근심이 문자에 나타나 있다"(『구양수집歐陽修集』 제69권 「여윤사노제1서與尹師魯第一書」)라고 논평한다.

한퇴지는 괴로운 심정을 감당하지 못하고 결국 대전화상大顚和尙(732~824)을 만나서 심요心要를 묻고 싶은 생각이 들었던 것 같다. 『영원필어靈源筆語』를 통한 정이천과 영원靈源(?~1117)의 관계를 보더라도 이러한 일이 있었다고 생각한다. 『한문외집韓文外集』에는 대전에게 보낸 글인 「여대전사서與大顚師書」 세 편이 수록되어 있다. 그중에 "좌천되어 이곳에 왔으며, 오래전부터 도덕이 높다는 명성을 들었는데 뵙기를 간절히 바랍니다"(제1서), "어렴풋이나마 높은 도道를 접해 보려 합니다"(제2서), "황송하게도 답문에서 보여 준 광대하고 심원함은 달리 비유할 수가 없습니다"(제3서)라고 말하고 있듯이 이 일대 사건이 향상의 전기가 되었던 것이다. 이 글은 영산靈山의 선원禪院에 석각되어 있던 것을 방숭方崧이라는 사람이 수록한 것이다. 그 이유는 불자佛者들이 한유와 대전 사이의 문답을 근거로 한퇴지가 불교에 귀의했다고 선전한 데 대해서 이것은 일반적인 편지이며 그중에 불법佛法을 믿고 받들려는 의도가 없음을 증명하기 위해서였지만 그 후 유자들 사이에서 상당히 문제를 일으킨다. 양신楊愼(1488~1559)이나 동파東坡(1036~1101)는 가짜라고 보았고, 구양수나 주자는 의심하지 않으면서도 특히 주자는 "대전에게 글을 보낸 것은 곧 창려의 평생이 죽어 버린 사건이다[與大顚書乃昌黎平生死案]"(『주자어록朱子語錄』)라며 거부한다. 불교에 귀의할 정도까지는 아니었더라도 평생의 사상이 결국 죽어 버리게 된 사건, 대전과 교유한 일, 당시 마침내 불씨佛氏를 받든다는 소문이 있었다는 일은 명백하다. 한퇴지는 그 겨울 원주袁州로 옮겨 간다. 이때 일찍이 불교에 귀의한 제자 맹간孟簡(?~823)이 멀리서 글을 보내서 그가 믿게 된 일을 축하하자 답장으로 "대전이라는 한 늙은 승려가 있는데 상당히 총명하고 도리를 알고 있다. 먼 객지에서 말할 상대가 없다 보니 산에 있던 분을 조주 외곽으로 초청해서 십며칠 간 머무르게 했다. 그는 참으로 육체를 도외시하고 이치[理]로써 스스로 억제하며 사물의 침해를 받지 않았다. 그와 대화할 때 비록 다 이해하지는 못했지만 요컨대 가슴속에 답답함이 없었다. 만나기가 어려운 사람인 것 같았다. 그래서 왕래하게 되었다. 바닷가로 신神에게 제사 지내러 갈 때 마침내 그의 움막에도 방문했으며, 원주로 오게 되자 의복을 남겨 놓고 작별했지만 이는 인정일 뿐 그 가르침을 받들어 복전福田에서 이익을 구하려 한 것은 아니다"(「여맹간상서서與孟簡上書書」)라고 변론한다. 사물의 침해를 받지 않는 대전과 경우에 따라 마음의 동요에서 벗어나지 못하는 한퇴지의 대립은 냉정하게 다른 평가를 거칠 것 없이 우리의 실제 생활에 중요한 문제를 제공한다. 이 경우에서 동요에서 벗어나지 못한 것은 아마 상정常情일 것이다. 여기에서 진실한 수양의 문이 열린다. 동요에서 벗어나지 못하더라도 이치[理]로써 스스로 억제하는 것은 도道의 힘이다. 퇴지는 분명히 대전의 언동에 접하면서 인생 해결의 암시를 얻었을 것이다. 그럼에도 '의복을 남긴 것'은 양자 사이에 정신적 감응이 있었음을 말하는 것이 아니라는 것은 대체 무슨 말인가? 더욱이 "복전에서 이익을 구하려 한 것은 아니다"라는 말은 천박한 변론에서 더 나아가 더욱더 졸렬해진다. 등우鄧禹가 "맹간의 글을 받자 실수나 잘못을 그럴듯하게 꾸며 댄다. 지금에서는 종종 그 진실을 전달하니 대전과 마주한다. 석씨의 무리들은 대전의 말씀을 편찬할 때 이를 비판한다. 참으로 한유 스스로 자초한 일이다"라고 평가한 것은 당연하다. 또 주자는 다음과 같이 말한다.

> 대개 한공韓公의 학문은 『원도原道』에 보인다. 비록 대용大用의 유행은 알고 있더라도 본능 전체에 대해서는 아직 다 살피지 못한 것 같다. 또 일상적 생활 속에서 존양 성찰하여 몸으로 체득하는 것도 아직 모른다. 그래서 비록 자임하더라도 이루지 못하고 삼가지 못하며 평생토록 마음 깊은 곳에 힘썼지만 결국 언어와 문자를 떠나지 못한다. (『한문고이韓文考異』 권5)

이는 지극히 당연한 말이다. 주무숙周茂叔(주렴계)에게도 '제태전벽題太顚壁'이라는 제목으로 한자韓子를 야유하는 시가 있다.

퇴지는 공자와 같다고 자칭하며	退之自謂如夫子
『원도』에서 불로를 심하게 배척하지 않는가	原道深排佛老非
태전大顚이 어떤 사람인지 알지 못한다면서	不識太顚何似者
소중히 여겨 글을 자주 보내고 옷까지 남겨 두었네	數書珍重更留衣

대개 당시 유교가 문자 그대로 실제적으로 존심양성存心養性에 힘썼다는 것은 분명하다. 한유 문중에서 퇴지가 가장 존중한 사람은 맹간과 이고, 장적張籍(766?~803?) 등 세 명이며, 그 외에 황보식皇甫湜(777~835)을 추가하면 네 명이다. 이 중에서 맹간은 가장 불교를 좋아했고, 번역 도량에도 참여할 정도의 학자로서 화엄의 징관에게 도를 물었으며, 스승인 퇴지가 불교에 귀 기울이기를 바란다. 이고는 퇴지의 사촌형인 감弇(경조京兆 위韋씨의 묘지명에 보임)의 딸과 결혼한 사이였음에도 퇴지의 생존 중에 마침내 불교에서 도를 추구하여 불교적 교의에

의거해 신유교를 주창했다. 장적과 황보식은 퇴지의 사후에 모두 불교에 귀의한다. 유가는 모두 그들이 배신하고 떠났다고 여기지만 대개 그들이 퇴지에게 배운 것은 시문時文이며, 심요에 대해서는 처음부터 퇴지에게 묻고자 했을 리가 없었을 것이다. 방온 같은 학자, 유자후와 백락천白樂天(백거이白居易, 772~846) 같은 학자는 모두 불교에서 존양存養의 도를 얻은 시대의 풍조 속에서 성장하여 유자로서 자임하면서도 심술心術을 단련하는 법法은 정좌靜坐에서 추구하였다. 그들은 이를 통해 자신을 살릴 뿐 아니라 유교에 생명을 불어넣을 것이라고 생각했음에 틀림없다. 이고의 『복성서復性書』를 보면 그 내용이 상당히 새로운데도 불구하고 스스로 유자라고 자임한다. 후대의 송유도 마침 이와 같은 태도다.

1929년 1월, 본인은 조주에 도착해 한문공의 유적을 방문했다. 유적은 두 곳이 있다. 하나는 성 밖 한산韓山의 한문사韓文祠이고, 둘은 성안 창려백한문공지묘昌黎伯韓文公之廟이다. 모두 소동파蘇東坡의 조주창려백한문공묘비潮州昌黎伯韓文公廟碑가 있지만 한산의 것은 명나라의 성화成化(1465~1487) 연대에 세웠고, 성안의 것은 원나라의 지정至正(1341~1370) 27년인 정미丁未(1367)년에 세운 것이다. 『조주부지潮州府志』에 따르면 성안의 것은 원래 문공서원文公書院이 있던 곳이며, 한산의 것은 문공에 의탁한 곳이라고 한다. 그리고 당시 대전화상이 살던 곳은 지금의 조양현潮陽縣 서북西北 오십오지리五十五支里의 영산사靈山寺이다. 그곳을 방문하고 싶은 마음이 간절해도 도저히 시간이 없어서 결국 방문하지 못하여 유감이다.

한퇴지의 걸작 『원도』는 문장이 웅건한 점은 대체로 비할 것이 많지 않을 정도이지만 그 의미와 이치는 유자조차도 감복시키지 못할 점이 많다. 박애博愛를 인仁이라 하고, 행의行宜를 의義라 하며, 인의仁義를 정명定名이라 하고, 도덕道德을 허위虛位라고 하며, 인의를 합친 것을 도덕이라 부르며, 이것을 천하의 공적인 말 즉 공언公言이라 하고, 인의를 떠난 노자의 도덕을 한 사람의 개인적인 말 즉 사언私言이라고 주장한다. 정명과 허위라는 것은 실리實理와 형식形式의 의미다. 이는 노자 『도덕경』에 대한 혐오에서 도덕을 내용이 없는 형식으로 간주한 것으로서 불로 배척에 성급한 나머지 유교가 원래 고금에 일관하는 도를 설정한다는 것을 망각해 버린 것이다. 덧붙여 도덕의 내용을 인의로만 한정한 것은 인의가 물론 도덕이라고 하더라도 인의의 몸체인 대도大道를 보지 못한 것이 되어 그 견지가 낮다고 할 수밖에 없다. 양구산楊龜山(1053~1135) 같은 대학자도 "도에는 본래 인의가 있지만 인의로 도를 다 나타내지 못한다. 즉 도덕이 허위라는 것은 옳지 않다[道固有仁義, 而仁義不足以盡道. 則以道德爲虛位者亦非也]"라고 비평했고, 효종孝宗황제(재위 1162~1189)는 마찬가지로 『원도론原道論』을 지어 "도란 인의예악仁義禮樂의 근원이며, 인의예악은 본래 도의 작용이다"라고 하며, 또 "불교로 마음을 닦고, 노장으로 몸을 다스리며, 유교로 세상을 다스리면 될 것이다"라고 하여 삼교 각각이 장점이 있어서 이를 병존해야 비로소 효용이 완전해진다고 주장한다. 또 정자程子는 "인은 분명히 애이지만 애를 인이라고 할 수는 없다[仁者必愛, 指愛爲仁, 則不可]"라고 말하여 박애를 인이라고 하지 않는다고 주장하며, 주자도 이에 찬성하며 "인은 곧 애의 몸체이고 애는 인의 작용이다[仁便是愛體, 愛是仁之用也]"라고 말한다. 한퇴지가 유교를 크게 확장하려고 고심해서 지은『원도』가 이미 이처럼 파탄나며, 마찬가지로 유교를 생명으로 삼은 정程, 양楊, 주朱 등의 석학에게조차 비판받기에 이르러서야 어떻게 할 수도 없다. 불교인인 설숭의 비평을 더 제시할 필요도 없다.

『원성』에서는 성性에도 정情에도 상중하의 삼품三品이 있고, 성의 발현이 오상五常이며, 정의 발현은 칠정七情이고, 성의 상중하 즉 선중악善中惡을 설명하며 선성善性이란 오상의 하나가 순수하고 따라서 다른 네 가지도 순수한 것, 악성惡性이란 오상의 하나가 불순하며 따라서 다른 네 가지도 불순한 것, 중성中性이란 오상의 하나가 조금 불순과 섞였기 때문에 다른 네 가지도 혼합된 것이라고 하며, 그리고 성을 태어나면서 함께 발생하는 것이라고 말할 수 있다는 점에서 보면 퇴지의 성은 송유의 이른바 기질지성氣質之性이며, 이성理性을 말하는 것은 아니다. 고요한 이성(즉 성性)이 움직인 기질성(즉 정情)이기 때문에 그 가운데 상중하의 삼품이 있다는 것으로서 퇴지의 성은 송유의 성이 아니라 그것의 변화인 정이다. 그의 주장은 가능해 보인다. 그런데 어떻게 하나에 반해서 네 가지로 어긋나는 일이 일어나는지, 하나를 주로 해서 네 가지로 작용하는 일이 있을 수 있는지의 이유는 불분명하다. 다시 말해 태어나면서 함께 발생한 성이 발생해서 오상이 되어야 하는 근거가 무엇인가? 오상을 내용으로 하는 성에서 어떻게 불순한 요소가 나타날 수 있는가?

이에 대해서는 송유들처럼 예전의 습심習心과 이성을 합쳐서 설명해야만 할 것이다. 한발 더 나아가 예전의 습심이라는 근거로도 설명되지 않는 일이라 하더라도 그러나 일단은 습심으로써 악의 근원을 설명해야 한다. 한퇴지가 태어난 그대로의 성을 보고 인성人性의 전부라고 생각한 것은 매우 천박하다. 여기에 덧붙이자면 불교에서 말하는 성이라는 말은 항상 이성의 의미를 포함하며 태어난 후의 사상事象에 관해서는 성이라는 말을 사용하지 않는다. 또 성과 정의 관계에도 큰 문제가 포함되어 있지만 이에 관한 비평을 한퇴지에게 할 필요는 없다. 나중에 왕안석王安石(1021~1086)은 마찬가지로 『원성原性』이라는 글을 지어 맹순양한孟荀楊韓 네 명에 대해 비평하는데 그중에서 한퇴지에 관해 다음과 같이 말한다.

> 태극에서 오행이 발생하지만 오행이 태극은 아니다. 성性은 오상의 태극이지만 오상을 성이라고 할 수는 없다. 이는 내가 한자韓子와 다른 점이다. 또 한자는 인의예지신仁義禮智信 다섯 가지를 성이라고 하면서 하下의 성을 악惡이라고 한다. 다섯 가지를 성이라고 하면서 악이라고 말하면 어떻게 다섯 가지라고 하겠는가.

맨 뒤에서는 "여러 사상가들이 말하는 것은 정情이고 습習이지 성性이 아니다"라고 끝맺는다. 이는 선이든 악이든 적어도 발현해서 선악의 규정 중에 포함된 것을 정으로 삼는 것으로서 성정性情의 구별이 이에 이르러 철저해진 것으로 보인다. 정자가 한퇴지의 성은 재질[才]이라고 비평한 것도 왕안석의 말과 취지는 같다.

정자는 물론 왕안석도 스스로 공자를 따른다고 자임한다. 한퇴지도 맹자를 잇는 한 사람으로 자부한다. 한퇴지도 정자도 불로 배척을 사명으로 하지만 그들의 주장에는 이와 같은 근본적인 차이가 있다. 어느 것이 과연 옛 유교의 심心을 얻었을까? 제3자의 입장에서 보면 한퇴지에게는 불로의 의미가 추가되지 않았지만 그러나 고전의 정신을 얻었다고는 생각하지 않고, 불로의 의미를 섭취한 정주程朱에게서 도리어 고전의 정신이 드러난 것이 아닌가라고 생각한다. 이에 이르러 자세히 설명할 수 없는 고전의 정신과 사상이 문제가 되었을 것이고, 고전의 언어를 어떻게든지 설명하기 위해 불로의 의의를 추가함으로써 깊은 내용을 이해하게 된다고 해도 과언은 아닐 것이다. 과연 그렇다면 이고의 노력은 유교를 살리기 위한 것이 된다. 편협한 관점에서 공연히 이를 배척하는 일은 마땅하지 않다.

4. 이고李翺의 참선參禪

이고는 정원貞元 14년(798) 진사제進士第에 오르고, 원화元和 15년(820)에는 조주자사潮州刺史, 태화太和 9년(835)에는 양주자사襄州刺史가 되며, 산남동도山南東道의 절도사節度使를 맡고 회창會昌 중(841~846)에 사망한다. 진사進士가 된 것을 가령 21세라고 하면 조주자사가 된 것은 43세, 사망은 70세 가까운 고령이 된다. 이고와 불교의 관계에 관해서는 정원 중에 서당西堂의 지장智藏(735~814)에게 법法을 물은 일(『경덕록景德錄』 7), 신주信州 아호산鵝湖山의 대의大義(746~818)와 문답한 일(『불조통재佛祖通載』 20), 조주자사였을 때 풍주澧州 약산藥山의 유엄惟儼(745~828)에게 참여한 일(『불법금탕편佛法金湯編』 9), 양주자사였을 때 자옥紫玉(?~813)을 만나 도道를 더욱 밝힌 일(『송고승전宋高僧傳』) 등이 전한다. 전해지는 말로는 이고는 약산藥山의 도풍道風을 흠모하여 여러 번 초청했지만 호응이 없어서 산으로 찾아가 경의를 표한다. 그때 약산은 단정하게 경전을 보면서 돌아보지도 않는다. 이고는 마음에 동요가 생겨 "얼굴을 보는 것은 이름을 듣는 것만 못하다"라고 하며 옷깃을 털고 일어난다. 약산이 소리를 내어 그를 부른다. 이고가 돌아보자 약산은 "어째서 귀는 귀중히 여기고 눈은 미천하게 여기는가?"라고 말한다. 이고는 머리를 조아리며 도를 묻는다. 약산은 잠자코 손으로 하늘을 가리키고 또 깨끗한 항아리를 가리킬 뿐이다. 이고가 잘 모르겠다고 하자 약산은 곧 설상가상으로 "구름은 푸른 하늘에 있고, 물은 항아리에 있다"라는 한 문구로써 푸른 버들과 붉은 꽃이 있는 바로 그곳이 완전히 드러난 법왕法王의 몸[身]이라는 그 의미를 깨우쳐 주고, 이를 자각한 후의 일상생활 외에 다른 도는 없음을 알려 준다. 이고는 감사의 예배를 드리고 다음과 같은 게송을 남긴다.

단련한 몸은 학의 모습을 닮았으니	鍊得身形似鶴形
천 그루 소나무 아래 두 상자의 경전이네	千株松下兩函經
나는 다름이 아니라 도를 묻고자 왔으니	我來問道無餘事
구름은 푸른 하늘에 있고 물은 항아리에 있네	雲在青天水在瓶

이고는 한퇴지에게 글을 배웠다고 하며 또 그의 사촌 형제의 사위다. 당시 한퇴지, 유자후, 유우석劉禹錫(772~842) 등이 글로써 교류하며 고전古典에 의거해 겉치레를 물리치기로 다짐하는데 그중에서도 한퇴지는 맹자가 양묵楊墨을 물리친 자취를 배우며 요순堯舜의 도를 부활시키기 위해 여러 사람에게 "감히 사심邪心이 생겨 석씨釋氏에게 귀의해서 이 맹세를 어긴다면 사람으로서의 지위를 누리지 못하고 천수를 다하지도 못할 것이다"라고 서약한 것처럼 이를 통해 지조가 풀어지지 않기를 기대했지만, 이고의 『복성서』를 보고 유자후와 함께 "유교의

도는 쇠약해져 버렸는데 이고마저 도망쳤다[五道萎遲翱且逃矣]"라고 통탄했다고 한다.

『복성서復性書』라는 저술은 『복성서』에 따르면 29세 때 만들어진 것 같으며, 금나라의 이병산李屛山(1185~1231)은 29세 때 이 글을 읽고 이습지李習之(이고)가 29세에 약산에게 참여하고 물러나 글을 쓴 것을 알고 크게 분발한다. 혹은 39세 때인 것도 같다. 그렇게 되면 약산에게 참여하기 전인지 후인지는 불분명해진다. 불전佛典 중에서는 송나라의 조수祖琇가 약산을 만나기 이전이라고 한 것 외에는 약산을 만난 이후라고 하거나 혹 자옥에게 물은 뒤라고 하고 있다. 퇴지가 33세 때 이고는 이미 결혼해서 두 사람의 나이 차이는 열 살 정도일 수 있다.[1] 가령 열 살 차이라면 정원 14년에 진사가 될 때는 21세, 퇴지는 31세이며 그 후 2년째인 퇴지가 33세 때에 이고는 23세가 되어 아내를 맞이하게 되므로 아무런 이상이 없다. 이렇게 진보한 때는 39세이며 『복성서』를 쓴 것은 원화 11년(816) 국사박사사관수찬國史博士史館修撰으로 근무할 때이고, 이때 퇴지는 49세로서 중서사인中書舍人이었다. 이고는 그 후 4년째에 낭주자사朗州刺史가 되며, 퇴지는 그 후 3년째에 조주자사로 좌천되었다는 말이 된다. 과연 그렇다면 유자후(819년 사망)가 『복성서』를 보고 한탄했다는 기사와 상응하지만, 만약 약산을

1 역주 오늘날 알려진 바로는 이고(李翺)의 생몰년은 772~841년이며, 한퇴지(韓退之)는 768~824년으로서 양자의 나이 차이는 4년이다. 따라서 양자의 나이 차이를 10년으로 가정한 이하의 추론은 세부적으로는 타당하지 않은 것 같다. 그런데 여기서 저자가 주장하려는 것은 이고가 약산과 만나기 이전에 『복성서』를 지었다는 것이며, 나이 차이가 4년이라고 하더라도 결론에 문제는 없는 것 같다.

만난 이후라고 한다면 유자후가 이미 사망한 뒤라서 그 기사와 맞지 않게 된다. 39세라고 해도 이미 그런데 하물며 29세라면 약산과 서로 만나기 이전임은 논할 필요가 없다.

『복성서』의 대강은 성정性情의 대립에서 출발하며, 성性을 미혹시킨 망정妄情을 없애고 천명天命의 성으로 복귀함으로써 본성本性의 청명함을 발휘해서 천지를 비추는 것이 극치라고 한다. 성性은 움직이지 않고 고요하며[定靜不動] 발생하지도 없어지지도 않는[不生不失] 것이고, 정情은 본래는 없으며 그릇되고 허망하며[本無邪妄] 성을 미혹시키는 것이다. 이 성은 하늘이 명령한 것으로서 모든 사람에게 모두 준 것이며 흐려지더라도 없어지지 않고, 도리어 태어난 사람에게 나타나지만 죽을 때까지 스스로 이것을 보지 못한 사람을 백성百姓이라 하며, 이것을 얻어 미혹하지 않은 사람을 성인聖人이라고 한다. 이 성을 미혹시켜 통솔할 수 있는 것은 순환하며 번갈아 오는 칠정七情으로서 칠정에만 조작당하지 않으면 성이 여기서 통솔하게 된다. 이 정은 삿되고 허망한[邪妄] 것으로서 무시無始의 옛날부터 끝없이 반복적으로 서로 공격하며 지금에 이르렀지만, 심心으로 적연寂然한 영역에 들어간 때는 현전하며 기복하는 삿된 생각[邪思]이 저절로 멈추며 본성本性의 밝음이 비춰서 삿됨[邪]은 다시 발생하지 않고 결국 그 흔적을 끊어 버리게 되므로 본래는 없는 것이라고 해야 한다. 성인에게도 정이 있지만 성이 통솔하는 성인은 일체의 정이 모두 성에 기반해서 작용하므로 정이 있더라도 또 정이 없다고 할 수 있다.

이와 같이 실제 문제는 복성復性 한 점에 집중한다. 복성이란 우선 정사正思하고, 끝내는 사려思慮하지 않음으로써 망정妄情이 발생하지 않게 되는 것을 말한다. 이를 그 근원으로 돌아가 그 본성[性]을 돌이킨다고 하며, 혹은 본성에 따른다고 한다. 본성[性]에 따르는 것이 지성至誠이며 여기에 도가 있다. 그렇다면 복성이란 지성으로써 천도天道와 합일한다는 말이며, 여기에 적연부동寂然不動 즉 고요하며 움직이지 않음[誠]으로써 감이수통感而遂通 즉 감응하여 두루 통함[明]이라는 대용大用이 있다. 이를 "본성은 청명하며 천지 사방으로 두루 흐른다[本性淸明周流六虛]"라고도 하고, "지성은 멈춤이 없으면서 곧 비어 있고, 비어 있지만 멈춤이 없이 곧 밝으며, 밝으면서도 멈춤이 없이 곧 천지를 비춘다[至誠不息則虛虛而不息則明明而不息則照天地]"라고도 한다. 변화무방한 이 청명淸明은 그때 새로 태어난 것이 아니고 실은 당초부터 부동의 본성[性]에서 떨어지지 않은 것이다. 한편 복성에는 점차적인 순서가 있다. 바로 마음[心]을 고요하게 해서 생각[思]을 알 때는 재계齋戒함으로써 계속해서 고요함을 떠나지 않고, 고요한 때라면 반드시 움직일 것을 예상함으로써 아직 이르렀다고 말해서는 안 된다. 본래 생각[思]이 없어짐에 도달한다는 점에서 움직임도 고요함도 모두 떠나 적연히 부동한 영역에 드는 것이며 이것을 지성이라고 한다. 적연부동의 영역에서는 보이지 않는 것을 보게 되고, 들리지 않는 것을 듣게 되며, 사물[物]에 다가갈 때[格物] 그 마음[心]이 밝은 그대로여서 분별된 사물에 집착하지 않는데[致知], 이는 성誠에 기반해서 일어나는 명明이다. 우리들은 본래 사물 때문에 움직이는 존재로서 낮에 일할 때는 사물이 있어서 일하고, 밤에 쉴 때는 사물이 있어서 쉬므로 하나같이 사물 때문에 움직이는 것이다. 자기의 본성 그 자체는 철저하게 일할 때도 나타나지 않고, 쉴 때도 나타나지 않게 되어 버려서 일할 때도 쉴 때도 모두 떠나 버려 존재하지 않게 되었다고 해야 할 상황이다. 일할 때와 쉴 때 모두 존재하지 않게 되어 자신 그 자체는 사라지면서 동시에 떠나지 못하는 영원한 실재로서 존재하게 된다.

이고는 기일원론자氣一元論者다. 한퇴지는 『대학大學』을 중심으로 원도原道 즉 근원적인 도를 주장하며, 이고는 『역易』, 『대학』, 『중용中庸』, 『논어論語』, 『노자老子』, 『장자莊子』를 종합하고 중심은 『중용』에 둔다. 그 주장이 예전의 이해와 같지 않은 것 같다는 의문에 대해서 "그는 사리로써 이해하고, 나는 마음으로써 통한 사람이다[彼以事解我以心通者也]"라고 답하며, 그리고

> 아! 성명性命에 관한 글이 비록 존재하더라도 학자들이 밝히지를 못한다. 그래서 모두 장자, 열자, 노자, 석가에게 몰입한다. 모르는 사람은 공자의 무리로서 성명의 도道를 궁구하기에 부족한 채 이를 믿는 사람은 모두 옳다고 여긴다. (『복성서復性書』 상)

라고 탄식하며, "참으로! 공자가 되살아나도 내 말을 부정하지 못할 것이다[於戲夫子復生不廢吾言矣]"라는 큰 포부를 안고 이 글을 지었던 것이며, 물론 스스로는 공자의 무리라고 자임한다. 그러나 찬성한 사람은 『복성서』의 내용 중에 나타난 바로는 오군吳郡의 육참陸傪뿐이다. 육참은 "그대의 말은 공자의 마음이다. 동쪽에 성인이 있다 해도 이보다 뛰어나지 못할 것이며, 서쪽에 성인이 있다 해도 역시 이보다 뛰어나지 못할 것이다"라고 말한다.

그러면 성정性情을 대립시키고, 성性을 허虛로 삼고, 형形을 기氣로부터 도출한 점에서 송유인 장자의 허기虛氣의 대립, 정자의 이기理氣

의 대립의 근원이 된다. 또 성을 정성부동定性不動 즉 확고한 본성[性]으로서 움직임이 없는 것으로 보고, 고요함[靜]에 의해 복성 즉 본성을 회복하며, 복성에 의해 적연부동寂然不動[2] 즉 고요하며 움직이지 않으면서 감응하여 두루 통하는 감이수통感而遂通의 성명誠明을 실현하려 한 것은 주자周子 이후 주정복성설主靜復性說 즉 고요함을 주로 해서 본성을 회복한다는 주장의 근원이 된다. 송유의 체계의 원형은 대체로 간단한 『복성서』 중에 존재한다. 금나라의 이병산이 "이고가 약교藥嶠(약산)에게 참여하여 『복성서』를 지음으로써 장재張載와 두 정씨程氏가 나왔다"라고 말한 것도 과언은 아니다.

『복성서』는 교상敎相 즉 이론적 특징으로서는 『기신론起信論』의 이문설二門說과 관심觀心 즉 수행법으로서는 『원각圓覺』과 『능엄楞嚴』의 선禪 및 천태天台의 지관止觀에 의해 조직되었고 여기에 중심으로서 『중용』의 말을 적용한 것이다. 즉 오래된 가죽 주머니에 새로운 포도주를 가득 채운 신유교라고 해야 하며 사실상 송유의 선구가 되는 것이다.

정성부동의 성性이란 진여眞如로서 그 자체[體]는 불생불멸하며 유전流轉하더라도 사라지지 않고, 환멸還滅해도 발생하지 않는 것이다. 이 성을 미혹시키는 정情은 무명無明으로서 그 자체[體]는 본무本無 즉 본

---

2 역주 저본 132쪽 9째 줄. 여기서는 적무부동(寂無不動)으로 되어 있다. 적연부동(寂然不動)의 잘못인 것 같다. 적연부동은 감이수통과 더불어 『역(易)』「계사전(繫辭傳)」에서 한 쌍으로 사용하는 표현이기도 하고, 또 『복성서』 원문에서 적연부동은 다수 발견되지만 적무부동이라는 표현은 발견되지 않는다. 그럼에도 적무부동이 맞다면 '고요한 무(無)인 채 움직임이 없으면서'라는 의미로 이해할 수 있겠지만 이 역시 내용적으로 다소 억지스러워 보이는 것 같다.

래 없는 것으로서 소인所因 즉 그것의 근거는 없다고 말한다. 전자는 일심一心을 불변이라는 한 면에서 보고, 후자는 수연隨緣이라는 다른 면에서 본 것이다. 성이 움직여 정이 될 때는 전체[擧體]가 모두 정이 되며 정 외에 별도로 성이 있으면서 숨어서 나타나지 않는 것이 아니고, 또 정이 복귀해서 성이 될 때는 전체가 모두 성이 되며 성 밖에 별도로 정이 있으면서 한구석에 숨어 있거나 하는 것이 아니다. 이고는 "정에 가려졌을 때 성은 사라지는가?"라는 질문에 "물이 계속 깨끗하지 못하게 흐리는 것은 모래나 진흙이다. 흐릴 때도 성이 없을 리는 없다. 오래도록 움직이지 않으면 모래나 진흙은 가라앉는다. 청명한 성이 바깥에서 온 것은 아니다"라고 답한다. 그런데 성이 어떻게 해서 움직이는지, 또 오염되는지의 이유는 설명하지 않고 있으며, 움직이는 이유와 악의 근원은 『기신론』에서도 한층 불분명하다. 이유는 불분명하지만 정이 있는 것은 사실이며, 성을 고조시킬 필요가 없을 정도로 명료한 사실이다. 이 정에 쌓이는 동안은 유전문流轉門이고, 정이 활동하지 않는 곳에서 본성이 현현하며 이것을 '순원반성循源反性' 즉 근원으로 돌아가 본성을 돌이킨다라고 하는데 곧 환멸문還滅門이 된다. 본성을 돌이키는 즉 반성反性의 경지를 일컬어 '지성至誠'이라고 하며, 지성 그 자체는 '적연부동寂然不動'하면서 '감이수통感而遂通'의 명明을 작용하게 한다. 명은 움직임으로서 처음부터 부동不動과 떨어져 있는 것에는 나타나지 않는다. 적연부동이라는 것도 견문이 없는 고목이나 불꺼진 재에는 나타나지 않으며, 변화무방한 대용을 내포하여 "보이지 않는 것을 보고, 들리지 않는 것을 들을 수 있는 것[弗覩之覩弗聞之聞]"이다. 이 성명誠明의 내용은 불교의 정혜定慧 또는 지관止觀과 다르지 않다. 이 내용에 지성 및 성명이라는 문자로 정정한 것은 『중용』과 조화해서다.

또 정을 성을 미혹시키는 삿된 것으로 보는데 이는 불교의 번뇌망정煩惱妄情 즉 번뇌로 인한 허망한 의식이나 생각에 해당한다. "뒤엉켜서로 공격하며 시작도 끝도 없다"라고 한 것은 불교의 무시이래無始以來의 무명망집無明妄執 즉 시작을 알 수 없는 때부터 이어진 무명에 기인한 허망한 집착에 해당하고, "명 때문에 깨우쳐서 무無가 되므로 삿된 허망[邪妄]은 본래 없는 것[本無]이다"라고 한 것은 불교에서 번뇌를 객진客塵으로 보고 필경에는 다 없애 버려야 할 것으로 여기는 것과 비슷하다. 다만 정 그 자체가 허망한 것인지, 정을 허망하게 하는 것이 별도로 존재하는지, 본무라는 것은 정 그 자체인지 또는 정을 허망하게 만드는 것인지, 더욱이 정이 절멸해서 발생하지 않는다고도 하고, 또 정은 성인의 영역[聖域]에도 있다고 하는데, 이러한 점은 매우 정밀하지 못하다.

복성을 통해 "사려하지 않음으로써 정을 발생시키지 않는다"라고 한 것은 노장에도 공통적이고, 불교가 본래 기대하는 바로서 특히 생각[思]의 본무라는 데서 나아가 동정動靜을 모두 떠난 곳에 별천지를 개척한 것은 완연히 선가禪家의 본래무일물本來無一物 즉 본래 단 하나의 사물도 없다는 경지를 말하며, 『원각경圓覺經』의 "일체개리一切皆離(일체가 모두 떠난다)", 『능엄경楞嚴經』의 "동정이상요연불생動靜二相了然不生(동과 정이라는 두 가지 모습은 다 끝나 버려서 발생하지 않는다)"을 생각나게 한다. 당시에 선가는 점차 사해四海를 풍미하는 세력이 있었고, 『원각』과 『능엄』 두 경전은 선가에서 특히 귀중하게 여겼다.

가장 선禪적인 것은 격물치지格物致知의 해석이다. 즉 "사물에 다가갈 때 그것에 집착하지 않는다"라고 한 것은 지止의 상태에서 나타난 관觀에 의해 사물 그 자체를 비춘다는 의미로서 보통의 해석과는 정반대이다. 후대에 양구산의 제자 장구성張九成(1092~1159)은 경산徑山의 대혜大慧(1089~1163)에게 격물의 뜻을 질문했는데 대혜로부터 "그대는 오직 격물格物(사물에 다가감)만 있는 줄 알고, 물격物格(사물이 다가옴)이 있다는 것은 모른다"라는 편지를 받고 문득 깨닫는 바가 있어서 '벽壁'이라는 제목으로 다음과 같은 게송을 짓는다.

자소는 사물에 다가간다 하고	子韶格物
묘희는 사물이 다가온다 하네	妙喜物格
엽전 한 꿰미를 알고 싶다면	欲識一貫
오백이 두 개라네	兩箇五百

자소子韶는 장구성의 이름이고, 묘희는 대혜의 호號이다. 격물을 이렇게 고안한 것을 보더라도 이고의 해석이 선禪적이라는 것을 알아야 하며, 이 해석이 나온 이유는 그가 분명히 정좌靜坐를 통해 실제로 체험했기 때문이었을 것이다.

성정은 백성과 성인으로 달라지며, 백성이란 "성을 보지 못한 자" 즉 견성見性하지 못한 자를 말하고, 성인이란 "정에 미혹되지 않는 자" 즉 "정이 있더라도 이른바 정이 없음"이라고 한 점에서 선의 견성성불見性成佛 또는 번뇌즉보리煩惱卽菩提의 면모가 보인다. 한 걸음 나아가 "일기一氣로부터 사물[物]이 있고 사람이 있다"라고 하여 본질상에서 물아物我의 일체를 말한 것은 『회남자淮南子』로 인해 중국에 이미 이 사상이 있으며, 『논형論衡』을 통해 왕충에게 이 사상이 있다는 것을 알더라도 이고에 의해서 특히 명료하게 설파된 것은 아마도 불교의 알라야식사상을 수용해서가 아닐까? 송의 승려 석실조수石室祖琇는 "습지習之(이고의 자字)는 아마 이것을 불경에서 얻었다. 다만 인용한 문자가 다를 뿐이다. 습지가 글을 한창려韓昌黎에게서 배운 탓이다. 창려는 『원성原性』을 지었지만 실은 아직 본성[性]을 보지 못하고 헛되이 간략한 글로 품목을 설정해서 그것을 갈라놓았다. 당시 도를 밝히던 군자는 모두 이를 취하지 않는다. 습지는 그 마음[心]을 재계하고, 동정動靜을 아울러 떠나 고요히 비추며 서로 섞인다는 뜻을 궁구하며, 정을 물리치고 성으로 돌아가 지성으로써 도를 보기에 이른다. 분명하게 불경을 인용하고 있지는 않지만 그것을 숨길 수 있겠는가. (그 주장은 천태의 『지관통례止觀統例』와 상당히 부합한다.)[3] 이전에는 습지를 약산에게만 귀속시켰는데 그러한 주장은 더욱 먼 것이다. 그 주장은 멀어서 곧 반대로 이 글(『복성서』)이 여러 사람들의 정서[衆情]에 가깝다고 하는 것만 못하다"(『융흥불교편년통론隆興佛教編年通論』 제24권)라고 논평한다. 이고의 주장이 선에서 수용한 바가 있고, 이것에 천태의 지관을 가미한 것이라는 사실은 어쩌면 내외內外가 일치한다고 보아야 할 것이다.

---

3 역주 소괄호 안의 이 내용은 저본(135쪽 10째 줄)에서는 생략하고 있지만, 인용 원문인 『융흥불교편년통론(隆興佛教編年通論)』 제24권(X75)에서는 "其說與天台止觀統例頗合"이라고 되어 있을 뿐만 아니라, 특히 이하 내용의 이해를 위해 필요하다고 판단해서 번역자가 추가하였다.

5. 양숙梁肅의 『지관통례止觀統例』 및 담연湛然

이고의 연구에 관해서 빼놓을 수 없는 것은 한림양숙翰林梁肅(753~793)의 『지관통례止觀統例』다. 양숙은 유자로서 천태 제6조 형계담연의 문인門人이며, 정원 2년(786)에 『지관통례』를 지었다. 원화 11년(816) 이후에 만들어진 『복성서』에 비하면 적어도 30년 먼저이고 저자는 마찬가지로 유자였으므로 분명히 이고에게 영향을 주었을 것이다. 『지관통례』에서는

> 지관止觀이란 무엇인가? 모든 교화[4]의 이치를 인도하여 실제로 복귀시키는 것이다. 실제란 무엇인가? 성性의 근본[本]이다. 사물[物]이 복귀하지 못하는 이유는 어둠[昏]과 움직임[動]이 그렇게 만들어서다. 어둠을 비추는 것을 밝음[明]이라 하고, 움직임을 멈추는 것을 고요함[靜]이라 한다. 밝음과 고요함이 지止와 관觀의 몸체[體]다.

라고 글을 시작하며, "사물[物]이 없는 상태로 복귀했지만 없지 않으며, 이름을 붙이자면 부처[佛]라 하고 굳이 말한다면 깨달음[覺]이라 한다"라고 함으로써 극치極致를 설정하고, 그리고 공가중空假中 삼관三觀의

---

4 역주 저본의 인용문에서는 "導萬化之理"이지만, 『대정장(大正藏)』(46권)에 수록된 『지관통례(止觀統例)』에서는 "導萬法之理"로 되어 있어서, '化'와 '法'으로 글자가 다르다. 전자의 경우는 위 번역대로이고, 후자라면 "모든 법(法: 가르침)의 이치를 인도하여"로 번역해야 할 것이다. '化'를 위 번역과 같이 교화로 번역한다면 의미상 별 차이는 없는 것 같다. 다만 '萬化'라는 말은 언뜻 "모든 변화"라는 의미로 이해되기 쉬우며 이 경우 의미가 달라질 수 있으므로 내용 이해에 다소 혼란을 초래할 여지가 있는 것 같다.

그 요지는 곧 성인聖人이 극심하게 연마하며 살핀다는 것으로 궁리진성窮理盡性 즉 이치를 궁구하여 본성을 다 안다는 말이다.

라는 말로써 유불 간의 조화를 도모하며, 더욱이 성리性理는 보편적이며 융통하여 불생불멸不生不滅이라고 주장하는데

오직 하나의 성性뿐이며 그것을 얻으면 깨달음[悟]이라 하고, 그것을 잃으면 미혹[迷]이라고 한다. 하나의 이理일 뿐이며 미혹하면 범부[凡], 깨달으면 성인[聖]이다. 미혹한 사람 스스로가 멀어진 것이지 이理가 멀어진 것은 아니며, 잃어버린 사람 스스로가 잃은 것이지 성이 사라진 것은 아니다.

라고 한다. 이것은 지止와 관觀을 통해 사물의 움직임[動]과 어두움[昏]을 고요하게[靜] 하고 밝게[明] 함으로써 본성으로 복귀[復性]시키는 것을 이상으로 삼는 것이다. 성性은 이理로서 만물에 보편하며 발생하지도 소멸하지도 않지만, 움직임[動]과 어두움[昏]에 의해 차별이 있고 생멸이 있게 된다. 차별을 초월하고 생멸을 멸진하려 한다면 복성復性해서 실제로 되돌아가야 한다. 복성한다면 사물[物]이 없어지면서도 없지 않은 영역에 들어간다. 유교의 요체인 궁리진성窮理盡性의 학설도 이와 다르지 않은 것이다. 그러나 양숙의 설명은 대부분 불교이며 도중에 유교의 말을 조금 삽입한 데 지나지 않지만, 이고에 이르러서는 이와 반대로 내용은 불교이더라도 외피는 유교가 된다. 이는 신유교의 효시를 이고에게서 찾은 이유이며, 여기서 양숙을 등장시킨 것은 이고

의 출현도 우연이 아니라는 것을 말하기 위해서일 뿐이다.

양숙을 거론한다면 끝으로 그의 스승 형계담연을 내놓는 것이 지당하다. 담연은 유교 집안에서 태어났으며, 17세 이후 21년간은 금화방암金華方巖과 좌계현랑左溪玄朗(673~754)에게서 교관敎觀의 도를 전수받고, 38세에 비로소 처사處士의 옷을 벗고 출가하며, 좌계가 입적한 뒤

> 도道를 실천하기 어렵다는 것을 나는 알고 있다. 옛 지인至人은 정靜으로써 돌아갈 바를 관찰하고 동動으로써 그 사물에 감응하면서도 두 가지 모두에 얽매이지 않아서 곧 큰 영역[大方]으로 나아갔다. 지금의 사람은 공空에 휩쓸리거나 유有에 집착하여 자신도 병들고 타인도 병들게 해서 도가 제대로 작용하지를 못한다. 바른 길을 선택하고자 한다면 나를 버리고 누구한테 귀의할 것인가? (『불조통기佛祖統紀』 제7권)

라는 큰 포부를 안고 저술에 종사하여 맹자가 공자의 도를 존중하고 양묵을 배척한 것을 본떠서 화엄華嚴, 유식唯識, 선禪에 대해 천태天台의 원만한 의미를 크게 떨친다. 조정의 세 번의 부름에도 응하지 않았고 학덕學德이 높았으며 그 문인 중에 가르침을 이은 사람이 39명이며, 신분이 높은 고위 관리들로서 몸을 굽혀 가르침을 받은 사람도 수십 명이나 된다. 입적할 즈음에 문인들에게 한 말 중에 "도는 일정함이 없고, 성이 바탕이며, 삶이든 죽음이든 그 취지는 일관한다[道無方性爲體生歟死歟其旨一貫]"라는 구절이 있다. 비명碑銘을 지은 사람은 바로 양숙이다. 이와 같이 형계는 유교 집안에서 나와서 천태의 교관에 통달함으로써 그 저술의 언어에 유교 출신의 면모가 있으며, 덧붙여 문인 중에 많은 유자들이 있어서 자연스레 유불조화의 색채를 갖게 되었다.

이것이 이고를 거쳐 송유를 불러일으킨 연원이 되었다고 생각한다.

송유의 체계의 중추를 이루는 성론性論은 본래부터 불교에서 일반적인 것이었지만, 내외의 식자들을 움직이는 살아 있는 문제로서 조야에 보급되기에 이른 것은 중당 이후 선가禪家가 이론을 내세우지 않고 실제상에서 지심견성指心見性(곧바로 마음을 가리켜 본성을 깨우침)을 고조시킨 이후에 속한다. 선가는 6조祖인 혜능의 아래 남악과 청원 두 대사大士가 있고, 각각의 아래에 마조와 석두라는 두 대사가 나타나 비상한 세력을 얻으며, 마조의 아래에는 백장과 남천이 있고, 석두 아래에는 약산과 단하와 천황이 있어서 그 파동이 점차 확대되어 간다. 그리고 한퇴지가 47세 때 입적한 백장의 『청규清規』는 유교의 예악을 섭취한 것이고, 한퇴지의 친구인 맹동야孟東野(751~814)의 스승인 화엄의 징관은 내외 일체의 학문에 정통하며, 마조와 동시대인 천태의 담연, 이고와 동시대인 선의 단하, 화엄의 종밀은 그 누구든 유가 출신인 상황이었다. 이에 마조 아래에는 중국의 유마維摩거사라고 불리는 불유에 관통한 방온이 있고, 담연의 아래에는 양숙이 있으며, 백장의 아래에는 유자후, 약산의 아래에는 이고가 있다. 오랜 세월 동안 방내方內에만 본령本領을 국한한 유교도들도 점차로 불교를 연구하고 실제로 수행하는 시대적 풍조가 된다. 이러한 풍조에서 이고의 주장이 등장한 것은 오히려 당연하다고 해야 할 것이다.

중

송유宋儒와 불교

송유宋儒와 불교 대관大觀[5]

제1장

제1절

송학宋學의 발흥

불교는 수당 사이에 발달의 극에 달하며 송대에는 이것을 보존한데 지나지 않는다. 구체적으로 말하면, 중국 불교철학은 진수陳隋시대

5 역주 저본(139쪽)은 차례와 다르게 송유 대관(宋儒大觀)으로 되어 있다. 여기서는 차례에 따라 번역했다.

의 천태대사 지의에 의해 대체적으로 조직을 갖추고, 송나라 초기 사명존자四明尊者 법지法智(960~1028)에 의해 철저히 명료해졌다. 천태에서 사명에 이르는 동안은 중국 불교철학의 성립 시기가 된다. 유교는 이에 반해 위진시대 이후 남북조, 수당의 긴 세월을 거치며 완전히 수면 상태였다. 아니 이 시대에 활동했던 유교자는 불교나 도교[釋道] 어느 쪽으로 달아났다고 하는 것이 적당하다. 유교철학이라고 할 만한 조직이 등장한 것은 조송 중기 이후가 된다. 만약 한퇴지의 말에 따른다면 맹자 이후 1,100년에야 비로소 한자韓子 자신이 출현한 것이지만, 그럼에도 이후 그 뒤를 잇는 사람이 없고 오히려 150년을 지나서야 송학宋學이 발흥하게 된 셈이다. 유교철학에서 볼 때 한자가 무언가를 더 추가하지 않았다고 한다면 맹자 이후 1,250년을 지나 다행히도 주周, 장張, 정程, 주朱 등 여러 인물들이 출현하여 비로소 선대의 성인[先聖]과 후대의 성인[後聖]의 법도를 하나로 했다고 해야 할 것이다. 송학은 그 근본적인 의미가 유교 내부에서 발전한 것인지 혹은 다른 영향이 있는 것인지 여기서 약간 논해 보기로 한다.

송학은 성리학性理學이다. 이를 선진先秦시대의 창설創說적 유교 및 한당漢唐시대의 훈고訓詁적 유학에 비교한다면 공허하며 실익이 적다는 비난을 수반하지만, 멀리 고상하면서 조직적이고 아울러 생생한 성리性理를 중심으로 하여 발달시킨 일은 명백하여 한 점의 의심도 없다. 방내方內에서 직무를 지키려는 유교가 방외方外에 노니는 석도釋道와 유현幽玄한 이치를 다투게 된 것은 어쩌면 근본주의의 동요가 보이지만 아마도 시대적 흐름상 그럴 수밖에 없었다.

송학이 발흥한 원인은 사학私學의 발흥이 외연外緣이며, 혁신의 기운機運이 내인內因이 되는데, 한층 더 직접적 원인이 된 것은 긴 세월 동안 사상적으로 지배하고 있던 불교로부터 유교를 독립시키려고 한 운동이다. 불교사상으로부터 독립하기 위해서는 불교를 연구해서 약점을 파악해 내야 한다. 게다가 이를 진실로 이해하기 위해서는 수도修道의 체험을 해야만 한다. 이 수도의 체험과 불교 이해가 송유철학으로서 고금에 이름을 떨친 신유교新儒敎가 등장한 이유가 된다. 다른 측면에서 볼 때 불교의 매개를 통해 유도 이교를 조화한 것을 송유라고 보는 것도 불가능하지는 않다. 그리고 이러한 신유교가 모두 사학에서 발흥한 일은 크게 주의해야 할 점이다. 송 초기에 처사處士 학자들을 중심으로 한 사대서원四大書院의 이름이 천하에 전해진다. 단, 사대서원에 대한 여러 전승들은 일치하지 않는다. 그중에서 악록岳麓, 석고石鼓, 백록白鹿 등 세 곳은 여러 전승들이 대부분 일치하고 있지만, 다른 한 곳은 숭양嵩陽이라고 하거나 혹은 휴양睢陽, 혹은 응천應天이라고 한다. 또는 악록, 석고, 조래徂徠, 금산金山이라고도 하고, 또는 악록, 백록, 숭양, 휴양이라고도 한다. 이상은 모두 인격人格 중심의 사학이다. 악록서원은 호남湖南의 장사長沙에 있다. 호안국胡安國(1074~1138), 호오봉胡五峰(1106~1161), 장남헌張南軒(1113~1180), 여동래呂東萊(여조겸呂祖謙, 1137~1181) 등이 강학講學했던 곳이다. 석고서원은 호남의 형주衡州에 있으며, 주자朱子가 잠시 들렀다는 이유로 유명해진 곳이다. 백록서원은 강서江西의 여산廬山에 있으며, 주렴계와 주자가 강학한 곳이다. 숭양서원은 하남河南의 숭산嵩山에 있으며, 이정자가 족적을 남긴 곳으로 전해진다. 이상의 사대서원은 모두 본인이 직접 답사했으며, 시대의 변천에 따라 지금에서는 거의 폐허에 가까워진 것도 있지만 모두 오히려 규모가 큰 건물이 들어서 여러 가지 학교로 사용된다.

송학이 발흥할 시기가 무르익어 가면서 동시에 왕성해진 것은 유교 학자 및 유교에 입각한 위정자가 노불 이교를 격렬히 배척한 일이다. 혁신의 기운을 타고 과거科擧의 폐해를 비판하며 사기를 진작시켜 유교에 새로운 생명을 주입하려고 노력한 손태산孫泰山은 먼저 『유욕설儒辱說』을 주장한다. "인의仁義가 작용하지 않고 예악禮樂이 실행되지 않는 것은 유자儒者의 치욕이다. 유자의 치욕은 멀게는 전국戰國시대부터 시작된다. 양주楊朱와 묵적墨翟이 이를 먼저 어지럽혔고, 나중에는 신불해申不害와 한비자韓非子가 혼란하게 했다. 한위 이후는 더욱 심해졌는데 불로의 무리들이 중국을 횡행하며 유교와 나란해져 세 가지가 된 것은 괴이한 일이다. 그들은 인륜을 파멸시킨다. 유자라면 북을 울리며 이를 공격해야 한다"라고 말하고 있다. 또 구양수는 한퇴지의 자취를 배워 『본론本論』 3편을 지어 불교를 배척한다. "불교가 중국의 근심이 된 지 천여 년, 세상에서 뛰어나고 현혹당하지 않으며 힘 있는 사람은 이를 제거하고 싶어 하지 않을 리가 없다. 제거하고 나면 다시 크게 모이며 마침내 어떻게도 해 볼 수가 없게 된다. 바로 우리에게 폐단이 있기 때문이며, 결핍을 보충하고 폐해를 수습하여 왕정王政을 밝히고 예악을 충실히 한다면, 부처가 온다고 하더라도 우리 국민에게 베풀 것이 없을 것이다"라고 말하고 있다. 또 석수도石守道(1005~1045)는 『괴설怪說』을 지어 이에 호응한다. "중국은 도덕이 다스리는 곳, 예악이 시행되는 곳, 오상五常이 베풀어지는 곳이다. 그런데 방탕해서 퍼뜨리면 안 되는 가르침이 시행되고, 요망하고 괴이하며 헛된 말들이 가득한 것은 괴이한 일이다"와 같은 표현을 사용하며 국수주의적 입장에서 비통한 분노의 눈물을 흘린다. 대체로 손태산의 괴이하다는 주장을 한층 부연한 것이다. 그 밖에 호인胡寅(1098~1156)은 불교를 원수로 여겨『숭정변嵩正辯』을 지어 차마 들어 줄 수 없는 추악하고 험한 말로 배격하며, 이태백李泰伯은『잠서潛書』를 지어서 불교 배척과 유교 선전에 힘쓰고, 장표민章表民, 황오우黃聱隅 등 여러 사람들은 이에 서로 호응하며 불교 배척의 소리가 조야에 가득한 상황이 된다. 불교자들 중에서 이러한 풍조를 크게 걱정하며 연대지필椽大之筆을 휘둘러 즉 뛰어난 문장력을 발휘해서 유불의 일치를 주장하며 문장으로써 불교를 구원하려고 한 것은 명교대사明教大師 설숭이다. 그의『보교편輔教篇』및『심진문집鐔津文集』에 수록되어 있는 한자韓子를 비판한 문장은 큰 반향이 있다. 구양수도 이태백도 이를 보고 자기의 좁은 소견을 부끄러워하며 불교를 연구하게 되고, 왕안석 부자父子, 소자첨蘇子瞻(1037~1101) 형제, 황산곡黃山谷(1045~1105), 진사도陳師道(1052~1101), 장상영張商英(1043~1121) 등은 모두 처음에는 놀라고, 도중에는 기뻐하다가 나중에는 어느새 동화되어 문장으로 불사佛事를 시행하며 외호外護하기에 이른다.『보교편』의 영향은 실로 대단한 것이지만, 동시대의 달관담영達觀曇穎(989~1060)도 불교에 입각하면서 유불 사이의 조화를 도모하며 역시 중요한 역할을 한다. 그러나 그 후에도 자각한 유교도들은 장횡거, 이정자(정명도, 정이천)를 비롯해 정程씨 문하의 여러 인물들 이하 주자에 이르기까지 모두 그러한 풍조를 받아들이고 글을 쓰면서 노불을 배제하지 않은 것은 아니었다. 그중에서도 가장 예리한 사람은 장횡거이며, 이정자 및 주자의 주장은 대개 이를 계승한 것으로 보인다.

장횡거와 이정자의 관계에 관해서 정자程子가 장자張子를 이은 것인지 혹은 이와 반대로 장자가 정자를 이은 것인지는 학자들 사이에 이론이 있다. 종래의 학자들은 장자가 정자를 계승했다고 보지만 나는 이와 반대로 생각한다. 장자는 명도보다는 12세 연장자다. 두 사람이 처음으로 수도에서 만난 것은 장자가 38세, 명도가 26세 때이다. 이때 장자는 석로釋老(불교와 노장)의 글을 탐구했지만 마음에 만족하지 못하고 도리어 육경六經에서 추구하고 있던 때였으므로 함께 도학道學의 요체를 말하면서 "유교의 도[吾道]는 그 자체로 충분하다. 무엇 하러 널리 찾아다니겠는가"라고 확신하는 등 모든 다른 학문은 버린 순수한 유자이다. 그런데 그 후 정성定性 즉 확고한 본성의 실제 문제에 관해 정명도에게 자문한 일이 있었다. 또 숙부의 장례식에 관해서 정이천에게 문의한 일도 있었다. 이것 때문에 처음에는 장자에게 배우다가 장자의 사후 정자를 따랐던 여여숙呂與叔(1046~1092)은 장자의 행장行狀 중에서 "이정을 만나 완전히 그의 학문을 버렸다"라고 말하고 있다. 양구산은 장자가 이천에게 보낸 편지의 발문跋文에서 "세세한 일까지 이정에게 의뢰했다"라고 말한다. 주자 같은 사람은 『정성서定性書』를 명도가 20세나 23세 때 지었다고까지 말할 정도다. 그러나 여여숙의 행장에 관해서 윤화정尹和靖(1071~1142)이 이천에게 말하자 이천은 "이 말을 삭제해야지 그냥 놔두겠는가"라고 놀라며 "비슷하다고 할 수는 있어도 배웠다고 할 수는 없다. 그래야 거의 거리낌이 없다"라고 말한다. 장자는 또 이정을 칭찬하면서 "그 형제는 14~15세 때 자연스레 성인聖人을 배우고자 했다. 그 때문에 마침내 공맹의 전해지지 않던 학문을 얻고 여러 유자들을 선도했다. 그 말의 요지는 옷과 양식[布帛菽粟]처럼 필수적이다"라고 말한다. 이천도 장자의 『서명西銘』을 "예전의 성인이 아직 드러내지 못한 바를 확장한 것, 맹자의 성선양기性善養氣론과 같은 공로가 있다"라고 하고, 또 "그 도道는 높고, 말은 순박하여 맹자 이후의 모든 것은 이 견식見識이다"라고 칭찬한다. 장자는 순수한 학자로서 명리名利에 마음이 흔들린 일이 거의 없고 일생을 가난한 학자[窮措大]로 살았던 사람이다. 이정도 종신토록 유학의 부흥을 천직으로 삼는다. 양자의 관계는 상호 존중으로 보아야 할 것이다. 동시대인 소강절邵康節(1011~1077)과 장정張程 양자의 관계도 서로를 인정하며 교유하는 관계인 것이다. 이천이 장자에게 "소요부邵堯夫(소강절)가 『역易』에 대해 말하고 듣기를 좋아합니다. 오늘 밤 잠시 오셔서 함께 들으시겠습니까?"라는 편지를 보낸 일이 있다. 이러한 사실을 볼 때 정자의 영향을 과도하게 말하는 것은 정씨 문하의 여러 제자들이 스승에게 아첨한 데서 나왔다는 말이 된다. 이천은 명도의 행장을 기록하면서 "15~16세 때부터 노석老釋에 출입한 지 기십 년幾十年"이라고 한다. 기십 년이라는 말은 10년에 가깝다고도 볼 수 있고, 또 수십 년으로도 볼 수 있는데 나는 후자의 의미로 이해하려고 한다. 장자와 만났을 때는 명도의 나이가 겨우 25세이므로 아직 순수한 영역으로 나아가지 않았을 것이라고 생각한다. 장자가 『정몽正蒙』을 제자에게 부촉한 것은 사망하기 전인 57세 때다. 정자의 학설은 물론 전부 이것에 기반했다고 할 수는 없지만, 정씨 문하의 양구산, 사상채謝上蔡(1050~1103), 유정부遊定夫(1053~1123), 여여숙 등 대제자가 종학從學한 것은 장자의 사후, 명도의 나이 47세 이후다. 순수한 석유碩儒가 된 것은 이

무렵부터다. 이렇게 해야 비로소 노석에 출입한 지 기십 년이라는 기록에 상응한다. 윤화정은 "장자가 예전에 수도에 있으면서 『역』을 설명할 때 어느 날 저녁 이정이 와서 『역』을 논한 것을 듣고 많은 제자들에게 나의 설명은 도를 어지럽힐 뿐 이정에게 미치지 못하므로 너희들은 그들을 스승으로 따르라고 말하며 호피虎皮를 걷어 내고 협서陝西로 돌아갔다"라고 했다는 말이 전해지지만, 나는 오히려 장자가 이정을 평가하며 "이제 40이 되었는데 아직 안민顔閔(안회와 민자건閔子騫)의 무리에 미치지는 못한다. 이천은 안자顔子(안회)와 같지만, 그렇더라도 아마 안자의 무아無我와 같지는 않다"라고 말한 것에 동의하고자 한다.

장정張程의 학설의 전후는 중대한 문제여서 번쇄한 사실을 열거하며 내 의견의 근거를 제시하였다. 나는 이러한 사실을 종합해서 정자의 이기대립설理氣對立說 및 이종성설二種性說은 장자를 계승한 것으로 본다. 장자가 사망한 해에 양자가 회담한 일도 이를 보조하는 방증으로서 가치가 있을 것이다. 따라서 정자의 배불排佛도 대체적으로 본다면 장자를 계승한 것으로 보아야 한다. 송유 일반의 풍조는 노불 이교의 영향을 벗어나 이를 배제하려고 고심참담한 상태였는데 그러나 공평하게 본다면 이교의 영향을 결국 벗어나지는 못한다. 이를 정씨 문하에서 본다면 명도가 "나의 도가 남쪽으로 향했다"라며 칭찬한 양구산도, 이정자로부터 매우 촉망받았던 유정부도, 두 사람과 이름을 나란히 한 사상채도 모두 결국 선학禪學에 몰입하기에 이른다. 세 사람뿐만 아니라 정씨 문하의 여러 제자들은 이천이 살아생전에 모두 등을 돌려 떠나며, 남은 것은 겨우 『역설易說』을 부촉받은 장역張繹

(1071~1108)과 윤화정뿐이다. 장역조차도 여여숙과 함께 선禪을 배웠고 일찍 사망했으며, 윤화정은 이천을 따른 지 20년에 이천이 "내가 죽고서 그 바름[正]을 잃지 않을 사람은 윤씨의 자손인가"라고 말할 정도였지만 그 또한 벗어나지 못한다. 더욱이 이들은 모두 한때는 배불의 붓을 휘둘렀던 사람들이다. 금나라의 이병산은 "이고가 약교에게 참여해서 『복성서復性書』를 저술함으로써 장재張載(장횡거), 이정자가 출현하고, 그 문도들인 장구성, 장남헌, 여백공呂伯恭(여동래), 주희朱熹(주자)는 모두 불조佛祖의 뜻을 빌려 경서經書에 주석하며 스스로 일가一家를 이룬다. 불로를 논하면서 내용[實]은 따르지만 형식[文]은 따르지 않는데 양陽으로는 배척하고 음陰으로는 돕는 것이다. 아마 미묘한 의도가 있을 것이다"(『명도집설鳴道集說』)라고 말한다. 불교에 국한한 말이지만, 만약 학설 내부에 입각해서 논할 경우 이러한 말이 나오는 것도 우연이 아니다. 장횡거와 두 명의 정씨와 주자조차도 이미 이와 같다면 그 밖의 유자나 문학자文學者가 불로의 범위를 벗어날 수 없다는 것은 말할 필요도 없이 당연하다. 처음부터 불로를 채용한 학자로서는 주무숙을 시작으로 육상산 및 동시대의 이병산이 마지막인데, 어느 것이나 다 그렇다고 해야 할 상태다.

제2절

송유宋儒의 학설

1. 우주론宇宙論

송유의 우주론은 대략 무극태극설無極太極說과 허기대립설虛氣對立說의 두 종류라고 볼 수 있다. 무극태극설은 주무숙이 창설했고, 허기설虛氣說은 장횡거가 창설했다. 전자는 강남江南을 대표하는 유자이며, 후자는 강북江北의 대표적인 유자다.

무극無極과 태극太極은 이물二物 즉 별도의 두 가지 것이 아니다. 만물의 근본이라는 점에서 태극이라고 하며, 무상불가설無象不可說 즉 형상이 없으며 말로 표현할 수 없다는 점에서 무극이라고 할 뿐이다. 대체로 유교의 태극과 노장의 무극을 조화시킨 것으로 노자의 무명유명無名有名(『도덕경道德經』) 등과도 관계가 있을 테지만, 이 조화는 불교에서 일심해一心海 즉 일심의 바다 속에 식랑識浪 즉 식識의 파도가 동요한다고 한 데서 암시를 얻은 것이라고 생각한다. 태극은 의언진여依言眞如 즉 언어에 의지하여 드러난 진여眞如이며, 무극은 이언진여離言眞如 즉 언어를 떠난 진여가 된다. 태극의 내용으로서 형이하形而下의 형상이 있는 이기오행二氣五行을 점찍은 것은 식의 파랑波浪일까? 태극과 만유萬有의 관계에 관해 주자周子에게 명료한 학설이 없지만, 장자張子가 “천지 사이에 하나도 똑같은 것은 없고, 게다가 모두 음양陰陽을 갖춘다"라고 하며, 정자程子는 "일찍 핀 매화의 가지마다 피어난 하나하나의 꽃에 건곤乾坤이 있다"라고 하고, 주자朱子는 "이기二氣가 교섭해서 만물이 있으므로 세계 전체로서 하나의 태극임과 동시에 만물 모두는 태극이 아님이 없다"라고 하여 모두 만물의 그 어느 것에도 태극을 내포한다는 점에서 일즉일체一卽一切 즉 하나가 곧 일체라는 내용이다. 불전佛典에서 개자芥子 중에 수미산須彌山이 또는 하나의 모공毛孔 속에 삼천三千 세계가 있다고 하는 말과 가락은 달라도 같은 노래[異曲同調]인 셈이다. 주자周子는 무극과 태극을 설정하고 태극에서 세계를 발전시켰지만, 그의 특색은 태극이 아니라 무극에 있다는 사실을 주목해야만 한다. 강남의 학풍學風은 무無의 원리를 종극으로 삼는 점이 있다.

주자周子보다 세 살이 적고 4년 늦게 사망한 장횡거의 우주론은 주자와 대비했을 때 별도의 특색이 있다. 장자는 한평생 장안長安과 낙양洛陽 부근을 떠나지 않았다. 장안은 유식唯識, 화엄華嚴과 같은 유有의 범주에 속한 강북불교의 중심지다. 장자가 일생일대의 심혈을 기울인 『정몽正蒙』은 「태화편太和篇」(『노자老子』에 태화太和라는 항목이 있음)으로 시작한다. 태화太和란 부침浮沈, 승강升降, 동정動靜, 상감相感의 성질[性]을 내용으로 하여 이름 붙인 것으로 이것이 사람에게 명命해진 것을 성性이라고 한다. 태화는 세계의 원리이고 성은 인간의 원리로서 불교의 법계法界와 일심一心이 바로 이에 해당한다. 태화 속에 허虛와 기氣를 대립시킨 것은 불교의 정동이문靜動二門(고요함과 움직임의 두 부분) 즉 불변不變과 수연隨緣이라는 두 부분에 해당하며, 이기대립설理氣對立說이 발생한 근원이다. 허란 무가 아니다. 만물[物]이 없어도 이理는 있다. 다만 무동無動, 무감無感, 무궁無窮, 무형無形이라는 점에서 허라고 할 뿐이다. 장자는 노자가 "무에서 유가 생긴다[有生於無]"(『도덕경』 제40장)라고 한 것을 비판하며 "잘못 이해했다"라고 한다. 이로써 그의 입각점은 유에 있다는 것을 알 수 있다. 그리고 허와 기의 관계에 관해서는 "기는 허에서 생기지 않는 것이 아니다", "허는 기가 없을 수 없고, 기는 모여서 만물이 되지 않을 리 없으며, 만물은 흩어져도 허가 아닐 수 없는데 부득이하게 그러하다"라고 하여, 양자 사이에 그냥 있는 그대로[法爾自然]의 서로 의존하는[相依相資] 관계를 인정하며, "허가 곧 기[虛卽氣]"라고 단언한 것은 동정이문動靜二門(움직임과 고요함의 두 부분) 사이에 둘이면서도 둘이 아닌 관계를 인정한 것이 된다. 허와 기의 양면을 지닌 성이 '만물의 하나의 근원'으로 여겨지는 것은 불교의 알라야식설에 해당하며, 이 식이 무한한 종자種子를 내포한데 대해 태화라는 이름을 붙인 것으로 보인다. 성이 만물의 본원本源인 이상 당연히 만물일체설萬物一體說이며, 일체一體인 이상 만물 사이에 합치며 감응[合感]하는 이理가 있고, 다른 것을 합해서 하나가 되는 소질을 갖게 되는 것이다. 이는 화엄종華嚴宗에서 말하는 감응感應이다.[6]

---

6 장자(張子)의 술어(術語)와 불교의 술어 사이의 차이에 대해 여기서 한마디 할 필요가 있다. 장자는 식(識)이라는 글자를 객감(客感) 즉 외부적인 감각으로 본다. 이것은 불교 유식설(唯識說)의 전오식(前五識)에 해당한다. 심(心)을 만수(萬殊: 만 갈래로 갈라짐)하는 것으로 보며, 또 성심(成心)과 유심(有心)을 의(意)와 동일하게 사용한다. 이것은 제6식에 해당한다. 그의 성(性)은 또 알라야식에 비교된다. 불교에서는 식을 전체에 통용하는 경우도 있지만, 혹은 식을 전오(前五)에, 의를 제6에, 심을 알라야식에 배당하는 경우도 있다. 그 때문에 단지 용어가 동일하다고 해서 곧바로 이를 동일시하는 것은 토끼 뿔이라는 비판을 받을 수밖에 없다. 송유(宋儒)는 불교의 성이라는 말의 의미를 적절히 해석하지 않으며, 때로는 자기가 사용하는 식의 의미로 사용하고, 또는 성(性)과 정(情) 양자를 엄격히 구별하지 않아서 토

장자는 허虛와 기氣를 대립시키지만, 이정은 이理와 기를 대립시켜 모든 설명을 이기二氣의 상관相關에서 찾는다. 그중에서 명도는 기를, 이천은 이를 위주로 한다는 차이가 있지만 모두 유有에 입각하고 있다는 것은 강북의 학풍과 같은 점이다. 『이정전서二程全書』를 볼 때 매우 유감스러운 점은 그 말의 대부분이 명도와 이천 중 누구의 것이라고 해야 할지 판별하기 어렵다는 것이다. 부득이하게 약간의 상상을 섞어서 명도의 말을 짐작해 보자. 그는 이기가 교역交易해서 생생生生한 천덕天德을 도道라고 한다. 도란 일정한 형태가 없는 형이상形而上의 원리다. "이미 이理라고 할 때는 상대[對]가 있다"라고 하며, 기를 우주의 본체로 삼고 그중에 청탁淸濁과 허실虛實을 겸한다는 점에서 신神이라는 이름을 부여한다. 그리고 "청허淸虛라는 일대一大는 만물의 근원이 되지 않는다"라고 한 것은 아마 장자에 대한 비판일 것이다. 기로부터는 기의 바름과 치우침[正偏]에 의해 사람과 만물을 구분하지만, 사람과 만물 사이에 능추能推(추론 가능)와 불능추不能推(추론 불가능) 즉 사려분별의 유무라는 차이가 있어도 근본적인 것은 아니며, 기 그 자체에서 본다면 "능추이기 때문에 조금도 보탤 것이 없고, 불능추이기 때문에 조금도 덜어 낼 것이 없다"라고 하며, 또 이理로부터는 "만물이 모두 나에게 갖춰진다"라고도, "천지만물이 모두 자기다"라고

끼도 토끼지만 과녁 없는 화살이라는 비판을 받는다. 그런데 불교에서 단순히 성이라고 할 때는 이(理)의 의미이지만, 송유는 일반적으로 성이라는 한 글자에 대해서 때로는 이의 의미로, 때로는 식 또는 정의 의미로 사용한다. 주의가 필요한 부분이다. **역주** 이 내용은 저본 148쪽 3~11째 줄까지, 본문 중에서 소괄호 안에 부언(附言)이라는 제목하에 기술하고 있는 내용이다. 요즘의 글 형식에 맞춰 각주로 처리했다.

도, "오직 사람만이 아니라 만물이 모두 그러하며, 모든 이가 다 존재해서 원래 오래도록 의존한다"라고도 말한다. 이와 같이 기에서부터 만물일체萬物一體, 이에서부터 만물의 평등을 말하고, 사람과 사물을 합해서 기器라는 말 속에 수렴하여 "만물 각각이 하나의 건곤乾坤을 갖는다"라고 단언하며, "만물[物]과 별도로 도道는 없고 도와 별도로 만물은 없다"라는 이유에서 "도 역시 기器이고, 기 역시 도"라고 철저히 한 것은 통쾌하다. 이理에는 일여성一如性(동일성)이 있는 것으로, 차별상差別相은 기氣의 정편正偏으로써 설명하며, 또 기는 차별 원리이고 이理는 평등 원리라고 말하는 것이며, 그리고 정편이 있는 이유는 불분명하다. 사람에게도 사물에게도 모든 이理가 다 있다고 인정한 것은 불교에서 본다면 사리상즉설事理相卽說이기도 하고, 불성편만설佛性遍滿說이기도 하며, 초목과 국토의 성불成佛을 말하는 것도 되지만 명도는 하늘[天]이 사람[人]에게 명령한 것을 성이라는 이름으로 부르며 그 말을 만물에는 허용하지 않는 입장에서 불교의 불성편만설을 비판한다. 그러나 불성佛性의 성은 명도의 성이 아니라 이理에 해당한다. 양측의 어의語義를 고찰하여 그의 비판이 정당하지 않다는 것을 알아야 한다.

명도의 이기理氣의 관계는 『기신론起信論』의 이문二門에 해당하며 한층 더해서 진여眞如와 알라야식의 관계에 해당한다. 형이상形而上의 이理는 무위법無爲法인 진여이며, 형이하形而下의 기氣는 유위법有爲法인 알라야식이다. 그리고 하늘이 사람에게 명령한 성性은 알라야식에 해당한다고 볼 수 있다. "천하에 도道와 별도로 사물은 없고 사물과 별도로 도만 존재하지 않는다"라고 한 것은 의타기성依他起性인 만법萬法이 모두 원성실성圓成實性인 진여를 갖춘다는 말이며, 양자의 관계는 물과 파도와 같은 관계에 비유해야 한다. 명도가 기 즉 식識을 위주로 한 것은 유식설唯識說과 그 궤를 같이한다. 명도에게는 평등관平等觀의 측면이 갖춰져 있으며 동시에 기에 근거해 차별관差別觀을 설정한 경향이 있다. 명도는 결국 기일원론자氣一元論者라고 해야 하며, 이 점에서 명도의 우주론은 불교의 유식설과 같은 부류인 것이다.

명도의 우주론은 스스로 특색을 발휘하지만, 이천의 것은 주자周子를 계승하고 불로의 말을 사용하는데, "공허하고 광활하여 아무 조짐이 없으며 만물의 모습은 빽빽하다[沖漠無朕萬象森然]"라고 한 것은 무극태극無極太極의 설명이며, 그리고 태극과 만물의 관계를 설명할 때 불교의 말을 사용하여 "이理 하나가 만 갈래로 나뉜다[理一萬殊]"라고 하고, 양자의 일치를 형상해서 마찬가지로 불교의 말을 사용하여 "본체와 작용은 하나의 근원으로서 드러난 것과 은미한 것에는 아무런 틈이 없다[體用一源顯微無間]"라고 하며, 그리고 이理에 편중한 결과 "이理가 있으면 기氣가 있고, 기가 있으면 여럿이 있다[有理則有氣有氣則有數]"라고 한 것은 기가 이에서 나왔다는 듯한 의견을 흘린 것으로 보인다. 이와 같은 것은 철학적 이치나 사상이 풍부하다고 수긍하기가 어렵고 또 한편으로는 불교를 배격하면서 다른 한편으로 중요한 데서는 불교의 말을 그대로 차용한 것은 앞뒤가 안 맞다.

2. 성론性論

주자周子는 심心을 체용體用과 동정動靜으로 구분하고, 심체心體를 무사無思로 심용心用을 사통思通으로 삼으며, 정靜을 지정至正으로 동

動을 명달明達로, 그리고 정을 길吉한 것으로 동을 길흉회린吉凶悔吝의 근원으로 보며, 움직였지만 아직 형상화되지 않은 유무有無의 사이를 기幾라고 하면서 기에 선악善惡이 있다고 한다. 이것은 심을 동정의 양면으로 구분하고 사통명달思通明達을 내포하는 지정무사至正無思를 심의 본성이라고 하는 것이다. 다만 고요한[靜] 심체에 본래 갖추고 있는 명달의 작용[動]과 길흉회린의 근원인 움직임[動]의 동이同異에 대해서는 설명하고 있지 않다. 주자는 명달도 선악과 마찬가지로 움직임[動]이라고 하지만 명달을 움직임이라고 해야 하는지 아닌지는 문제가 된다. 만약 이것을 움직임이라고 하면 지정 즉 지극한 올바름에 근거해 나타나는 명달 속에 선악으로 전개될 기幾를 포함하게 된다. 이는 모순이다. 지정과 명달은 『역易』의 적연부동寂然不動, 감이수통感而遂通과 『중용中庸』의 성명誠明에서 얻은 것이며, 그리고 이렇게 조직한 것은 불교의 지관止觀, 적연寂然, 정혜定慧에서 암시를 받았음에 틀림없다. 다만, 불교는 동을 악惡의 근원으로 보지만 주자가 명달을 동으로 여긴 것은 『중용』의 "지성至誠이면 움직인다"라는 의미를 계승했기 때문일 것이다.

장자張子는 성性을 천지天地와 기질氣質의 두 가지로 나눔으로써 사람에게 선악이 있는 이유를 설명한다. 주자에게는 갖춰져 있지 않은 선악의 원인이 장자에 의해 설명되는 것이다. 아마도 『능엄경楞嚴經』 제4권의 본연本然과 화합和合이라는 두 가지 성 또는 제1권 이후에 여기저기 등장하는 성심性心과 연심緣心 등에서 탈바꿈한 것인가? 또 "성을 해치는 것은 기氣, 기를 해치는 것은 습習"이라고 하며 악惡의 근본을 습관[習熟] 때문으로 귀결시킨 것은 완전히 불교 전반에서 일반화된 무명망집설無明妄執說의 영향이다. 이 이성설二性說도 습관설[習熟說]도 이후 정주程朱에 의해서 그대로 조술祖述된다.

명도는 생生은 기품氣稟 즉 기氣를 부여받는 것이고 그 안에 깃든 이理는 성性이라고 한다. 그 성은 정靜이라고밖에는 말할 수 없고, 억지로 이름 붙이면 선善이라고 한다. 이 성에 근거해 말한다면 사람[人]과 사물[物]은 다를 바가 없다. 기품이란 성이 움직인 것이며 기품에 근거해서 말한다면 만물은 모두 동체同體이지만 분량分量이 다르기 때문에 정正이나 과불급過不及이 있다. 과불급을 악惡이라고 한다. 더욱이 바른[正] 선이 천리天理를 따르는 것일 뿐 아니라 과불급인 악도 천리 자연에 따르는 것이 된다면 본래 악은 없는 것이다. 희로애락喜怒哀樂도 성의 자연스러운 모습이다. 이를 끊는 것은 천진天眞을 얻는 것이 아니라 오히려 천진을 잃는 이유가 된다. 기품의 악은 공功을 들임으로써 그대로 본성의 선으로 돌아간다. 이때 악이 한쪽에 숨는 것도 아니고 선이 다른 데서 오는 것도 아니며, 악 자체가 선이 된다. 이를 두고 불호저不好底 즉 마땅하지 않은 성을 제거하고 호저好底 즉 마땅한 성을 배치한다고 말한다. 이는 유선무악설唯善無惡說 즉 오직 선뿐이고 악은 없다는 주장이며, 악의 체성體性 즉 그 자체의 본성은 전혀 없음[都無]이라고 하는 것이다. 그리고 악 그 자체가 선이 된다고 한 점은 번뇌가 곧 보리라는 번뇌즉보리煩惱卽菩提의 의미가 있다. 그리고 또 기품인 생에 과불급이 있고 정편正偏이 있는 이유는 예전의 습심習心에서 기인한 것이며 이 습심 때문에 사물[物]을 외적인 것으로 간주하고 외적인 것은 잘못이고 내적인 것은 옳다는 견해를 일으키고, 동일한 성에 대해 내외의 두 가지 근본으로 보며 그 사이에 사사로움[自私]

이 있고 지혜의 작용[用智]이 있기 때문에 정情에 가려지고 그 때문에 바른 길[所迹]에 호응하지 못하여 밝게 깨달아 자연스럽게 즉 명각자연明覺自然하게 되지 못한다는 설명은 불교가 무명無明 혹은 제7식에서 하나를 둘로 간주하고 내외로 구분하면서 나와 남[我他], 저것과 이것[彼此]의 차별이 있다고 말하는 것과 궤를 같이한다. 이와 같이 명도는 한편으로 이理에 근거해서 사람과 사물 사이에 증감이 없는 평등성을 인정하면서 더욱이 다른 한편으로는 일체중생의 불성佛性을 부정하며 기품에 근거해 사람과 사물 사이에, 사람과 사람 사이에 그리고 동일한 사람의 성 안에 차별을 설정하려고 힘쓴다. 이는 이론적으로는 초목성불설草木成佛說에 철저해야 할 운명을 지녔으면서 실제적으로는 결국 만물각별설萬物各別說에 그친 것이다. 불교에서 본다면 화엄華嚴의 일심법계설一心法界說과 유식唯識의 오성각별설五性各別說의 양면을 아울러 가지고 있다고 해야 할 것이다. 그런데 그 차별설은 아마 유교의 본의本義대로 윤상倫常을 설정할 필요에서 발생한 것이고 사상의 근저에는 평등설이 가로놓여 있다. 그렇다면 사람과 천지 사이에 있는 만물은 흐름을 같이한다. "하늘이 어느 때 이것은 사람이고 이것은 사물이라고 분별해 내어 놓는다"라고 말한 것처럼 일원一元적인 동경심을 표명한다. 이 점에서 명도의 성론性論은 우주론과 다르며, 차라리 『기신론起信論』적 일원론의 경향이 강하다고 해야 한다. 그리고 하나이며 정靜하고 선한 이理 즉 성이 어떻게 해서 움직이는지 그 이유는 불교에 대한 비판임과 동시에 명도에 대해서도 주어지는 것이다.

이천은 명도에게서는 아직 분명하게 분별되지 않은 이기理氣를 분별하고, 이기의 관계에 대해서 "둘로 보면 옳지 않다[二之則不是]"라고 하며, "심心은 본래 선善하지만 발동하면 선악善惡이 된다. 발동할 때에는 이를 정情이라고 하며 심이라고 하지 않는다"라고 하여 성性은 오직 선하고 정에는 선악의 차별이 있다고 하며, 성의 선이란 희로애락이 아직 발동하지 않은 것이라고 해석하고, 정의 선악은 발동해서 절도에 알맞으면 선이고 절도에 알맞지 않으면 악惡이라고 해석한다. 이에 이르러 성정性情의 관계는 한층 명료해졌지만 그러나 어떻게 해서 정에 청탁淸濁이나 선악이 있는지 그 이유는 설명하고 있지 않다. 만약 이 기氣를 불교의 알라야식에 비교한다면 불교가 알라야식 속에 무한의 세력[種子]을 본래 갖고 있다고 한 것과 마찬가지로 기 속에 청탁을 아울러 갖고 있다고 하고 더욱이 한발 더 나아가 아울러 갖고 있는 이유를 설명할 필요가 있다고 생각한다.

주자朱子가 심체心體를 본연성本然性이며 천리天理라고, 심용心用을 기질성氣質性이며 천기天氣라고 하며, 정情은 성性의 발동인 경우 본래 단지 선善할 뿐이라 하고, 나아가 성정性情의 사이에 상자상의相資相依의 관계가 있다는 것을 물[水]과 그릇[器]의 관계와 같다고 한 것은 완전히 장정張程을 계승한 것이다. 동정動靜의 관계를 물과 그릇에 비유한 것은 불교의 물과 파도[波]의 비유를 변경한 것이지만 물과 그릇은 심心과 신身에 비유해야 하며 성과 정에 비유한 것은 적절하지 않을 것이다. 또한 기氣의 정편正偏으로써 사람[人]과 사물[物]을 구별하고, 지각知覺 운동상에서도 사람과 사물은 달라지게 된다고 하며, 인의예악仁義禮樂의 품수稟受가 사람은 완전하고 사물은 완전하지 않다는 점에서 사람과 사물의 구별이 있고, 나아가 사람 중에서 천리에 따르느냐 인욕人欲에 따르느냐에 따라 성인聖人과 범인凡人으로 구별된다고 이해한다. 점점 더 명료해졌기는 하지만 성이 움직이는 이유와 움직인 기에 차별상差別相이 발생한 이유는 여전히 불분명하다.

부록: 담영曇潁과 왕안석王安石

성론性論은 당시 내외에서 이론적으로나 실제적으로나 큰 문제였다. 이것은 우주론의 예비적인 관지觀智이고, 실제론은 이로부터 추론된 실제 수행법으로서 그 중심은 성론이다. 성론이 이렇게까지 교학계教學界의 중심 문제가 된 것은 중당 이후 조야朝野에 보급된 선가禪家의 직지인심直指人心, 견성성불見性成佛의 영향이다. 외부로 향하던 학계의 눈이 전환해서 내부로 향하여 의심할 여지 없는 직접적인 마음[心]으로부터 출발해서 여기서 일체의 문제를 해결할 열쇠를 얻는다는 것은 큰 진보라고 하지 않을 수 없다. 범아일여梵我一如를 고조시킨 인도사상에서 보자면 한편으로는 새로울 것이 없다고 할 수 있지만, 그러나 다른 한편으로 각 시대마다 각 사람들에게는 생생한 날마다 새로워지는 문제가 된다. 송학宋學이 이전 시대에는 들어 보지 못했던 심원深遠한 것이 되고 게다가 그 이론이 생명을 갖기에 이른 것은 전적으로 성性을 내관內觀한 데 따른 결과라고 해야 한다.

성론性論에 대해 주장양정周張兩程 네 사람 외에 많은 학설이 있지만 그중에 여기서 구양수의 선배인 달관담영, 그리고 정명도의 공적公敵으로서 명도보다 1년 뒤에 사망한 왕안석 등 두 사람을 거론해 볼 수 있다.

담영은 임제종臨濟宗에 속하며, 서사書史를 보지 않고도 사장詞章은 더욱 아려雅麗하여 하송夏竦(985~1051), 왕서王曙(?~1034), 구양수 등에게서 스승의 예禮를 받은 사람으로서 일찍이 『성변性辯』을 지어 "오늘날 옛 성현聖賢의 성性을 논하는 사람은 오직 정情만 알았을 뿐이다. 만약 이理를 궁구하려면 성을 다 밝혀야 한다. 어떻게 하는가? 삼재三才와 만물萬物 모두의 성을 알면 된다. 하늘[天]의 성은 올라가고, 땅[地]의 성은 내려간다. 쇠[金]는 새기고, 물[水]은 적시며, 나무[木]는 곧고, 불[火]은 뜨겁고, 흙[土]은 두텁다. 이것이 오행五行의 성이다. 이를 종합하고 정밀하게 관찰한다면 만물의 성이 환하게 보일 것이다"라고 말한 것은 이론적으로는 우주만상을 하나의 여래장심如來藏心으로 보고 차별을 망정妄情으로 보는 화엄華嚴의 성기설性起說이고, 실제적으로는 궁리窮理를 통해서는 이 성을 관찰할 수 없으며 이지理智를 버리고 차별을 없앤 곳으로 깨달아 들어가야 한다는 선禪의 도리멸진道理滅盡이다. 유자儒者는 성이 움직인 정에도 다시 성의 말을 적용하지만 불교자佛教者는 누구든 성의 말을 제한적으로 사용한다는 점에서 유불 간에 이론적 차이가 있다. 또 송유가 모두 궁리에서 진성盡性해야 한다고 한 데 반해 궁리를 배척한 점에 선가禪家의 특색이 있다. 성정性情의 관계에 대해 "음양陰陽이 교차하여 발생하고, 변화해서 움직인 것은 정이 된다"라고 말하며, "정의식情意識은 모두 성에 기반한다"라고 말한다. 그 정을 성이 움직인 것으로 본 점은 내외內外 즉 유불이 일치하지만 이를 미망迷妄으로 보는 점은 유불 간에 서로 차이가 있다. 미망으로 봄으로써 실제론實際論에서는 불교자는 모두 이 정을 억제해야 한다고 보고, 유자는 이를 억제하는 것이 천연天然에 위반한다고 말한다. "대성인大聖人이라는 사람은 성을 결정하고 바깥의 유혹[外

惑]에 당하지 않고 정 때문에 휘둘리지 않으며 성으로 정을 제어하면 된다. 나의 가르침에서는 이를 정각자正覺者라고 한다"라고 한 점에서 유불의 이상적 경지가 일치한다는 것을 인정하더라도, "『역易』은 오직 궁리진성窮理盡性의 말씀을 알 뿐 아직 예부터 지금에 이르는 도道를 보지 못한다"라고 한 점에서 그 도가 아직 보편 상주普遍常住하지 못한 것임을 갈파하고 있다. 이와 같이 유자는 정을 절도에 맞추기를 기대하지만 불자佛者는 정을 억제해서 성이 현현하기를 기대한다. 불자는 초월적인 이상적 경지에서 소요하기를 기대하며, 유자는 인간 세상 일반에서 도가 두루 통하기를 기대한다. 유자는 선악의 대립 속을 왕래하며, 불자는 선악의 대립을 초월하려고 한다.

왕안석은 위정자爲政者로서는 상당히 비난을 많이 받은 사람이지만 사상적으로는 살펴볼 것이 있다. 스스로 유교도라고 크게 표방했지만 불교에서 얻은 바도 있는데 『금강경金剛經』의 의미를 개괄하여 "이理는 불가득不可得에서 엿보이고, 성性은 무소주無所住에서 다한다"라고 하며, 우언寓言으로

본래 사물은 없다 함이 사람을 의심케 하니	本來無物使人疑
도리어 참선한다면서 어리석음 자초하고	却爲參禪買得癡
무생물이 가능하다는 설법을 듣고는 깨닫는다며	聞道無情能說法
종일토록 벽을 맞댄 채 허망하게 찾고 있네	面墻終日妄尋思

라고 말하며, 달본達本 즉 근본에 대한 이해 또는 『유마경維摩經』을 읽은 감상을 시詩로 표현하고, 선승禪僧과 교류한 사적事跡이 있거나 상호 간에 시문時文으로 말했으며, 특히 『능엄경楞嚴經』에 주석註釋한

사실처럼 불교와의 연관이 매우 많다. 『원성原性』에서 한韓, 맹孟, 순荀, 양楊 등 네 사람을 비평하는데, 한자韓子(한퇴지)에 대해서는 오상五常을 성이라고 한다면 성에 악惡을 인정하는 것이라고 비난하며, 맹자와 순자荀子에 대해서는 성에서 발생한 정情이 있은 뒤 선악善惡이 있으며 성에서 선악을 말할 수는 없다고 비난하고, 양자楊子(양주)에 대해서는 비슷하다고 말하며, 이를 총평하면서 한맹순韓孟荀 세 사람의 성이란 것은 정이고 습習이며 양자도 오히려 습을 성이라고 말하는 데서 벗어나지 않는다고 말하고, 인의仁義라는 것은 정의 선善에 이름 붙인 것이며 불인불의不仁不義는 정의 불선不善에 이름 붙인 것과 다르지 않다면 선악은 정이 있은 뒤에 형태가 있으므로 정으로 이루어진 이름일 뿐이라고 말하며, 자신은 오상보다 위에 성을 배치하고 이것은 비선비악非善非惡 즉 선도 아니고 악도 아닌 항상한[常] 것이라고 한다. 예전 학자들의 성은 정과 다르지 않다고 한 것은 담영曇潁과 같은 의견이다. 나아가 성정性情의 관계에 대해 "성과 정은 하나다. 성은 선하고 정은 악하다는 말은 명칭[名]은 알아도 실질[實]은 알지 못할 뿐이다. 성은 정의 근본[本]이고, 정은 성의 작용[用]이다. 칠정七情은 태어나면서부터 있는 것이고 사물[物]에 접촉해야 작동하는[動] 것일 뿐이다. 작동해서[動] 이理에 들어맞으면 성현聖賢이라고 하며 이에 맞지 않으면 소인小人이라고 한다. 정이 외부로 발동해서 외부의 사물[外物]에 얽매여 결국 악이 되는 것을 볼 때 정은 악이며 성을 해친다고 할 수도 있지만, 마찬가지로 외부로 발동해서 외물外物에 감응하여 선해지는 것이 있음을 살펴야 한다. 군자君子는 성을 길러서 선해지므로 정도 선해지고, 소인은 성을 길러 악이 되므로 정도 악이 된다. 군자인 이유도 정 때문이고 소인인 이유도 정 때문이다. 성은 선하고 정은 악하다는 말은 성을 군자에게서 찾고 정은 소인에게서 찾는 것일 뿐이다. 만약 정을 없앤다면 성이 선하다는 것은 그 자체로 분명하다. 정이 없음을 선이라고 한다면, 목석木石도 역시 존귀한 것이란 말인가? 성정이 서로 돕는 것[相待]은 활과 화살이 서로 도와서[相待] 작동하는 것과 같다"라고 논하는데, 선악을 알맞음[中]과 알맞지 않음[不中]이라고 하며 한 걸음 더 나아가 성도 악해진다고 말한다. 성정 관계론은 상당히 명석하며, 무엇보다 정을 살려 냈을 뿐만 아니라 선악의 차별을 성 중에 내포한 칠정 간의 조화와 부조화에서 찾은 것은 정명도의 학설과 부합한다. 왕안석은 성의 근원에 관해서는 기존의 유자儒者를 비평하며, 성정의 관계에 관해서는 불교자를 비평하고, 자신은 불교자 위에 선 새로운 유자 즉 신유新儒라고 자임한다. 그의 주장은 천태天台의 일념삼천설一念三千說 또는 유식종唯識宗의 심식설心識說 등과 유사한 곳도 있고, 그가 말한 성은 불교의 심식心識에 해당한다. 천태에는 성악부단性惡不斷 즉 본성의 악이 끊어지지 않는다는 설명이 있으며, 성 속에 악이 되어 나타나는 기세氣勢를 내포한다고도 말하지만, 그러나 불교에서 단순히 성이라고 할 때는 이성理性 또는 본성本性을 말하며, 선악의 범주 안에서 논하는 일은 없고, 부득이하게 말을 할 때는 선을 항상하다고 보고 그것을 근저로 해서 성불成佛을 개현開顯 즉 부처가 되는 길을 열어 보이는 것이다. 왕안석의 주장은 주관적으로 성을 선악이 아직 나뉘지 않은 수동적인 것으로 보고 선악을 후천적인 데서 찾는 심성백지설心性白紙說로 보는 것이 적당할 것 같다. 어찌 됐든 그의 성설性說은 많은 유자들과 비교해도 전혀 손색이 없을 뿐 아니라 일보 전진한 것으로 보인다. 이 성설은 불교에서 얻은 새로운 지식으로부터 온 것이다.

3. 실제론實際論

주자周子(주렴계)는 무욕無欲과 신동愼動과 주정主靜을 통해 불선不善의 움직임[動]을 돌이켜 무망無妄의 영역으로 들어가기를 기대한다. 이 영역을 일컬어 성誠이라고 한다. 성에는 지정至正과 명달明達의 양면이 있다. 지정이란 적연부동寂然不動을 말하며 성의 본체[體]가 되고, 명달이란 감이수통感而遂通을 말하며 성의 작용[用]이 된다. 주자의 이상적인 인격인 성현聖賢이란 현賢은 성誠이 이뤄진 사람이고 성聖은 성誠이 확립되고 게다가 명달한 사람이다. 성의 확립[誠立]이란 돌이켜서 지킨다[復焉執焉]는 말이고, 명달이란 본성 그대로 편안하다[性焉安焉]는 말이다. 그렇다면 현자賢者의 심경心境은 본성으로 복귀했더라도 아직 정靜을 지키고 있어야 한다. 성자聖者의 심경은 본성 그대로 행동거지가 편안하며 게다가 올바름[正]에 계합한다. 혹은 성聖을 해석해서 성誠, 신神, 기幾라고도 한다. 성誠이란 무사無思(사려분별이 없음)라는 말이고, 신神이란 무불통無不通(통하지 않음이 없음)이라는 말이며, 기幾란 움직이지만 아직 형태가 나타나지 않은 유무有無의 사이를 말한다. 이와 같이 주자가 기대하는 것은 단순한 적정寂靜의 영역이 아니고, 적정 중에 활동적인 기를 포함하고 있다는 것을 알 수 있다. 주자의 주정은 송유에 일관적인 입도문호入道門戶 즉 도道에 들어가는 문호門戶이고, 복성復性은 수도修道의 목적이다. 이는 『노자老子』에서 무위無爲로 복귀한다는 사상과 『역易』의 적연寂然 및 감통感通, 『중용中庸』의 성誠과 명明, 『맹자孟子』의 성자性者와 반지反之사상을 조화한 것이고, 이 조화는 선정禪定 체험에서 얻은 것이며, 아마 이 학설이 등장한 것은 당나라 이고의 『복성서復性書』가 큰 영향을 끼쳤을 것이다.

장자張子(장횡거) 학설의 요체는 지례知禮와 성성成性이다. 지례로 습관의 속박을 풀어서 기질성氣質性을 변화시켜 천지성天地性을 실현하는 것이 성성이다. "기氣에 의해 성性이 피해를 당하고, 습習에 의해 기가 피해를 당한다"라고 하므로 도道에 입문하는 제1의 요체는 예禮를 통해 선악善惡의 습을 벗어나는 데 있다. 습을 벗어난다면 궁리窮理의 명明과 진성盡性의 성誠이 얻어지므로 넓게 혹은 좁게 어느 한쪽으로 치우친 기를 극복하고 본래의 성性 그대로가 된다. 성性은 허虛한 것 즉 비어 있는 것이므로 성 그대로가 된다는 것은 "무형무감無形無感(형태도 감응도 없음)과 객형객감客形客感(대상이 형상화하고 대상에 대해 감응함)이 합일"한 경지, "천도天道와 하나가 된" 경지, "크게, 성을 완성하고 그 큼[大]이 천지에 막히지 않는" 경지다. 이와 같이 "성과 천도天道를 합일해서 대소大小의 구별을 보지 않게 되면 생生으로 얻는 것이 없고 죽음[死]으로 잃는 것이 없음을 알게 됨"으로써 생사일여生死一如 즉 생사가 하나이게 된다. 이 경지에 이르면 신화神化(신기한 변화)가 자재하게 발현하고 저절로 얻어져 사물에 감응하므로 모두 중정中正에 계합한다. 이와 같이 장자 학설의 요체는 예를 문호門戶로 삼고, 허를 당오堂奧로 삼으며, 신화가 발현한다는 것이다. 예와 허와 신화란 장자의 체계에서 3대 요점이며 그중에서 허가 중추다. 예는 허에 들어가기 위한 예비적 방편이고, 신화는 허에서 자연히 발로하는 나중에 이뤄지는 좋은 기능이다. 장자의 이상적 인격인 성聖은 지성至誠으로 천지성[天]을 얻은 인仁과 성명性命을 아는 지智를 합일하며, "크게 잘 성性을 완성하고 천하의 단 하나의 사물도 내가 아님이 없음을 보는" 사람이 된다면 제약 없이[無方] 변화가 자재한 신화의 덕德은 저절로 드러난다. 장자의 예에 관해 정程씨 문하에서 "예를 너무 중시한 결과 제자가 없다"라고 비평하기도 하지만, 그러나 이것은 불교의 계율戒律에 해당하며, 명도의 의이방외義以方外(의로써 바깥을 바르게 함)와 이천의 정제엄숙整齊嚴肅(몸과 마음을 가지런하고 엄숙히 함)이라는 정좌靜坐와 명칭만 다를 뿐이다. 신화는 정말로 장자가 힘써 말한 것으로 주자朱子도 "이 두 글자는 정자에게도 있지만 분명하지는 않고, 횡거만 분명하다"라고 칭찬한다. 이와 같이 유자儒者는 신화를 말하는데, 이는 유자가 불교보다 한 수 위라고 자랑하는 점이지만, 보살菩薩의 대원대행大願大行을 잠깐이라도 살펴본다면 이 비평은 결코 나오지 못할 것이다. 장자의 체계는 전체적으로 유불을 대규모로 종합한 것으로서 『역易』의 음양陰陽, 신화神化, 궁리窮理, 진성盡性, 명命이나 『노자老子』의 태허太虛, 충화沖和 그리고 『논어論語』의 충서忠恕, 인仁, 예禮나 『중용中庸』의 지성至誠, 성명誠明, 솔성率性, 천명天命 및 『순자荀子』의 기질氣質의 성性이나 불교의 본연성本然性, 화합성和合性, 습관에 얽매임[習熟纏繞], 무아無我, 거망去妄, 섬세한 악惡을 반드시 제거해야 한다[必除纖惡]는 사상 등을 모두 종횡으로 섞어서 하나의 커다란 조직을 완성한 것이며, 조직적인 점에서 본다면 송유 중에서 첫 번째라고 해야 할 것이다.

명도의 존심양성법存心養性法(마음을 보존하고 성을 기르는 방법)은 의

義로써 바깥을 바르게 한다는 의이방외義以方外와 경敬으로써 안을 바르게 한다는 경이직내敬以直內의 내외內外 두 방면에서 진행하는 것이며, 순서를 따지자면 우선 자신의 바깥을 바르게 하고 그다음 자신의 안을 바르게 하도록 진행하는 것이다. 이 의방義方과 경직敬直의 목적은 정성定性의 영역에 들어감으로써 인仁을 인식[識]하는 데 있다. 존양存養에 뜻이 있는 사람은 대부분 "내외를 두 가지 다른 근본으로 보고, 안[內]으로는 자연히 사사로움이 있으며, 외부 사물에 얽매이기 때문에 도리어 외부 사물을 끊지 못하고 계속되면서 정성의 영역에 들어갈 수 없는데", 만약 "성性에 내외가 없고 천天과 인人이 둘이 아님"을 알며, "내외를 아울러 잊고 완연히 움직이지 않은[不動] 즉 지성至誠의 영역에 들어가 바깥에서 오는 것[外來]에 순응한다면 정情이 있어도 정이 없고, 정靜에서는 물론이고 동動에서도 또 확정되는" 그런 영역에 들어갈 수 있다. 성이 확정되면 여기에 명明이 있고 그래서 일체의 얽매임[累]을 벗는다. 명이란 공허한 궁리窮理를 말하는 것이 아니다. "천지天地의 성덕性德이 인仁"이고, "천명天命을 받은 심성心性도 인을 본체[體]로 삼고 의를 작용[用]으로 하며", 그 때문에 "인만이 오로지 천지에 통하고 내외를 합하는" 계기가 된다는 것을 체득함으로써 완연히 부동不動한 근저에서 감이수통感而遂通의 대용大用이 저절로 발로하는 데 이름 붙인 것이다. 그 때문에 "이理를 궁구한다면 성명性命도 깨닫게 된다"라는 것이다. 그렇다면 명도의 존양법存養法은 의義에서 시작해 성誠과 경敬으로써 정성하고, 인을 인식하는 것[識仁]을 구극으로 삼는 것이며, 그중에서 중심이 되는 것은 경이라는 한 글자다. 수도修道의 요점을 주자는 무욕無欲으로 보았고, 장자는 예禮, 명도는 경

敬으로 본 것이다. 이 경은 이천이 크게 부연하고 확대 설명해서 후대의 학자들은 경 한 글자를 이천에게 양보하며, 명도에게는 정靜이라는 글자를 점찍어 주지만 그러나 경은 명도에게도 중대한 것이다. 이 외의外義와 내경內敬은 혹시 승원僧院의 청규淸規에 따르는 생활에서 발명한 내용에 유전儒典의 문자를 적용한 것일까? 존양법인 의방, 경직, 식인識仁의 세 가지는 자연스레 불교의 계정혜戒定慧 삼학三學과 합치하는 점이 있다는 것도 우연이 아니다. "성性에 내외가 없고 천인天人도 둘이 아니다"라고 한 것은 『화엄華嚴』의 심心, 불佛, 중생衆生 셋의 평등과 합치하는 점이 있고, 심의 명이 나타날 때는 "가로막고 검사할 필요가 없고, 끝까지 찾을 필요도 없다[不須防檢不須窮索]"라고 한 것은 억제해도 소용 없고 궁리해도 소용 없음을 말하는 것으로서 선가禪家의 "버드나무는 푸르고 꽃은 붉으며, 문자를 내세우지 않는다[柳綠花紅不立文字]"와 통하는 점이 있으며, 특히 "내외를 아울러 잊으면 동정動靜이 더불어 정성한다"라고 한 것은 『능엄楞嚴』의 "동과 정 두 가지 모습은 다 끝나 버려서 발생하지 않는다[動靜二相了然不生]"에서 탈피한 듯한 느낌이 있다. 명도는 일찍이 『화엄합론華嚴合論』을 읽고 "『화엄경』의 광명光明의 변현變現은 성인聖人의 일심一心의 명을 표시한 것"임을 깨달았다고 하며, 정림사定林寺에서 승의僧儀(승려의 예절)가 엄숙한 것을 보고 "삼대三代의 예악이 이 안에 있다"라고 탄식한 일이 있고, 따라서 조직적인 면에서나 언어적인 면에서 불교와 상통하는 점이 있는 것은 오히려 당연하다고 해야 한다.

이천의 실제론實際論인 학지설學知說에 이르면 한층 불교화되었음에도 불구하고 동시에 유교의 입지를 잃지 않으려는 노력이 나타난다. 이천은 의방義方을 정제엄숙整齊嚴肅이라는 정좌靜坐로 대체하고 이를 통해 과욕寡欲하기를 기대하며, 경직敬直은 그대로 사용해서 용경用敬이라 하고, 경敬에 대해 주일무적主一無適(하나에 집중하며 옮겨 다니지 않음)이라고 해석하고 이를 통해 자기의 마음[己心]을 다하기를[盡] 기대하며, 식인識仁을 치지致知(앎을 지극히 함)로 대체하면서 “바깥 사물[外物]과 성性 안의 사물[物]에 구애받지 않고 두루 만물을 추구하여 일[事] 가운데서 이理에 이르러 사람을 다하고[盡], 사물[物]을 다하기[盡]”를 기대한다. 이천은 불교 및 『장자莊子』에 따라 심心을 명경지수明鏡止水에 비유한다. 자기의 마음[己心]을 다하는 것은 혼탁을 제거하기 위해서이며, 혼탁이 없는 마음[心]이 움직이는 곳에서 천지의 마음[心]을 봄으로써 사람[人]을 다하고 사물[物]을 다할 수 있다. 사람을 다하고 사물을 다하면, 물욕物欲을 떨쳐 낼 수 있다. 이와 같이 방법은 정좌에서 시작해서 학지學知(배워서 알아 감)에서 끝나며, 목적은 과욕 즉 욕심을 줄이는 것에서 시작해서 이욕離欲 즉 욕심을 떨쳐 버리는 것으로 끝난다. 이욕함으로써 기氣에 청탁淸濁이 없고 선善에 이르러 본래의 성으로 복귀할 수 있다. 정좌라고 하거나 주일무적이라고 하거나 명경지수나 사리事理라고 하거나 이욕이라고 하거나 복성復性이라고 한 것은 완연히 불교이며 그 중심은 주일무적이라는 선정禪定에 있다. 정제整齊와 주일主一과 치지致知란 완연히 불교의 계정혜戒定慧다. 더욱이 생지生知와 학지學知의 대립은 불교의 근본지根本智와 후득지後得智, 또 본유불성本有佛性과 수득불성修得佛性 등에 상통하는 점이 있다. 그렇지만 『대학大學』의 격물치지格物致知와 『맹자孟子』의 과욕寡欲, 진기심盡己心, 진인진물盡人盡物 사상을 활용하면서 수도修道

의 최후를 치지에 둔 것은 입각지인 유교를 떠나지 않으려는 노력이며, 명도가 궁리窮理를 배척한 것과 반대 방향으로 나아간 것이다. 하물며 심의 본성을 이理라고 한 것은 그렇다 치더라도 천天도 이라 하고 수도의 목적이 두루 만물의 이를 찾는 데 있다고 한 것은 유교를 공허한 학문으로 이끈 시작이 되었던 것으로 보인다.

주자朱子의 실제론實際論은 거의 이천을 그대로 조술한 것으로 거경居敬과 궁리窮理의 두 가지로 되어 있고, 거기에 주일무적과 격물치지를 배당한 것은 완전히 이천과 같으며, 더욱이 거경에 정좌靜坐와 성찰省察을 구분 지은 것도 이천을 계승한 것이다. 주자는 또 거경궁리居敬窮理에 『중용中庸』의 존덕성尊德性과 도문학道問學을 배치하는데 이것은 그렇다 치더라도 거경에 『맹자孟子』의 존심양성存心養性을 배치해서 이를 수행[行]으로 삼음으로써 격물치지格物致知의 지知와 대비시켜 선지후행先知後行 즉 먼저 알고 난 다음에 수행한다고 한 것은 혼잡한 것 같다. 순서는 주일무적의 거경에서 격물치지의 궁리로 진행하며, 나아가 궁리라는 진심지성盡心知性으로부터 존심양성이라는 실천적인 일에 이르게 되는 것이다. 이理에서 조작하는 것은 지智, 사事를 이행하는 것은 인仁이므로 인은 최후의 구극적인 것이 아닐 리가 없다. 주자는 이천이 이理에 치우친 이후를 계승해서 한층 이에 치우치며, 인을 이라 하고 태극太極도 이라고 한 것처럼 일체를 이로 만드는 경향이 있다. 이에 이르면 아마도 이장理障(이에 가로막힘)의 폐해 즉 학문적 추구에만 빠졌다고 보아야 할 것이다.

주장이정周張二程 네 사람의 특색을 개괄하자면, 주자는 정靜 한 글자, 장자는 예禮, 명도는 경敬, 이천은 지知 한 글자로 귀속한다고 할 수 있다. 주자의 정은 단순히 소극적인 것이 아니라 동動을 내용으로 하지만, 이론적으로든 실제적으로든 정이 중심이라는 것을 알아야 한다. 장자의 경우는 예에 멈추는 것이 아니다. 그로부터 허虛로 들어가 신화神化가 나타나는 것이다. 그렇다면 장자의 인격人格은 예가 구상화具象化된 것처럼 개인적 덕德이 높은 사람이 되는 것과 같다. 명도의 경우도 경에 그치는 것이 아니라 그로부터 성誠을 얻어 인仁을 체득하는 것을 구극으로 삼는다. 그리고 명도의 공적은 움직이기라도 하면 바깥으로 치닫기 쉬운 예에 대신해서 내심內心을 주로 한 경을 내세운 점이다. 명도는 아무래도 경건하며 인덕仁德이 있고 말과 행동이 자연스레 남을 감화하는 인격을 설정하게 된다. 이천이 이 경을 활용해서 그 후 학자들의 수도修道의 요목要目으로 삼은 일은 명백하지만, 구경究竟의 목적은 치지致知가 된다. 이미 지를 목적으로 삼았으므로 명도와 비교한다면 상당히 그 방향을 달리하며, 이 사상이 자연히 생활상에서도 나타나 원만하지 못한 일이 많으며, 더구나 엄숙한 정좌靜坐를 엄격히 실행하는 곳에서 더욱더 많은 충돌이 발생하게 된다. 명도를 봄바람[春風]에 비유한다면 이천은 가을의 차가운 서리[秋霜]와 같은 느낌이 있다. 그래서 이천이 사망하기도 전에 제자들이 대부분 흩어져 버린다. 주자朱子는 이지적理智的인 점에서 바로 이천을 계승하며 더욱더 치지 쪽으로 나아가지만, 이와 반대로 육자陸子(육상산)는 명도를 계승하며 오히려 치지와 반대 방면으로 나아가 일심一心의 성명誠明을 기대한다. 이러한 특색은 그대로 강남과 강북의 학풍의 차이가 된다. 주자는 강남파의 선조이며 무無에 입각해서 관심觀心을 주로 삼는다. 장자는 강북파의 선조로서 유有에 입각하며 교상敎相을 주로 삼는다.

교상과 관심 즉 이론과 실제는 주장周張 두 사람에게서 이미 완성되었다고 할 수 있다. 이정은 강북의 학자였을 뿐 아니라 장자와 인연이 많아서 스스로도 유에 입각한다. 그중에 명도는 관심 쪽에 장점이 있고, 이천은 교상에 장점이 있어서 서로 다르지만 모두 강북에서 태어났기 때문에 주자周子보다도 장자와 더 잘 어우러진다. 주자朱子는 육자와 함께 강남의 학자이지만 정자를 조술했기 때문에 그 학풍은 강북파에 속하며 유에 입각하고 교상을 주로 하지만, 이와 반대로 육자는 바로 강남의 특색을 발휘하여 무에 입각하며 관심을 주로 한다. 이 대립은 어느 시대에나 있는 두 가지 계통이지만, 송유 육자六子를 이 두 가지 계통으로 분류할 때는 하나는 주자周子에서 명도를 지나 육자로 전해지고, 다른 것은 장자로부터 이천을 거쳐 주자朱子로 전해진다고 보아야 한다. 이 전통에 강남과 강북을 뒤섞으면 사자師資의 관계로부터 저절로 이러한 차이를 드러내게 되는 것이다.

4. 불교의 불성론佛性論

유교의 궁리진성窮理盡性은 이상理想으로 삼는 성현聖賢의 영역에 들기 위한 근본 조건이며, 그리고 어떤 사람도 성현이 될 수 있다는 보증은 성론性論에 의해 결정되는 것이다. 만약 성현이 수양을 통해서만 될 수 있다고 한다면, 될 수 있는가 없는가는 우연에 지나지 않는 일이 되지만, 수양의 근저로서 보편 상주하는 성性을 인정함으로써 비로소 필연이 된다. 위를 향한 동경심은 성의 충동에 의해 솟구치므로 실제 수양에 의해 도달하는 성현의 영역은 사실 선천적인 고유한 성의 실현에 지나지 않게 된다. 더욱이 이 성이 보편 상주한다면 언제 어디서든 누구라도 성현이 된다는 필연을 갖추게 된다. 유교의 성론은 마침 불교의 불성론佛性論에 해당하며 똑같이 보편 상주라고 말하지만 그 범위상의 차이가 있다. 불교에서는 이론상으로 이를 만유萬有에 보편하다고 할 뿐만 아니라 실제상으로도 보편을 말하지만, 유교에서는 이론상으로 보편을 말하고 있음에도 불구하고 실제상으로는 인간에 국한하며 따라서 성의 의미가 약간 애매해지는 결과를 수반하게 된 것 같다.

여기서 불교의 불성론을 일부라도 부기할 필요가 있는 것 같다. 불성佛性에는 성득性得과 수득修得의 두 가지가 있다. 성득은 선천적인 고유한 것, 수득은 후천적인 새로 발생한 것이라고 한다면 하나는 상주常住하고 다른 것은 부정不定 즉 일정하지 않다. 소승교小乘敎에서는 인심人心을 백지와 같다고 하며 선善도 악惡도 모두 실제 수행을 통해 새로 발생한다고 함으로써 필경 주관主觀이 완전히 무력無力해지는 것과 마찬가지의 결과가 된다. 즉 불성은 수득에 한정되며 그 근저는 없다. 한 걸음 나아가 대승大乘의 문에 들어서면 우선 인류를 다섯 종류[五種]로 분류하고 있다. 즉 선천적으로 오종五種의 차이가 있고 그 운명이 자연히 결정된다고 하는 것이다. 이 설명에 따르면 불성은 유有, 무無, 부정이 되며 이는 주관에 일부 힘을 인정하는 데 지나지 않지만 앞의 주관무력설主觀無力說보다는 진전한 것이다. 그러나 이 힘이라는 것도 그 본원을 거슬러 가 보면 숙세宿世에서의 실제 수행에 의해 솟구친 것을 심식心識에 내포하고 있는 데 지나지 않는다. 대승불교의 불성관佛性觀에는 대략 4종이 있는 것으로 보인다. 제1은 주관전력설主觀全力說이며 마침 주관전무력설主觀全無力說과 정반대로 나아간 것이다. 즉 모든 존재[諸法]의 성性은 일정하고 고요하며 움직임이 없는 것[定靜不動]이며, 일체의 차별상差別相을 없앤 곳에서 드러나는 언망려절言亡慮絶 즉 언어가 사라지고 분별이 끊어진 것이므로 텅 비고 형상이 없어서 규정할 수 없다[空無相不可得]는 말처럼 밖으로 표현할 말이 없어서 사람은 오직 직접 관조觀照함으로써만 이를 체득할 수 있고, 궁리窮理를 통해서 얻을 수는 없다고 한다. 법성法性은 곧 심성心性과 다르지 않다. 이 심성만을 실재實在한다고 하는 유심唯心의 입장에 서 있는 것이다. 이 입장에 서 있는 대승은 내외의 법상法相을 끝까지 타파하면서 더 이상 타파할 것이 없어야 멈추며, 모두 타파한 곳에서 심성을 발휘시키고자 한다. 이는 곧 불성을 내재적인 것, 불변不變의 상주하는 것으로 보는 것이다. 제2는 완전히 부정한 법法에 대해 새로운 의의로 이를 부활시키는 상대적이고 개인적인 유심론唯心論이다. 이 설명에서는 내외의 일체를 알라야식이라고 하면서 식識이라는 하나의 근원으로써 일체를 설명한다. 그 식은 한편으로는 내심內心으로 나타나고 다른 한편으로는 외법外法으로 나타나므로 우리가 심이나 법으로 구별하는 것도 사실은 똑같은 알라야식이며 본질상에서 다른 것이 아니다. 그리고 사람이 성현聖賢이 되는 것은 식 가운데의 선천적인 고유한 무루無漏의 종자種子가 발현해서이지만, 또 실제 수행에 의해 새로 생겨나는 종자를 기다려야만 한다. 이는 곧 불성을 내외 양면으로 인정하는 것이므로 주객主客 양쪽의 힘을 아울러 인정하게 된다. 제3은, 전자 즉 앞의 제2가 주객의 대립을 인정한 데서 한 걸음 나아가 주객을 초월한 절대주관을 설정하는 절대적이고 개인적인 유심론이 된다. 이를 식상識相에 입각한 것이라고 한다면 이것 즉 제3의 것은 식성識性에 입각한 것이다. 전자의 경우는 식 외에 식을 관통하며 통일하는 이理를 설정하며 생멸변화를 식에, 불생不生과 불멸不滅, 부동不動, 불변不變을 이理에서 찾지만, 여기서는 유일唯一한 이理를 설정할 뿐이다. 게다가 이것에 진식眞識이라거나 여래장심如來藏心, 대원각심大圓覺心 등과 같은 유심적인 명칭을 부여한다. 이것은 제1의 주관전력설과 밀접한 관계가 있지만, 그 경우는 일체를 부정함으로써 나타내고 어떠한 적극적인 설명을 하지 않은 채 일체를 아울러 잊어버릴 것을 요구하는 데 반해, 이것은 그 위에 서서 가능한 한 적극적으로 말로 나타내며 주객의 합일을 통해 여여如如를 체득하고자 한다. 또 전자는 선천적인 종자를 설정하면서도 실제 수행을 통해 새로 생기는 종자를 중시한 데 반해, 이것은 실제 수행의 지智인 시각始覺을 설정하지만 그러나 선천적으로 내재하는 이理인 본각本覺에 의한 내부적 충동을 중요시한다. 시각인 지는 본각인 이의 충동으로 유발되어 일어나며, 게다가 본각과 합일함으로써 묘체妙諦에 들어간다. 이것은 전자가 내외 양쪽의 힘을 아울러 인정한 데서 한 걸음 더 나아가서 주객을 초월한 절대 주관을 설정함으로써 불성을 진여眞如의 이로 보는 것이다. 더욱이 이 이理는 한편으로 여래장심이라고 부른다. 제4는 전자 즉 제3의 것이 초월적인 절대 주관을 설정한 곳으로부터 한 바퀴 돌아서 현실로 되돌아와 내심에도 외심에도 일체의 것에 이법理法을 인정하는 것이다. 즉 전자의 일체즉일一切卽一에 대해서 이것은 일즉일체一卽一切라고 해야 하며, 일체一切의 만법萬法상에 불성을 인정함으로써 주객 양쪽에서 완전한 힘이 나타나게 된다.

제1의 주관전력설主觀全力說에서는 만법萬法은 모두 공空이 되므로 현실의 것에 가치를 두지 않는다. 제2의 주객양력병인설主客兩力並認說에서는 만법이 유식唯識이 되므로 현실에서 실재성實在性을 본다고 하더라도 객관에서 의미를 찾아내려 하는 이상은 차별의 영역을 초탈해야 하는데 자연自然의 세력[勢]에 따른다고 하며, 오성각별설五性各別說을 말하기에 이르러서는 불성佛性의 보편성을 인정하지 않는 것이 된다. 제3의 절대주관설絶對主觀說에서는 일체를 여래장심如來藏心이라고 하므로 일체의 것에 만리萬理가 갖춰져 있다는 말이 되며, 만법을 이성理性 그 자체의 활동으로 보고 성기설性起說을 세운다. 여기서는 생멸변화의 이유가 불분명한데, 결국 불생불변의 것에 대해 차별을 일으키는 것은 선천적인 미집迷執(미혹한 집착)이 그렇게 시키며, 그리고 미집을 떠나 악惡이 없는 데 이르러 법계法界 그대로가 부처가 된다. 제4의 주객양전력설主客兩全力說에서는 일체의 것에 일체의 도리道理를 인정하고, 혹은 일체 중생이 모두 불성이 있다[一切衆生悉有佛性]고 하거나 혹은 천제闡提의 성불成佛, 또는 초목草木의 성불을 말할 정도로 철저하며, 건설적으로 제법실상론諸法實相論을 주장함으로써 이론적으로 가장 구비된다. 일체가 성현聖賢이 된다는 보증은 절대유심론絶大唯心論 및 주객양전력론主客兩全力論 특유의 것으로 모두 불교 순수의 것이지만 전자는 자칫하면 자연주의에 빠질 위험을 수반하며, 후자의 경우는 차별이 있고 동란動亂이 있는 인간 세상이나 세계에서도 언제 어디서든 불지佛地를 개현開顯하고 광명을 인정함으로써 고락苦樂과 명암明闇 속에서도 항상 위로와 격려가 된다. 이를 송유에게서 보자면, 주자周子의 주정설主靜說은 제1의 주관전력설과 연관이 있고, 장자의 허기설虛氣說과 명도의 일기설一氣說은 제2의 내외양력병인설의 부류이며, 정이천의 이기설理氣說은 제2의 병인설에서 나아가 제3의 절대주관설로 옮겨 가려는 단계에 있는 것 같다. 이는 단순히 그 입각점상에서 하는 말일 뿐이며, 각 주장의 체계 및 내용적 통일성이나 모순 등 세부적인 면에서는 비교하기가 쉽지 않다. 또 왕안석의 성설性說은 대체적으로 소승교小乘教의 주관무력설로 보이며, 또 이를 부연한다면 제4의 주객양전력설이 될 싹을 포함하고 있다.

장자張子가 "만물에서 성性을 보는 것은 고자가 생生을 성이라 한 것과 같다"라고 말한 것을 『열반경涅槃經』의 실유불성설悉有佛性說에 대한 비평으로 이해하기는 어렵지만, 이는 담영이 "삼재三才와 만물萬物 모두 성이다"라고 한 데 대한 것이다. 이는 담영을 자연주의로 이해한 것인데, 그러나 담영은 성기설性起說로서 선악의 대립을 초월했다고 본다면 이 비평은 타당하지 않다고 해야 한다. 또 명도가 "꿈틀대는 벌레[蠢動含靈]에게도 모두 불성이 있다고 하는 것은 옳지 않다"라고 한 것은 바로 실유불성悉有佛性에 대한 비평이다. 장자는 "성을 만물의 동일한 근원[一源]"으로 삼고, 정자는 "성 외에 만물[物]은 없고 만물 밖에 성은 없다"라고 하면서도 더욱이 다 함께 성의 보편성을 부정한 것은 한편으로 이론상으로는 성의 보편성을 설정하면서 다른 한편으로 실제상에서 성의 차별을 설정한 데 따른다. 이는 불교의 평등성平等性에 대해 기질성氣質性을 근거로 비평한 것이지만 이 비평은 어긋난 것이라고 해야 한다. 이는 계속적으로 송유의 성性이 한편으로는 이理의 의미를 가지면서 다른 한편으로 정情의 의미를 가지게 된 이유다. 그것은 본래 성을 두 종류로 구분한 데서 비롯된 것으로서 이 두 종류는 불경에도 있지만 불교에서 단지 성性이라고 할 때는 보편 상주하는 이

理라는 말로 제한된다.

제3절

송유宋儒의 학불學佛

1. 주자周子

주자周子는 윤주潤州 학림사鶴林寺의 수애壽涯에게 배우고 남창南昌 황룡사黃龍寺의 혜남慧南(1002~1069)에게서 참선參禪한다. 황룡산黃龍山의 회당조심晦堂祖心(1025~1100, 1069년 황룡黃龍에 거주)에게 도道를 묻고, 여산廬山 귀종사歸宗寺의 불인료원佛印了元(1032~1098, 1060년 개선開先에 거주)에게서 참선한다. 여산 동림사東林寺의 상총常總(1025~1091)에게 배우는 등 여러 가지가 전해지지만, 다른 것은 그냥 두더라도, 불인 및 상총과의 관계는 그 전기에 대해 말해야만 할 이유가 있다. 여산에 거주하던 주자가 지난날 백련사白蓮社의 고사故事를 추모하며 청송사青松社를 결성하고, 불인을 사주社主로 추대하며 방외方外와 관계를 맺은 일은 남송 고종高宗(재위 1127~1162)시대에 감산感山에서 지어진 『운와기담雲臥紀談』 중에 있다[청송사는 거눌居訥(1010~1071)을 중심으로 한 구양수 등의 결사라는 설說도 있다]. 또 주자가 장자張子와 함께 동림사에서 상총으로부터 성리性理에 관한 논論과 태극무극太極無極에 대한 전傳을 얻었다는 것은 상총의 문인門人 홍익弘益의 『기문紀聞』에서 전해졌다고도 한다. 이것이 불자佛者의 전승이라면 불교의 영향을 과장했다고 보아야 할지도 모르겠다. 이에 반해 도교에서는 진박이 선천도先天圖를 충방种防에게 전달하고, 충방에서 목수穆修(979~1032)를 거쳐 주자에게 전달되었다고 하며, 정자도 이 같은 일을 이미 소강절에게 말한다. 이것은 또 도교의 영향을 과대하게 본 경향이 있다. 어쨌든 주자는 노장이든 불교 특히 선禪이든 힘을 다함으로써 그의 조직을 얻었음에 틀림없다. 언어도단言語道斷의 이언진여離言眞如, 그리고 불변不變과 수연隨緣의 두 가지 성질을 내용으로 하는 의언진여依言眞如의 관계에 관해서 선자禪者의 상투적인 말을 들은 것이겠지만, 형이상의 무상無象인 무극과 형이하의 유상有象인 음양과 오행의 기氣를 내용으로 하는 태극太極을 연결시켜 그 사이에 둘이 아니면서 둘이고[不二而二] 둘이면서 둘이 아닌[而二不二] 관계를 부여함으로써 유도 양 교의 근본 원리를 조화시키는 일은 그다지 곤란하지 않다. 이를 불교 또는 도교의 특수한 영향이라고 보기에는 무리가 있지만, 선가禪家의 이론을 듣고 나아가 이를 실제 수행한 후 무극無極의 의의를 회득會得함으로써 태극에 이전에는 없던 내용이 발생했다고 본다면 큰 잘못은 없을 것이다. 주자의 사상에 있는 불교적인 요소는 이에 국한하지 않는다. 심체心體를 무사無思라 하고 그중에 길흉회린吉凶悔吝이 될 동요가 발생하는 기幾를 포함하며, 무욕無欲에 의해 신동愼動함으로써 불선不善의 작용[動]을 돌이켜 무망정허無妄靜虛의 근본[本]으로 복귀하면 명明이 통용한다고 하고, 여기에 『역易』「계사전繫辭傳」의 적연부동寂然不動과 감이수통感而遂通이라는 말을 적용시킨다. 분명히 당 이고를 계승한 것이다. 이는 선禪에서 말한다면 정혜定慧, 천태天台에서 말한다면 지관止觀이라고 하는 것이며 그 내용은 선이다. 물론 주자는 『역』의 적연감통寂然感通, 『중용中庸』의 성명誠明과 지성至誠상의 움직임[動], 『맹자孟子』의 반지反之와 성언性焉 등 여러 가지를 종합시켰다고 할 수 있지만, 성聖을 무사이무불통자無思而無不通者(사려가 없지만 통하지 않음이 없는 것)라고 한 것은 분명히 선적이다. 특히 성誠, 신神, 기幾를 합해서 성인聖人이라고 하며, 발동하여 선악善惡이 되는 기幾를 성인에게도 귀속시킨 것은 유자儒者로서는 새로운 견지見地라고 해야 한다. 항상 제자에게 "안자가 즐거워한 것은 어떠한가?[顔子所樂如何]"라는 물음을 던지고 고찰시키며 정좌靜坐를 통해 공부하게 한 것은 분명히 선禪이다. 그가 지은 시詩 중에 '경고사經古寺'라는 시에서는 "이곳에서는 티끌과 먼지가 다 잠잠해지건만, 젊은 날은 다 가는데 아직도 차마 관직을 못 벗어나네[是處塵埃皆可息, 時淸終未忍辭官]"라고 하며, '숙산방宿山房'이라는 시에서는 "오래도록 티끌과 먼지를 싫어하고 고요함을 으뜸으로 즐겼네, 녹봉이 적어 궁핍하여 산을 세낸 돈으로, 진경을 배회하며 떠나지를 못하고, 또 운방에 머물며 평상 한 켠에서 잠을 청하네[久厭塵坌樂靜元, 俸微猶乏買山錢, 徘徊眞境不能去, 且寄雲房一榻眠]"라고 하고, '숙숭성사宿崇聖寺'라는 시에서는 "공을 비로소 깨친 이는 덧없는 세상의 근심이 생기지 않으니 … 철저히 밝혀 다 잊고 잠이 드니 옥주에 있는 건지 의심이 드네[始覺空門客, 不生浮世愁, … 徹曉都忘寐, 心疑在沃州]"라고 하는데, 이는 그가 무엇을 동경했는지, 또 얼마나 심경心境의 개발에 노력했는지를 알게 해 준다. 특히 '제태전벽題太顚壁'이라는 시에서는 "퇴지는 공자와 같다고 자칭하며, 『원도』에서 불로를 심하게 배척하지 않는가, 태전이 어떤 사람인지 알지 못한다면서, 소중히 여겨 글을 자주 보내고 옷까지 남겨 두었네[退之自謂如夫子, 原道深排佛老, 不識太顚何似者非, 數書珍重更留衣]"라고 한 것은 한퇴지가 조주潮州에 보내졌을 때 세 번의 서신을 보내 태전太顚(대전大顚)을 초청하고, 원주袁州로 전근갈 때 옷을 보시한 데 대해 처음과 끝이 일관적이지 못하다고 비웃은 것이다. 주자의 퇴지에 대한 이러한 이해는 공평한 것이지만, 배불排佛을 책임으로 삼는 다른 유자들이 본다면 불쾌한 일일 것이다. 주자에게 배운 정이천은 그의 근본사상을 조술했음에도 불구하고 궁색한 선객禪客이라고 매도한다. 이로써 불교의 영향이 컸다는 것을 알아야 한다.

2. 장자張子

주자와 함께 여산 동림사의 상총에게서 성리性理의 논論 및 태극太極에 관한 전傳을 얻었다고 전해지는데, 그것은 어찌 된 일인가? 정명도와 온종일 흥국사興國寺에서 강론했다는 것은 사실일 것이다. 당시 흥국사에는 상당한 선사禪師가 머물고 있었다. 장자는 처음에는 범중엄范仲淹(989~1025)에게 『중용中庸』을 전수받고 이를 아끼다가 아직 부족해서 석로의 글을 탐방하지만 별 소득이 없자 나중에는 도리어 육경六經에서 찾아 얻은 사람인데, 그렇다면 그가 불서佛書에 손을 댔다는 것은 명백하다. 『능엄경楞嚴經』의 사상에 대한 비평처럼 이를 읽지 않았다면 불가능하다. 이를 읽었더라도 자신은 영향받지 않았다고 믿었겠지만 그러나 공평하게 본다면 불교와의 사이에 수많은 연관이 있다는 생각이 들게 한다. 사람에게서 성性으로서 나타나는 태화太和로부터 출발해서 기질성氣質性의 근저에 태허太虛를 배치하고 이를 천지성天地性이라고 한 것은 『능엄경』 제4의 "세간의 여러 모습은 뒤섞여 어우러지는데 한 몸이 되는 것은 화합성이라 하고 화합하지 않는 것은 본연성이라 한다[世間諸相雜和, 成一體者名和合性, 非和合者稱本然性]"와 반드시 맥락이 맞닿아 있다. 만일 성이라고 할 때는 허虛와 기氣를 화합시킨 것으로서 그중에 부침하고 승강하며 동動과 정靜이 서로 감응하는 성질을 포함한다고 하며, 한발 더 나아가 말할 때는 천지성만이 성이라는 글자를 허용하며, "기질성은 군자君子나 성이라고 할 수 없다"라고 한다. 처음의 성은 유상有象의 측면에서 하는 말이고, 뒤의 성은 무상無象의 측면에서 말한 것으로서 나중의 의미만이 불교의 성이라는 말의 의미에 합치한다. "천하의 성이 하나가 되기를 기다리는데, 오히려 고자가 생을 성이라 한 것과 같다[待天下之性爲一, 猶告子之生謂性]"라는 비평은 천지성에 대해 기질성에 근거하여 비평한 것으로 보인다. 허와 기 사이에 상즉相卽의 관계를 부여하고, 또 성을 해치는 기에서 소급하여 기를 해치는 습習에 이르며, 숙습宿習을 악惡의 근원으로 보고, 또 천하의 사물은 단 하나도 같은 것이 없지만 모두 음양陰陽의 기를 체體로 삼는다는 점에서 동일하므로 그 사이에 감응이 있어서 작용한다고 하고, 또 결합하는 감응[合感]을 방해하는 것은 숙습 때문에 그렇다고 하면서 예禮를 통해 이를 해결하며, 섬세한 악[纖惡]과 망상[妄]을 제거하고, 무아無我가 되어야 한다고 말하며, 또 자기를 바르게 해서 사물[物]을 바로잡는 것은 오히려 유의有意의 얽매임[累]을 벗어나지 못하며 무의無意로 선善을 행하는 것은 성 그대로가 된다고 한 것은 불교의 동과 정 이문二門의 관계, 무시이래의 무명無明, 차별差別과 평등平等의 관계, 만법일여관萬法一如觀(만법은 하나라고 보는 관점), 일여一如 즉 하나인 것에 차별을 나타내는 무명과 번뇌煩惱, 계율戒律을 입문入門으로 삼는 복단수행伏斷修行, 유소득有所得과 무소득無所得의 대립 등에 상응하는 것이다. 이것을 곧바로 불교에서 얻었다고 속단하기는 어렵지만 불교를 배우고 나서야 얻은 것이 있었던 것이다. 수도修道에서 궁리窮理의 명明으로부터 진성盡性의 성性으로 진행하는 순서는 주자와 정명도의 성명誠明의 순서와 정반대이며 이 점에서 주자朱子는 바로 장자를 계승한 것이다. 주자周子는 선가禪家와 공통적이며 장자張子는 교가敎家와 공통적이라고 보면 된다.

3. 정명도程明道

불교를 학습했다는 분명한 증거는 이천이 쓴 『행장기行狀記』에도, 양구산이 편찬한 『수언粹言』에도 "15~16세 때부터 주자周子가 도道를 논한 것을 듣고 개연慨然히 구도求道에 뜻을 둔다. 아직 그 요체를 알지 못한다. 여러 사상가들[諸家]을 돌아다니며, 노석老釋에 출입한 지 기십 년幾十年"이라고 하고 있어서 분명하다. 덧붙이자면, 장자張子를 통해서 불교사상에 접촉하기도 했을 것이다. "산하山河나 대지大地에 대한 설명은 나와 상관없고, 쉽고 명백해서 실행하기 쉬운 것을 추구한다"라고 한 것은 『능엄경楞嚴經』의 설명에 대한 것으로서 이미 장자도 이를 언급하고 있으므로 장자의 뒤를 이어 『능엄楞嚴』의 사상에 접촉했던 것이다. 또 『화엄경합론華嚴經合論』에 의거해 『화엄경華嚴經』

의 광명光明의 변현變現을 성인聖人의 일심一心이 밝아지는 것이라고 한 것은 화엄사상에 접촉했음을 말한다. 또 꿈틀대는 벌레[蠢動含靈]에게 모두 불성이 있다는 것은 말이 안 된다고 한 것은 역시 장자에게 전수받은 것이지만, 이는 『열반경涅槃經』의 일체 중생은 모두 불성이 있다[一切衆生悉有佛性]에 대한 비평이다. 이와 같이 명도에게서 『능엄』, 『화엄』, 『열반』 등 여러 경전의 사상에 대한 비평이 나타나는 것은 하나하나 경전 자체를 연구하지는 않았더라도 적어도 그 중심사상에 접촉했다는 것을 말한다. 이미 중심사상에 접촉한 이상 그의 언동에 불교와 동조가 드러나는 것도 이상한 일이 아니다.

① "천지의 만물과 귀신은 별개의 두 가지가 아니다[天地萬物鬼神無二]"라거나 "하늘과 사람은 본래 별개의 두 가지가 아니다[天人本無二]"라고 한 것은 『화엄경華嚴經』의 심心, 불佛, 중생衆生 셋의 평등과 유사하다.

② "도 외에 만물은 없고 만물 밖에 도는 없다[物外無道道外無物]"라거나 "도는 기이고 기 또한 도이다[道亦器器亦道]"라고 한 것은 『반야경般若經』의 색즉시공色卽是空, 공즉시색空卽是色의 의미가 있다.

③ "자신은 바로 하늘이 그대로 자족된 것[自家天然自足物]"이라고 하고, "천지의 만물은 모두 자기다[天地萬物皆是自己]"라고 하며, "만물이 모두 나에게 구비되어 있는데 사람만 그런 것이 아니라 만물이 모두 그렇다[萬物皆備於我不獨人爾物皆然]"라고 하거나, "온갖 이치가 갖춰져 있는 것은 원래 예전과 같다[百理具在元來依舊]"라고 하거나, "일찍 핀 매화의 가지 각각에 동일한 건곤이 있다[早梅逐枝各有一乾坤]"라고 한 것은 일즉일체一卽一切의 교리에 해당하며, 주반구족主伴具足과 무진

연기無盡緣起에 어느 정도 공통점이 있다. 만법일여萬法一如에서 초래된 자연스러운 결론이다.

④ "천지 사이에 오직 하나의 감응이 있을 뿐이며, 나아가 많은 일이 있다[天地之間只有一箇感應更有甚事]"라고 한 것은 만법일여萬法一如에서 자연스레 연역된 것으로서 『화엄』의 감응感應에 해당하며, 장자의 합감合感을 계승한 것이다.

⑤ "도는 곧 성이라서 성이라는 말에 이미 섞여 있다[道卽性也言性已錯]"라거나 "성이라고 말하는 순간 이미 성이 아니다[才說性時便已不是性]"라고 하거나 "도라고 말할 때 곧 도가 아닌 것이다[說道時便不是道也]"라고 한 것은 제1의제第一義諦의 언망려절言亡慮絶을 말하는 것으로서 선가禪家의 상투적인 말이다.

⑥ "본성本性은 선善하지만 기품氣稟으로 발생하는 이理에 선악善惡이 있어서 사람은 태어나면서 선악이 있다. 선악은 천리天理의 물정物情이므로 가리고 있는 정情을 제거하면 본성으로 돌아가며, 선악은 결코 별개의 두 가지 물건[兩物]이 아니고, 악惡은 본래는 악이 아니다"라고 하며, "희로애락은 성性의 자연스러움이다. 이를 끊는 것은 천진天眞을 잃어버리는 원인이다. 기품의 악은 공功을 들임으로써 선이 된다. 악이 한쪽에 숨는 것이 아니고, 선이 다른 데서 오는 것이 아니다"라고 한 것은 바로 번뇌즉보리煩惱卽菩提와 같다.

⑦ "성性에는 호저好底 즉 마땅함과 불호저不好底 즉 마땅하지 않음이 있다. 환망幻妄은 불호저의 성을 가리킨다. 불호저를 제거하고 호저를 배치해야 한다. 호저의 성이란 도道를 말한다"라고 논한 것은 인성人性 중에 필연적으로 환망이 있음을 인정한 것이다. 더욱이 경敬으

로써 다스려 복귀시킬 수 있으므로 결국 환망은 본체가 없다는 말 즉 환망무체설幻妄無體說이며, 환망을 제거하면 희로애락이 모두 절도에 들어맞아 선善이 되는 것이다. 이는 『화엄』 및 선禪의 주장이다.

⑧ "청탁과 허실을 겸하면 신이라 할 수 있다[兼淸濁虛實可謂神]"라는 말은 일념삼천一念三千 또는 성악부단性惡不斷의 교리와 공통적이라고 보아야 하고, 일심一心에 수연隨緣과 불변不變의 두 방면을 갖춘다고 말하는 『기신론起信論』에서 암시를 받은 것이다. 일반적인 설명과 다르며, 그 안의 심원한 의미를 찾아야 할 것이다.

⑨ "바깥은 잘못이고 안은 옳다고 하며 공연히 외물外物의 얽매임을 벗어나려 하는 것은 예전의 습심習心에 기인하여 내외內外가 별개의 두 가지 근본이라는 집착에 빠진 것이다. 여기에 사사로움[自私]이 있고 지혜의 작용[用智]이 있다. 도리어 정성定性의 영역에 들어가야 한다. 모름지기 내외를 다 잊어 맑으면서 사태가 없는[澄然無事] 안정[定]으로 복귀하면 동정動靜이 모두 진정된[定] 영역에 들어가게 된다"라고 한 것은 불교에 대한 비평을 포함하기도 하고, 게다가 내외이본설內外二本說도 그렇고 내외를 다 잊는다[內外兩忘]거나 동정이 함께 진정된다[動靜共定]는 실제實際도 불교의 상투적인 사상이다. 예전의 습심이라고 한 것은 장자를 통해 불교와 연결된 것이고, 적연부동寂然不動과 감이수통感而遂通의 성명誠明을 고조시킨 것은 주자를 통해서 이 또한 불교와 연결된 것이다.

⑩ 실제 수양법으로서 성인聖人의 경계인 "가로막고 검사할 필요가 없고, 끝까지 찾을 필요도 없다[不須防檢不須窮索]"와 학자學者의 경계인 경으로써 안을 다스린다[敬以治內]를 나란히 말한 것은 『원각경圓覺

經』과 『능엄경楞嚴經』의 돈점頓漸 이법二法에 해당한다.

⑪ 의방義方, 경직敬直, 식인識仁의 순서 형식은 불교와 계정혜戒定慧 삼학三學을 방불케 한다.

⑫ "나는 천민의 선각자[予天民之先覺者]"라는 선언은 유아독존唯我獨尊적인 말투로서 명도라서 가능한 말이며, 당 이고에게도 "성인은 사람의 선각자다[聖人者人之先覺者也]"라는 말이 있다.

⑬ 착한 사람[善人]과 머물면 도리어 나를 파괴한다고 보고 "마땅히 착하지 않은 사람과 머물러야 한다[須與不善人處]"라고 한 것은 다른 유자儒者에게서는 보이지 않는 포부로서 생사生死의 바다 속으로 들어가 고뇌苦惱를 제도하려는 보살菩薩의 의미가 있다.

이와 같이 헤아려 보면 많은 유사점이 있지만, 원래 윤상倫常의 도道를 말하며 인생을 경영하는 일을 입각점으로 삼기 때문에 한편으로 본성本性을 말하면서 다른 한편으로 "만물은 만 가지 성性이다. 성에 따르는 것을 도道라고 한다"라고 말하는 것처럼 곧바로 기품성氣稟性에 근거해 실제론實際論으로 되돌아가는 것은 유교도이기 때문이며, 더욱이 성을 따르는 데 선악善惡은 없다는 이理에 의해 차별의 영역을 벗어나려고 한다.

4. 정이천程伊川

이천은 명도의 수도법修道法을 정리해서 지知를 덕성德性과 견문見聞의 두 종류로 나누고, 견문의 지에 함양涵養과 진학進學을 구분하며, 나아가 함양을 외外적인 정좌靜坐와 내內적인 용경用敬으로 구분한다. 덕성지德性知와 견문지見聞知는 불교의 근본지根本智와 후득지後得智

또는 성득불성性得佛性과 수득불성修得佛性에 해당하며, 견문지의 방법에 정좌와 용경 및 치지致知의 삼단三段을 구분한 것은 완연히 불교의 계정혜戒定慧 삼학三學에 해당한다. 특히 경敬을 주일主一로 풀이하고 나아가 일一이란 무적無適(옮겨 다니지 않음)이라고 한 것은 완전히 불교의 심일경성心一境性(마음이 한 곳에 머문 상태) 즉 오늘날의 정신 통일이다. 이천은 이 실제 문제에 관해 특히 정신[意]을 사용하는데 "학자가 먼저 해야 할 일은 오로지 심지心志에 있다. 그것이 분란해질까 근심이 들 때는 좌선坐禪해서 선정禪定에 들어야 한다"라고 하며, 또는 "단지 이 한 가지 부동不動의 심心, 석씨釋氏 평생에 단지 이 일을 배운다"라고 선가禪家를 찬탄하고, 분란을 면하는 방법으로서 심에 집중[主]해야 한다고 주장하며 "집중할 때는 삿된 것[邪]이 들어오지 않고, 집중이 없으면 사물[物]이 다가와 흩트린다. 그 집중이란 바로 경이다"라고 하며, "조금이나마 정靜을 얘기하면 문득 석씨의 말로 들어가게 된다. 정 자를 쓰지 말고 경 자만을 사용하자"라고 하여 특히 경이라는 글자를 귀하게 여기고, 게다가 "경이란 텅 비고[虛] 고요해서[靜] 잡히지 않는 것"이라고 한 말에서 본다면 그 내용은 주정主靜이라는 말이 되는 것이다. 경敬은 『역易』에 근거하는데, 이를 명도는 경건敬虔이라는 의미로 사용하고, 이천은 불교의 선정[定]의 의미로 사용한다. 그리고 정靜 자를 싫어해서 이를 떠나려 하지만 결국 주자周子의 주정을 벗어나지 못한다. 주일무적主一無適이라는 본체[體]에 갖춰진 격물치지格物致知라는 작용[用]은 불교의 혜慧에 해당한다. 이천은 정으로써 천지의 심을 본다고 하지 않으려고 혜 즉 지각知覺에 의해 본다고 함으로써 동動으로써 본다고 말하는데 이것도 결국 명목상 회피일 뿐이며 내용상으로는 아무런 차이가 없다. 덧붙여, 혜는 동의 범주에 소속되어야 하는가라는 문제가 있으며 이는 이천만이 아니라 주자에게도 있는 문제다. 이천 자신은 "순수하게 경으로 일생을 살았으며, 일찍이 장자, 열자, 불서를 본 일이 없다[正敬一生, 不曾莊列佛書]"라고 하며 순유醇儒임을 자랑하지만, 수양 방법을 계정혜 삼학의 형식으로 조직했을 뿐 아니라 스스로도 또 선정[定]에 들어가려고 크게 노력한다. 주공섬朱公掞(주광정)은 일찍이 명도를 여주汝州에서 만나 달을 넘겨 돌아와서는 사람들에게 "나는 봄바람 속에 한 달 동안 앉아 있었다"라고 말했다. 마찬가지로 유정부와 양구산이 어느 날 이천을 만나러 갔을 때 이천은 앉아서 눈을 감은 채였으며, 두 사람은 곁에서 모시면서 물러가지 않고 오래도록 지켰는데, 이천이 돌아보고는 "두 사람은 아직도 여기 있는가, 날이 저물었으니 잠시 집으로 가 있으라"라고 한다. 두 사람이 물러나자 문밖에는 눈이 몇 척尺이나 쌓여 있었다고 한다. 마치 달마達磨와 이조二祖인 혜가의 일화를 듣는 것 같다. 명도가 여주에 있던 때는 그가 사망한 해로서 그의 나이 54세 때다. 이천과 두 사람 사이에 있었던 일화는 분명히 명도의 사후에 있었던 일일 것이므로 적어도 이천의 나이 53세 이후의 일이다. "이천은 젊었을 때는 선객禪客과 얘기하며 그 배움의 깊이를 가늠해 보려 했지만, 나중에 와서는 그 모습을 보려 하지도 않고 더욱이 묻지도 않게 되었다"라고 『유서遺書』에 기록되어 있다. 그러나 황룡黃龍의 영원이 이천에게 보낸 『필어筆語』 중에 "천하의 대종장은 두루 찾아다니며 묻는다[天下大宗匠歷叩殆徧]"라는 말이 있는 것을 볼 때 만년晩年에는 더욱 구도求道에 뜻을 두었다는 것을 알게 해 준다. 이 글은 세 편인데 첫 번째 글에서 "당신은 이 도道에 마음을 둔 지 매우 오래되었다고 들었습니다. … 당신은 큰 믿음의 씨앗을 갖추고 이제까지 쉬지를 않았으니 이제 곧 큰 쉼의 경지입니다[聞公留心此道甚久. … 唯公具大信種, 今此不休, 乃是大休之地]"라고 되어 있는데 이는 이천이 쉼 없이 도를 추구했다는 말이며, "아직 영靈의 근원에 돈입할 수는 없지만 본체는 직접 보았다[未能頓入靈源, 親見本體]"라거나 "마땅히 이전의 깨우침은 떨쳐 버려야 합니다. 일찍이 아직 믿음과 이해가 싹트지 않았을 때이니 이르지 못한 곳을 돌이켜 생각하고 몸소 절실히 살펴보다가 홀연히 허공을 뚫고 들어가면 곧 산승과 거사가 서로 마주 보니 온 지가 오래입니다[直須拂却從前會底. 向信解未萌時, 反思不及處, 親切諦觀, 忽然穿透虛空, 則山僧與居士, 相見其來久矣]"라고 말한 것에서 추론해 보면 이천의 깨우침[會底]이 아직 철저하지 않았다는 것이 드러난다. 두 번째 글에서도 "다만 아직 흉금을 다 터놓지 못해서 벗어난 듯 경쾌하면서도 홀로 집 안을 지키는 것입니다[但未展露胷襟, 脫然自快, 而獨鎭家堂也]"라거나 "반드시 한꺼번에 계발해야 비로소 사람들이 서로 다스리도록 도와서 커다란 안락에 이를 수 있습니다. 아직 그렇지 않다면 모두 사잇문을 두고 떨어져 있을 뿐이라서 서로 보든지 방임하므로 어찌 어우러질 수 있겠습니까[必得一回頓發, 始可資人交攻, 致大安樂也. 未爾則皆依傍門庭而已, 縱使相見, 豈通唱和]"라고 보낸 것을 보면 영원은 더욱이 인가印可해 주지 않은 것이다. 세 번째 글에서 다시 "영도로 돌아와 생각해 보기를 바랍니다[幸返鑒靈都]"라고 가르치며 아울러 "영특한 모습을 아직 보지는 못했지만 마음이 맞아떨어진 것 같습니다[雖未接英姿而心契同風]"라고 한 것을 보면 결국 한 번도 만나지는 못한다. 그러면 이러한 구도가 이천이 몇

살 때였는지 살펴보자. 첫 번째 서신에서 "근년에 스승께서 당신을 만났다고 들었습니다. … 그런데 스승께서 당신과 마주했을 때는 이미 당신은 마음에 손상을 입었지만 그때는 평화롭고 싶어서인지 괴로움을 몹시 드러내려 하지 않으셨다고 합니다[頃年聞老師公見處. … 然老師與公相見時, 已自傷慈, 只欲當處平和, 不肯深挑痛箚]"라고 말한 것을 보면 이천이 영원의 스승 회당조심과 대면하여 도를 물은 일을 알 수 있다. 회당은 원부元符 3년(1100)에 76세로 입적하며 이천은 이보다 앞선 소성紹聖 4년(1097)에 65세의 나이로 부주涪州에 유배되었으므로 그들의 대면이 소성 4년 이전임은 명백하다. 아마 이천이 화禍를 입고 근심하며 유배당하는 신세가 되었을 때 심요心要를 물었을 것이다. 스승이 마음의 손상 때문에 괴로움을 몹시 드러내고 싶지 않았다고 한 것은 이면에는 이천의 불행을 포함하고 있는 것으로 보인다. 이천은 회당이 입적한 해에 협주峽州로 이송되며 사면을 구해 낙양으로 돌아가는데, 영원에게 도를 물은 일은 회당의 입적 이후, 이천이 낙양으로 돌아가기 이전이다. 글 속에서 "어찌 뭍과 강을 바삐 건너 음성과 용모를 서로 접한 연후에라야 의견을 주고받겠습니까[豈在奔馳川陸, 交接音容, 然後會晤耶]"라거나 "세상의 인연은 통하기도 하고 막히기도 합니다. 생각건대 이를 끊는 데 능숙하니 다시 개의치 마십시오[世緣通塞. 想斷之有方, 不復介意]"라고 하거나 또 "어떤 이를 통해 소식을 전합니다. 만 리나 떨어져 있어도 서로 잘 맞으니 헛되지 않을 뿐입니다[當或附報使. 萬里相投, 即不虛耳]"라고 한 것을 대조해 보면, 만 리나 떨어져 있으면서 만날 이유는 없었다는 것을 증명해 준다. 한퇴지가 조주潮州에 있었을 때의 사적과 대조하면, 일찍이 구도에 간절했던 이천이 이러한 재앙을 만나서 크게 향상하는 기회를 얻은 것과 다르지 않다. 이천이 부주로 유배당하는 도중 한강漢江을 건널 때 중류에서 배가 거의 뒤집어질 뻔했는데 홀로 자약自若했다. 배 안에 노부老父가 있었는데 어떻게 해서 홀로 두려움에 떨지 않을 수 있는지를 묻자 이천은 "마음에 성誠과 경敬을 보존하고 있을 뿐입니다"라고 대답했고 노부는 "참으로 훌륭하다. 그러나 무심無心만 같지 못하다"라고 했다는 일화가 있다. 이는 마치 성경誠敬에 대한 선가의 일침[一箚]으로서 유有와 공空의 대립이다. 이때 이천에게 이 일침은 분명히 유연한 천둥소리로서 중심에 어떠한 신령한 빛을 느끼게 했다. 이천이 고심해서 지은 『역전易傳』은 유배지에서 쓴 것으로 원부 2년(1099)에 완성한 후 사망하기 전년까지 7년간 전수해 주지 않고 개정하려고 했었지만 병에 걸리는 바람에 비로소 윤화정과 장역 두 사람에게 전수한다. 회당과 영원에게서 구도하던 때 지은 『역전』에 "본체와 작용은 동일한 근원으로서 드러난 것과 숨어 있는 것에 간격은 없다[體用一源顯微無間]"라는 등 불교적 용어를 사용하게 된 것은 불전佛典에 눈길을 주었을 때 자연스러운 일이라고 해야 한다. 이천의 최후는 정말로 비통했다. 그의 저서는 조정朝政을 비판한 점이 있어서 관직에 나온 이후의 문자를 추가적으로 훼손당할 수 있으므로 이천은 용문龍門의 남쪽으로 거주를 옮기며 사방의 학자들을 금지시켜 그쪽으로 오지 못하게 했다. 그의 장례식에 모인 사람은 『역전』을 전수받은 윤尹과 장張 두 사람 외에 범역范域과 맹후孟厚 두 사람에 지나지 않고, 을야乙夜(밤 10시)에 모인 소박邵薄을 추가해 단지 다섯 명뿐이었다. 이는 염락濂洛과 관민關閩 두 당파의 다툼 때문이고, 또 이천의 추상秋霜과 같은 인격이 인심을 수람收攬하지 못한 이유에서 기인한 것이기도 하다. 명도는 일찍이 "훗날 사람들이 스승의 가르침[道]을 존엄하게 여기도록 한 것은 나의 동생이다. 후학을 이끌어 자질에 맞게 성취시키는 것 같은 일은 내가 양보해야 한다"라고 말했는데 형제의 성격을 나타내 준다. 불교적으로 말하면 명도는 돈오적이고 이천은 점수적인 사람이며, 전자에게는 보살菩薩다운 온화한 모습이 있고 후자에게는 율승律僧 같은 위엄이 있다고 생각한다. 끝으로, 영원이 이천에게 보낸 다른 필첩筆帖 두 장章을 예전의 묘희죽암집妙喜竹菴集의 『선림보훈禪林寶訓』에 게재하고 있으므로 이천에게 답한 『영원필어靈源筆語』라는 것도 결코 후대의 위서僞書가 아닐 것이라고 생각한다.

이상은 송유의 우주론宇宙論, 성론性論, 실제론實際論이라는 조목 아래 말한 것과 중복된 내용도 있지만, 특히 총괄적으로 서술한 것이다.

제4절

송유宋儒의 배불론排佛論

1. 장횡거張橫渠

장횡거의 배불설排佛說은 아래의 다섯 가지로 귀결된다.

① 세계와 인생을 환망幻妄으로 보고, 환화幻化라고 하며, 이理를 알지 못하고, 성性을 알지 못하며, 명命을 알지 못한다.
② 공空에 빠지고, 정靜에 잠겨, 가서는 돌아오지 못하고, 신화神化를 알지 못한다.
③ 만물에서 성性을 보는 것은 고자가 생生을 성이라 한 것과 같다.
④ 사람을 알지 못하기 때문에 인간 세상[人世]을 싫어한다.
⑤ 귀신[鬼]을 알지 못하기 때문에 윤회설輪回說을 말한다.

이 중에서 특히 힘써 공격한 것은 첫 번째의 세계관, 인생관[人世觀]이다. 다른 것은 모두 이로부터 도출한 것에 지나지 않는다. 신묘한 변화 즉 신화神化라는 하늘의 작용[天用]을 인간 세상에서 실현시키고자 하는 유교도가 볼 때 불로의 공空에 기반한 평등관[空平等觀]에는 말할 필요도 없이 불쾌한 색채가 있다는 것은 분명하다. 이 점이 공격의 요점이므로 번거롭더라도 주요한 글들을 제시해 본다.

산하山河나 대지大地를 보는 작용상의 병[見病]이 있다고 한다. … 인간의 좁은 소견으로 천지를 인연이라 하고 분명하게 다 밝히지도 못하면서 세계의 건곤乾坤을 무시하며 환화幻化라고 한다.

실제實際를 말하거나 인생을 환망幻妄이라고 하며 유위有爲를 사마귀[疣]나 혹[贅] 같은 것으로 보고, 세계를 그림자[蔭]나 더러운 것[濁]으로 본다.

천명天命을 알지 못하고, 심법心法이 천지를 일으키거나 없앤다고 하며, 작은 것은 큰 것의 조건[緣]이고 가지[末]는 뿌리[本]를 조건으로 삼는데 언젠가 끝나는 것이라서 이를 환망幻妄이라고 말한다.

하늘의 성[天性]이란 것을 잘못 생각하고 하늘의 작용[天用] 범위를 알지 못하며, 도리어 육근六根이라는 미약한 것을 천지의 인연으로 삼고, 분명하게 다 밝히지도 못하면서 천지와 일월을 무시하며 환망幻妄이라 하고, 그 작용을 일신의 좁은 범위로 한정한 채 생각[志]은 허공이라는 큰 것에 빠져 있다. 이는 크다거나 작다고 말하며 이리저리 피해 다니다가 중中을 잃게 되는 이유다. 큰 것이 지나쳐서 육합六合(천지와 사방)을 티끌[塵]이나 겨자[芥]로 보고, 작은 것에 가려져 인간 세상을 몽환夢幻이라 한다. 이를 궁리窮理라고 할 수 있겠는가? 궁리를 알지 못하는데 진성盡性을 말할 수 있겠는가? 이를 알지 못하는 것이 없다고 할 수 있겠는가? 육합을 진개塵芥라고 하는 것은 천지에 끝이 있다고 보는 것이다. 인간 세상을 몽환이라고 한 것은 때를 바르 찾지 못했다고 밝힌 것이다.

"산하山河와 대지大地를 보는 작용상의 병[見病]이 있다"라거나 또는 "육합을 티끌[塵]이나 겨자[芥]로 보고, 인간 세상을 몽환夢幻이라 한다"라거나 혹은 또 "장애물[礙]을 가둬 버리고[鎖] 공空에 들어간다"라는 등의 말은 모두 『능엄경楞嚴經』을 배경으로 한 공격이다. 무엇 때문에 『능엄경』이 불교를 대표하는지 그 이유는 제5장 청신淸新한 문자[7] 부분에서 서술할 것이다. 장자張子가 이러한 세계관과 인생관[人世觀]에 입각한 것은 공평등空平等의 다시 말해 본질적 차원에서의 평등이라는 일면으로 치닫고, 가차별假差別 즉 임의적인 현상적 차원의 차별이라는 다른 면을 드러낼 줄 모른다고 보았던 것이다. "적멸寂滅을 말하

---

7 역주 이 부분은 저본 182쪽 3째 줄이다. 이하의 내용들 중 제5장 청신(淸新)한 문자라는 항목은 없다. 다만, 저본 193쪽 4. 기봉(機鋒) 및 문자(文字) 항목 아래 두 번째 단락 이하에서 이러한 내용을 서술하고 있다.

며 가기는 하지만 돌아오지 못한다"라는 이러한 말은 대승불교도가 항상 소승불교에 대해 하는 비평이다. 진실로 대승불교인 사람은 종파를 막론하고 가차별의 대용大用을 필수로 삼지 않는 경우가 없다. 가차별의 대용을 자유롭게 하기 위한 전제로서 공평등이라는 반쪽 면을 극언極言하는 것일 뿐이다. 그렇지 않다면 결국 차별의 큰 영역을 초탈해야 한다. 대용은 결국 대용이 아니며, 자유는 도리어 속박이 되기 때문이다. 환망적 세계관에 대한 공격은 문장이 웅혼雄渾하며 불로의 약점을 찌르고 있기도 하다. 그리고 장자 이후의 유자儒者에게서도 나타나는 공통적인 비평으로서 "신화神化를 알지 못한다"라는 것은 대승불교의 이상인 무주처열반無住處涅槃을 알지 못한 데서 오는 단편적인 비평이라고 해야 할 것이다. 결국 자신이 아직 방내方內에 머물며 끝내 초탈의 영역에 이르지 못했음을 증명하는 것이다.

2. 정명도程明道

정명도의 불교 배척 이론은 대체적으로 장자張子를 벗어나지 않는다.

① "환망幻妄의 설說은 불호저不好底의 성性을 말한 것이다." "산하대지山河大地의 설은 나와 무관하다."
② "고명高明한 말로 심오하게 궁구하고 미묘한 것을 지극히 밝혀도, 만물[物]의 의미를 깨우쳐[開] 일[務]을 이루기[成]에는 부족하다."
③ "꿈틀대는 벌레[蠢動含靈]에게도 모두 불성佛性이 있다는 것은 말도 안 된다."

④ "생사를 말하며 사람을 겁줘서 움직이는 것은 이익을 얻으려는 마음[利心]이다." "죽음을 면하고 번뇌煩惱를 구제한다는 것은 사사로움[自私]이다." "근진根塵(오근五根과 오진五塵)을 고苦라고 하는 것은 자신의 이익[自利]을 위한 것이다." "쓸데없이 외물外物의 근심을 제거하려는 것은 내외內外를 두 가지 경계로 나누는 폐단에 빠진 것이다."

⑤ "그 설명을 궁구하려고 한다면 그럴 수 있으며 변화해서 석씨가 될 수도 있을 것이다. 행적[迹]으로 판단할 뿐 그 도道는 나는 모르겠다." "마음의 자취[迹]는 하나다. 자취는 도에서 나온다"라고 하며, 행적[迹]에 관해서는 윤리를 끊은 일과 세상에서 반드시 벗어나도록 한 일, 세상의 규칙[世網]에서 탈피하도록 한 일, 출가出家를 필수로 한 일 등을 열거한다.

⑥ "오직 깨달음[覺]의 이理만 있다. 경이직내敬以直內는 있어도 의이방외義以方外가 없어서 고목나무처럼 되거나 또는 방자해진다."

장자는 이론상으로 당당히 비평의 철퇴를 내리쳤지만, 명도는 이론의 유현幽玄한 점에서는 불교에 양보하고 오직 인륜상에서 접근하려고 한다. 인륜상에서 주장을 세우므로 일체중생실유불성一切衆生悉有佛性과 같은 말은 상당히 그 뜻에 안 맞게 된다. 환망관幻妄觀에 관해서 이것은 불호저不好底의 성性에 관한 것이라고 한 말은 그럴 수 있다. 또 경직敬直은 있어도 의방義方이 없어서 고목나무처럼 되거나 방자해져 버린다고 한 것도 확실히 선禪의 병폐에 해당한다. 또 번뇌의 퇴치를 자신의 이익을 얻으려는 사심私心이라고 한 것은 "희로애락도 성性이라면 이에 따르는 것이 도道이다. 도에서 본다면 선악善惡의 대립은 없다"라는 사상에서 온 것이다. 그러면 명도의 의방義方과 경직敬直은 어떤 필요에 의해서 발생했는지를 물어야 할 것이다. 만약 번뇌는 끊을 필요가 없다거나 또는 끊을 수 있어야만 한다가 아니라, 사심私心을 버리고 숙습宿習에서 벗어난다면 번뇌 그 자체가 곧 보리菩提가 된다는 의미라고 한다면 상당히 사실상 대승大乘의 이치[理]와 계합契合하는 것이다. 명도는 인격적으로 타고난 포용성이 있다. 또 『화엄합론華嚴合論』과 같은 것을 읽어서 그 말에 상당히 풍미가 있다.

> 도道가 밝혀지지 않는 것은 이단異端이 이를 방해[害]해서다. 예전의 방해는 얕아서 알기 쉽다. 요즘의 방해는 심오해서 알아보기 어렵다. 예전에는 사람의 미혹하고 사리에 어두운 점[迷暗]을 이용해 헷갈리게[惑] 했고, 요즘에는 높은 식견[高明]에 편승해 미혹[惑]시킨다. 스스로 신神을 궁구하여 변화[化]를 안다고는 하는데, 더욱이 만물의 의미를 깨달아 일을 이루기[開物成務]에 충분하지 않다. 말은 두루두루 번드르르[周徧]하지만, 사실은 곧 윤리倫理에 어긋난다. 깊이를 궁구하고 미묘한 것을 지극히 밝히지만 요순堯舜의 도에 들어가지는 못한다.

라고 통탄한 말 등은 귀를 기울일 만하다. "오늘날의 사정대로라면 아무리 맹자가 있어도 이를 어떻게도 할 수가 없다"라고 한 말에서 추론해 보면 명도는 이론적으로는 도저히 불교 배격이 불가능하다는 것을 자각했고, 그럼에도 감히 이를 배격하려고 한 이유는 먼 옛날 맹자가 양묵을 비판한 행적을 배워서 개물성무開物成務상에서 인간 세상을 구제하려고 한 열정 때문인 것이다.

3. 정이천程伊川

정이천의 불교에 대한 비평은 명도와 동일한 전철을 밟은 것 같다. 다만 다음과 같은 것은 아마도 이천이 추가한 것이다.

① "석씨釋氏에게는 이장理障이라는 말이 있다. 이는 이理라는 글자를 잘못 본 것이다. 천하天下에는 오직 한 개의 이가 있을 뿐이다. 이것을 장애[障]라고 한다면 이理와 자기自己가 둘로 나눠져 버릴 수밖에 없다."

② "단지 생사生死를 깨달을[理會] 뿐, 그 밖의 것은 전부 깨닫지 못한다."

③ "정定(안정, 선정禪定)이라거나 정靜(고요함, 멈춤)이라고 하는데 그래서는 안 된다. 마땅히 지止(멈춤, 머묾)라고 하거나 동動(움직임, 작동)이라고 해야 한다. 만물[物]의 좋고 싫음[好惡]은 저절로 존재한다. 좋은 것에는 좋다고 하고 싫은 것에는 싫다고 해야 한다. 이렇게 해야 인군人君은 인仁에 머물고[止], 인민人民은 경敬에 머물 수 있게 된다. 또 고요[靜]할 때 지각知覺이 있고 지각이 있으면 움직이게[動] 된다. 다른 이는 정靜으로써 천지의 마음[心]을 본다고 하지만, 나는 동動으로써 천지의 마음을 본다고 한다."

이장理障이란 환망幻妄을 떨쳐 버리기 위한 이理가 환망이 없게 되었는데도 아직 존재한다면 병病도 없는데 있는 약藥처럼 도리어 장애가 된다는 말이다. 이 말은 『원각경圓覺經』에 있으며, 선자禪者가 특히 강조하는 것이다. 이천은 상당히 이理에 치우쳐서 어느 정도냐면 이일원론理一元論의 맹아萌芽를 배태하고 있을 정도이므로 명도에 비해 그 말에는 이른바 이장의 혐의嫌疑가 있다. 불교에 대한 비평은 이윽고 본인 스스로가 해야만 하는 일이 된다. 또 이천은 대단히 정좌靜坐에 힘을 쏟은 사람으로서 육근六根의 적정寂靜에 수반한 내면 활동 즉 지관止觀의 적조寂照에 관해서는 상당한 이해를 하고 있다. 그런데도 불로의 범위를 벗어나려고 급급한 나머지 정혜定慧라는 말 대신에 지동止動이라고 하고, 간艮과 진震의 두 괘卦로 이론을 만든 것처럼 단순히 언어상의 다툼이 있을 뿐 실제상으로는 아무것도 추가된 것이 없을 뿐 아니라 관조觀照의 혜慧를 동動으로 보는 것은 정동靜動의 범주에서 볼 때 허용할 수 없는 것으로 보인다. 또 불자佛者가 "시비是非를 잊어야 한다"라고 한 말을 비평하면서 "시비의 도리道理를 잊어서는 안 된다. 일[事] 밖에 심心은 없고 심 밖에 일은 없다. 세상 사람은 오직 외물外物 때문에 일하게[役] 되므로 일이 많아서 괴롭지만, 만일 만물[物]을 만물에 의지하게[附] 하면 곧 만물을 사역[役]할 것이다"라고 한 말은 유록화홍柳綠花紅의 당처當處에서 수연행지隨緣行止할 것 다시 말해 있는 그대로의 현실에서 인연에 따라 행동할 것을 이상理想 생활로 삼는 선자禪者의 말 그대로이다. 그런데도 그것을 불교 배척을 위해 사용한 것은 오히려 이장에 빠졌다는 혐의가 있다고 해야 할 것이다.

4. 주자朱子

주자朱子의 불교 비평은 장정張程 세 사람에 비하면 수긍할 만하지도 요긴하지도 않기에 이른다. 아마 자기의 이理에 갇혀 있을 뿐 아니라 동시에 전자를 조술祖述해야 하는 위치에 있는 관계로 점차 본의本義에서 멀어져 간 것이다.

① 불佛은 텅 비어 하나의 법도 없다[空無一法]에 입각하고, 유儒는 모든 이가 전부 갖춰져 있다[萬理畢具]에 입각한다. 그러나 공적空寂의 설說은 물욕物欲에서 멀어지게 하고, 오묘奧妙한 설은 형기形器에 막히지 않게 하는 장점이 있다. 이것이 유행하는 이유다.

② 불佛의 성性은 유儒의 심心에 해당한다. 심은 이理를 갖추지 않는다. 불은 그 이를 인정하지 않고 지각知覺운동을 성이라고 한다. 불은 인심人心을 인정할 뿐 도심道心을 말하지 않는다. 유는 진실한 도리道理에 입각하고 있다.

③ 관심觀心이란 말은 심心 외에 더 하나의 심을 설정하는 것이다. 심으로 심을 찾는다는 것은 마치 눈으로 눈을 본다는 것과 같다. 또 마음의 빛[心光]이 환하게 빛나는 곳[爍爍地]을 본다는 말은 두 개의 주재主宰를 설정하는 것이다. 즉 빛나는 것은 진짜 마음[心]인지, 보는 것은 진짜 마음인지.

④ 불로는 삼강오상三綱五常을 폐지하는 대죄大罪를 범한다. 노장은 윤리를 완전히 없애지는 않지만, 불佛은 인륜을 완전히 없애 버리며, 선禪은 의리義理를 완전히 없애 버린다. 선자禪者는 직지인심直指人心이라고 하면서도 심心을 알지 못하고, 견성성불見性成佛이라고 하면서도 성性을 알지 못하며 때문에 인륜을 모조리 없애 버린다. 불은 두루 미친다[周徧]라고 하는데 인륜상에서는 두

루 미치지 못하므로 두루 미친다고 해서는 안 된다.

⑤ 지금의 선가禪家는 분명한 말씀을 옳지 않다고 하고, 오히려 3근의 삼베옷[麻三斤], 마른 똥 막대기[乾屎橛] 같은 먹칠된 어구[黑漆語句]를 긴요하다고 한다.

⑥ 불씨의 학學은 양주에게서 나왔고 나중에 노장의 설說을 부가한 것이다. 『사십이장경四十二章經』만 고서古書이며 나머지는 중국의 문사文士가 윤색潤色해서 성립한 것이다.

장자張子의 논의에는 찬성한다면 토끼 뿔이라는 비판을 받을 수는 있어도 일리 있는 견식見識이 있으며 근거 있는 주장이 나타난다. 정명도의 주장에도 공감할 부분이 있다. 그들은 모두 수많은 불전佛典을 독파해서 간취看取할 수 있었다. 정이천에 이르러 좌선坐禪에 매우 고심한 것은 명백하지만 어쩌면 본인 스스로 불로의 책을 읽지 않았다고 자랑한 것처럼 실제로 읽지 않았을지도 모른다. 더욱이 읽었다고 해도 소수였을 것이다. 주자朱子는 석유碩儒이기 때문에 틀림없이 읽었겠지만 이천에게 이미 나타난 이장理障이 한층 더 명료해져서 단지 공격을 위한 공격을 한 것으로 보인다. 어쩌면 불로를 공격하지 않고서는 유교를 확장할 수 없는 관계도 있고, 혹은 정程씨 문하의 여러 인물들이 대부분 불교에 귀의한 데 따른 심한 불만도 있었기 때문이었을까? 불佛의 성性에 대한 비평과 같은 것은 의미가 매우 불분명해서 결국 과녁 없는 화살에 지나지 않는다. 관심觀心 비평은 천박해서 다룰 만한 것이 못 된다. 불학佛學이 양주에서 나와 노장을 가미했다는 말은 주자 같은 석유의 말로서는 어울리지 않는 비평이고, 『사십이장경』 이외의 불전이 모두 중국의 문사들이 윤색한 것이고 적당한 번역이 없다는 등의 말도 매우 잘못된 길[邪路]로 치닫는 비평이다. 다만 당시의 선자禪者가 법안종法眼宗의 자세하고 분명한 이론 체계[理路]에 대해 옳지 않다고 하며 도리어 임제종臨濟宗의 통쾌한 먹칠된 어구를 긴요하게 여긴 폐해는 반드시 이렇게 비판해야 할 부분이 있는데 이는 주자를 말할 것도 없이 동시대의 선배인 임제종의 대덕大德 대혜종고大慧宗杲(1089~1163)가 크게 우려한 점이다. 그리고 주자는 청년 시절에 꽤 대혜를 사숙私淑하기도 한다. 주자가 선禪은 의리義理를 멸진滅盡한다고 말한 것은 흥미롭지만, 그러나 의리멸진義理滅盡에는 이장理障을 완전히 없애려는 장점이 있다는 것을 보지 못한 것은 이일원론자理一元論者인 주자의 이장으로서 바로 선자禪者가 큰 소리로 꾸짖는 병폐에 빠졌다고 해야 할 것이다.

여기서 부언하려는 것은 송유와 불교 사이의 용어의 차이다. 차이가 있다는 사실을 알지 못하면 의의意義상 혼란을 불러올 우려가 있다. 일례로서 성性을 제시한다. 불교에서 성이라고 할 때는 상相에 대응해서 이성理性이나 본성本性, 체성體性을 의미하며, 성에서는 일체가 평등하고 선善도 악惡도 아니게 된다. 송유의 성도 한편으로는 도道 또는 이理와 같은 의미로 사용하므로 이성, 본성, 체성의 의미가 있는 것은 물론이지만 일반적 용례로서는 이를 사람에게만 적용해서 불교의 심성心性 또는 식성識性의 의미로 사용하며, 게다가 그중에서도 경우에 따라서는 이성의 의미로 사용하고 경우에 따라서는 기질성氣質性의 의미로 사용하므로 이를 구별하지 않으면 혼란을 초래한다. 장자張子가 허虛와 기氣를 합한 것을 성이라 하고 이를 만물의 동일한 근원으로 삼으며 이것이 사람에게 나타난 곳에 천지성天地性과 기질성이 있다고 말한 것은 불교의 알라야식설과 비슷하다. 알라야식은 세계의 원리이면서 동시에 개인의 원리다. 장자의 성 안의 허와 기는 불교의 식識 안의 성과 상에 해당하며, 허 즉 성으로부터는 평등관이 성립하고 기 즉 상에서는 차별관이 성립한다. 이렇게 배당할 때는 장자의 성은 불교의 식에 해당하고 불교의 성은 장자의 허에 해당하게 된다. 이 구별을 하지 않고 막연히 비평할 때는 그 사이에 착오가 발생한다. 장자가 "만물의 성을 하나라고 하는 것은 고자가 생生을 성이라 한 것과 같다"라고 말한 것은 담영의 『성변性辯』을 통해 불교의 평등관에 대해 비평한 것이지만 그 의미는 매우 불분명하다. 첫째, 장자의 체계에 의하면 만물의 일원一源인 성에서 만물 간의 평등관이 성립하는 것은 당연하다. 둘째, 고자가 태어난 그대로의 인성人性상에서 말한 것과 불교가 이성理性상에서 말한 것 이 둘을 동일하다고 하는 것은 수긍하기 어렵다. 장자의 의도는 아마 사람과 만물[物] 사이는 물론, 사람과 사람 사이에도 선천적인 차별이 있다고 말하려는 것이다. 이는 기질성에 따른 말이다. 과연 그렇다면 그의 비평은 두 종류의 성을 구별하지 않고 평등관의 성에 대해 차별관의 성에서 가한 것이다. 불교에서 단지 성이라고 할 때는 그 의미가 일정하므로 이러한 혼란이 발생하지 않지만 송유의 성에는 불교의 이른바 성性과 상相이라는 두 가지 의미가 있어서 종종 그 사이에서 발생하는 혼란을 면하지 못한다. 명도에게서도 마찬가지다. 한편으로는 "도道는 성이고 성은 말할 수 없다"라고 하면서 다른 한편으로는 이를 사람에게만 사용하며, 이것에 호저好底와 불호저不好底의 두 가지 성질이 있다고 말하고, "꿈틀대는 벌레[蠢動含靈]에게도 불성佛性이 있다는 것은 말이 안 된다"라는 비평을 한다. 이는 또 장자와 마찬가지로 평등성에 대해 차별성에서 가한 것이다. 이천도 그렇다. 한편으로 "천하에 성 외에 만물[物]은 없다"라고 하며 성에서 일체의 평등을 설정하면서 다른 한편으로는 "사람에게서는 성이라고 한다"라고 하여 이를 사람에게만 사용함으로써 "성은 이理이고 만인萬人은 평등하다"라고 하면서도 돌연 인간 이하의 존재에게는 일반화시키지 않는 차별 방면으로 나아간다. 하물며 기질성에서 말할 때는 만인에 만성萬性, 만물萬物에 만성이 되지 않을 수 없다. 주자朱子도 마찬가지로 만물만성萬物萬性의 성과 만물일성萬物一性의 성을 뒤섞어서 사용하며 그러한 안광眼光에서 불교의 성을 비평함으로써 매우 가혹하고 게다가 점점 더 정당성을 상실하게 된다. "궁리窮理도 없고 진성盡性도 없다"라고 하거나 "불佛의 성은 유儒의 심心에 해당한다"라고 하거나 "불은 지각知覺운동을 성이라고 한다"라거나 "성을 알지 못해서 인륜을 없앤다"라고 한 것은 모두 성이라는 말의 뜻을 궁구하지 못한 데서 발생한 과녁 없는 화살이다. 주자의 경우는 불교의 성을 완전히 자기의 기질성의 의미에서 이해한 것 같은데 그러나 역시 오해도 포함하고 있다.

제5절

송유宋儒와 불교의 관계[8]

송나라 초기 산가山家와 산외山外 두 파派에서 석학을 배출하고 두 파 사이의 논전論戰에 의해 천태학天台學은 일시에 발흥하며 오랫동안 잠잠했던 천태의 교적敎籍을 입장入藏시킬 정도로까지 왕성해지며, 그 후 천태학은 불학佛學을 대표하는 것으로서 송대를 지나며, 비할 바 없이 융성한 선종禪宗과 병립했지만, 천태학과 유식학唯識學은 방대하고 치밀한 체계로 인해 이해하기가 용이하지 않고 덧붙여 실제 수행을 소홀히 한 아쉬움이 있다. 또 상당한 세력이 있는 밀교密敎와 정토교淨土敎는 많은 학자들이 좋아하지는 않았으므로 이리하여 조야朝野에 보급된 불교는 화엄華嚴의 교리를 배경으로 한 선종이 되는데, 요컨대 송대의 유도석儒道釋 삼교三敎는 불교에 의해 통일되며 그리고 불교는 선종에 의해 통일되었다. 율원律院이 점차 선원으로 바뀌고 화엄 및 천태의 사원寺院도 종종 선원으로 바뀐 것은 시대의 풍조다. 그렇다면 송학宋學과 불교의 관계는 결국 송학과 선禪의 관계가 된다. 송유는 불교에 대해서 혹은 불교를 물리치고 유교를 장려하기 위해

8 역주 저본(190쪽)에는 송학(宋學)과 불교의 관계로 되어 있다. 이 장의 내용상 송유(宋儒)보다는 송학(宋學)이라는 표현이 더 적절해 보이지만, 독자의 혼란을 피하기 위해 차례에 따라 송유(宋儒)와 불교의 관계로 표기한다.

비상한 노력을 기울였음에도 불구하고 결국 선의 범위를 벗어날 수 없었던 것처럼 보이므로 얼마나 선이 사백여주四百餘州(중국 모든 지역)를 풍미했는지 알아야 한다.

선禪은 간명한 교의敎義에 기반하며 직접적인 수도修道 방법에 의해 지심견성指心見性을 목적으로 삼는 점에 큰 장점이 있다. 아울러 당시의 승원僧院 생활에는 다른 종파에서는 기대하기 힘든 좋은 모습이 있었고, 더욱이 초범超凡적이고 탈속脫俗한 대덕大德이 배출되며, 기봉준열機鋒峻烈하고 청신 기발淸新奇拔한 문자文字가 있고, 다른 이의 마음을 끌 만한 많은 장소를 구비한다. 천태나 화엄에도 석학碩學이나 대덕이 있었지만 탈속이라는 점에서 또 청신이라는 점에서 도저히 선에 미치지 못한다. 송학宋學과 선의 관계를 알기 위해서는 적어도 이하의 여섯 가지[9] 사항을 알 필요가 있다.

1. 지심견성指心見性

선禪이 교상敎相에 치중하지 않고 문자에 빠지지 않으며 단도직입적으로 자기의 심성心性을 철저히 탐구하여 여기서 대오大悟의 열쇠[鍵鑰]를 얻으려 한 것은 아무리 봐도 직접적인 수도修道 방법으로서 간명하면서도 더욱이 의심의 여지가 없는 것이다. 이 수도 방법은 노자교老子敎의 주정복귀主靜復歸에 계합할 뿐 아니라 또 유교의 진심지

9 역주 저본(191쪽 첫째 줄)에는 칠점(七點) 즉 일곱 가지라고 되어 있지만 이하 소항목은 총 여섯 가지다. '七'은 '六'의 오기(誤記)인 것 같다.

성盡心知性과도 잘 조화할 수 있다. 선을 실제로 수행함으로써 중국의 사상가는 비로소 노자교의 이상적 경지를 이해할 수 있었고, 또 유교의 문언文言에 깊은 의미를 부가할 수가 있었다. 다시 말하면 공로孔老의 이교二敎는 선의 중개를 통해 내용상 융합할 수 있었으며 이것이 바로 송학宋學이다.

2. 승원僧院의 청규淸規

실제주의實際主義에 입각한 유교의 예악禮樂을 그대로 모두 활용한 것은 『백장청규百丈淸規』다. 이는 바로 불교의 계율戒律과 유교 예악의 조화로서 그 근저에는 해탈解脫의 욕구가 가로놓여 있으므로 계율 형식으로 나타난 이 예악은 형식적으로 되어 버리기 쉬운 유교의 그것과 비교해서 진지하며 아울러 자연스럽게 실행된다. 유자후는 백장의 비명碑銘에서 "유교는 예로써 인의를 세우므로 이것이 없으면 곧 무너지며, 불교는 율로써 정혜를 지키므로 이를 제거하면 곧 없어진다[儒以禮立仁義, 無之則壞, 佛以律持定慧, 去之則喪]"라고 하며 대사大師가 이 도道에 통달했다고 찬탄한 것은 곧 『청규淸規』 중에서 율率과 예禮를 본 것이다. 중국의 불교자는 이 청규에서 새로운 생명을 찾아내며 송의 경덕景德 원년(1004) 양억楊億(974~1020)이 이를 조정朝廷에 추천하면서 한층 조야朝野에 유포되기에 이른다. 정명도는 어느 날 정림사定林寺를 지나다가 우연히 승려들이 있는 곳에 들어가게 된다. 위엄 있게 걸어 다니며, 엄숙한 태도를 갖추고, 북[鼓]을 울리고 종[鐘]을 치며, 내외가 정숙하고, 앉고 일어서는 것이 모두 청규에 계합하는 것을 보고 삼대三代의 예악이 전부 이 가운데 있구나라며 탄식했다고 한다. 현재 『청규』는 원대에 수정 보완되었지만 『함순청규서咸淳清規序』에 "우리에게 청규가 있는 것은 유가儒家에 예경禮經이 있는 것과 같다"라고 하며, 『지대청규서至大清規序』에서는 "총림叢林 예법禮法의 대경大經이다"라고 하는데, 모두 청규를 유儒의 예禮와 같은 것으로 본다. 따라서 계율의 중국화를 점쳐 볼 수 있으며, 이는 실로 유교도의 마음을 매료시킨 유력한 원인이 되기도 한다.

3. 간명簡明과 탈속脫俗

불립문자不立文字를 주의主義로 하는 선禪은 이성理性이나 정情뿐 아니라 곧바로 전인격全人格에 호소할 것을 요구하며, 번거로운 필설筆舌에 빠지는 것을 꺼려 한다. 부득이하게 필설에 호소하는 일이 있더라도 간명직절簡明直截하다. 활동했다 하면 문자를 훈고訓詁하는 폐해에 빠지는 일이 많은 유교의 학자는 선을 통해 자각의 기회를 부여받았을 것이다. 또 탈속脫俗하여 방외方外에 노닐더라도 그 언동이 저절로 법도[規矩]에 합치하고 그래서 사가師家의 면모를 발휘한 대덕大德의 일상생활은 활동했다 하면 형식에 치중하기 쉬운 유교도에게 타산他山의 약석藥石이었음에 틀림없다. 간명과 탈속은 유교도에게 가장 결핍된 것으로서 노장파老莊派의 간명직절과 허무염담虛無恬澹은 선과 상당히 공통적인 점이 있다.

이상의 세 가지 점에서 지심견성指心見性은 유도 이교에 공통적이고, 청규清規는 실제주의實際主義에 입각한 유교의 예악禮樂과 조화될 성질이 있으며, 간명탈속簡明脫俗은 이상적 경지를 동경하는 도교의 허무염담虛無恬澹과 공통된 성질이 있으므로 선종禪宗은 불교 중에서 가장 잘 유도 이교와 조화할 만한 성질을 구비한다. 원래 중국의 선禪은 인도의 선에 돈오성불주의頓悟成佛主義와 『유마維摩』의 신랄辛辣한 방편과 노장의 염담생활恬澹生活을 가미해서 성립했으므로 노장파老莊派와 공통적인 성질을 갖는 것은 본래부터 당연한 일이다. 이렇게 해서 많은 불교 종파 중 선종이 특히 지극히 융성했고 따라서 송유에게 영향을 끼쳤다. 송학宋學은 선의 영향을 받은 유교라고 해야 한다. 이 외에도 송유에게 영향을 끼친 많은 직간접적인 인연이 있는 것 중에서 다음의 네 가지는 간과할 수 없는 것들이다.

4. 기봉機鋒 및 문자文字

진조晉朝 이래 노장사상을 통해 양성된 청담淸談은 남방南方 학자의 기호에 맞아서 점차 일종의 유행이 된다. 이러한 풍조가 『유마경維摩經』의 신랄辛辣과 결합하고 선가禪家로 유입되어 그 기봉機鋒(예리한 말이나 동작)이 강렬[峻烈]해진 일은 천마天馬가 하늘을 달리는 듯하다. 이론상 당연한 것을 불가하다고 하고, 사실상 불가할 것 같은 일을 도리어 실제로 삼는, 이치[理]를 거스르고 사실[事]을 거스르는 기봉은 이론체계 안에서 생명을 찾는 학자나 일정한 약속하에서 조심스러워하는 도학자道學者를 타일러 미혹을 깨우치게 하는 점이 매우 많아 이 점에서 선禪은 도저히 교가敎家가 미칠 수 없는 장점이 있다. 하물며 이를 보조하는 데 불립문자不立文字에 입각한 통쾌하고 놀라운 문자를 사용한다. 문자 국민인 중국의 학자는 이 청신하고 분방한 문자에서 비할 데 없는 흥취를 느꼈다. 주자周子와 소자蘇子(소동파)의 친구였던 불인료원佛印了元, 구양수의 친구인 조인거눌祖印居訥, 그리고 장상영의 친구 덕홍각범德洪覺範(1071~1128) 등은 유불 이교에 통하며 한림翰林의 재능이 있어 청신한 문자로써 학자들을 감동시키는 경우가 매우 많았다.

청신한 문자 중에서 특히 간과할 수 없는 것은 『벽암집碧巖集』과 『능엄경楞嚴經』이다. 분양선소汾陽善昭(947~1024)의 염고拈古에서 시작하여 설두중현雪竇重顯(980~1025)이 박식한 변론의 재주로써 이를 계승하고 새롭게 다듬어 송고頌古를 만들고, 그 후 다시 불과원오佛果圜悟(1063~1135)가 설두의 송고에 추가적으로 수시垂示, 저어著語, 평창評唱을 덧붙인 것이 종문宗門의 제1서書라는 가칭嘉稱을 담당하는 『벽암집』이다. 혹은 나무 쪼가리로 국을 끓이고, 쇠못으로 밥을 지어서 후배에게 먹게 하는 것과 같다고 비난하는 사람도 있지만 당시의 신진 선객禪客의 다툼에서는 이것을 중요하게 여기며 이것에 의거해 서로 대화를 이어 갔기 때문에 종풍宗風을 아주 달라지게 했다고 한다. 『벽암碧巖』의 영향은 단지 불교 내부만이 아니라 세상의 학자들을 움직이는 데 큰 힘이 있고, 또 이것 때문에 문자라는 지말[末]에 치중해서 도리어 지극한 도道라는 근본[本]을 망각하는 폐해가 수반될까 봐 원오圜悟의 법사法嗣인 대혜종고는 그 판板을 부수고 그 말을 제거하기에 이른다. 따라서 유포된 정도와 폐해적 풍조가 컸음을 헤아려야 한다. 설두의 송고가 학자들에게 준 영향은 매우 크다. 그리고 이를 끊어 없애려 한 대혜는 주자朱子와 동시대의 선배이므로 송학宋學 발흥의 황금시대는 『벽암』이 극심하게 유포된 시대다. 주자는 청년 시절에 『대혜어록大

慧語錄』을 애독한다. 이러한 풍조 속에서 다른 유자儒者들도 다소 선가禪家의 어록을 접하지 않은 것은 아니다.

『능엄경楞嚴經』은 중당 이후에 비로소 교계敎界의 표면에 등장한 최신의 경전문학이다. 거사居士 방융房融(?~705)이 필수筆受라는 점과 화엄華嚴, 천태天台, 밀교密敎, 선禪의 조화를 골격으로 한 점, 덧붙여 문장이 절묘하다는 점에서 비상非常하게 유포되었다. 당대唐代에는 주석註釋이 세 가지 종류에 지나지 않았지만 송대에 이르러서는 갑작스럽게 다수의 연구자를 배출하며, 화엄과 천태 및 선 등 세 종파의 학자들은 각각 자기의 종의宗義에 의거해 이를 해석했지만 점차 선가禪家의 경전으로 이해될 정도로 선가 사이에서 완미玩味되었다. 『백장청규百丈淸規』를 고안考案하면서 선가가 사용한 경전은 『금강金剛』, 『화엄華嚴』, 『원각圓覺』, 『능엄楞嚴』 등 네 가지 경전 및 호국삼부경護國三部經(『인왕경仁王經』, 『법화경法華經』, 『금광명경金光明經』)이다. 그중에서 능엄주楞嚴咒는 거의 모든 법식法式에서 사용될 뿐 아니라 특히 능엄회楞嚴會라는 것도 거행된다. 『벽암碧巖』 중에 『능엄楞嚴』에는 보이지 않는 고안도 있다. 그 때문에 선종禪宗의 유포는 자연히 이 경전을 유포시키게 된다. 많은 주석자註釋者 중에 왕안석, 장상영 같은 거사가 섞여 있다는 사실은 특히 주의해야 한다. 왕안석은 재상宰相에서 물러난 뒤 여러 스승들이 간략히 한 부분은 자세히 풀고, 자세히 설명한 부분은 간략히 하면서 이 경經에 대한 소해疏解를 짓는데 독자적인 식견이 나타나 있으며, 몇 해 뒤 덕홍각범은 이를 매우 칭찬했다고 한다. 장상영은 또 연기緣起를 개찬改竄하면서 앞뒤 위치를 바꾸거나 중복된 부분은 잘라 내고, 성위聖位를 개정하면서 파사익왕波斯匿王이

황하[河]를 가리켰다는 사실을 삭제하고 출라판타카[周梨槃特]의 송추誦帚라는 인연담으로 대체하며, 의도적으로 증감하면서 심心을 사師로 바꾸는 등 경전 전체의 면목을 일변一變시키고 이를 『해안경海眼經』이라고 이름 붙였으며, 나아가 여러 전문가들의 해석과 자기의 설명을 모아서 보주補註를 편찬한다. 왕안석도 장상영도 모두 선기禪機(선의 기봉機鋒)가 있으며, 특히 장상영은 교외별전敎外別傳주의에 입각해서 출가는 도저히 할 수 없다는 입장으로 나아간다. 따라서 이에 대한 찬부贊否도 제각각인 모양새가 된다. 월승혜인越僧慧印은 이에 대찬성하며 공공연하게 이것을 신경新經이라고 제목을 붙이고 보통의 『능엄』은 구경舊經이라고 불렀지만, 뇌암정수雷菴正受는 이에 반박하며 도도하세 수천 마디 말을 거듭한다. 왕안석의 소해도, 장상영의 『해안경』도 현존하지 않아서 유감이다. 경전을 산정刪定한다는 것은 불교사에서 거의 유례가 없는 진귀한 일로서 그만큼 꼭 살펴봐야만 할 일이다. 장상영은 일찍이 승사僧寺에 갔을 때 장경藏經을 엄정嚴整하는 것을 보고 크게 노여움이 생겨서 밤늦도록 무불론無佛論을 쓰고 있었는데 아내인 향씨向氏가 "부처가 없다면 논할 필요도 없습니다. 유불론有佛論을 써야만 합니다"라고 보낸 경답警劄을 받고서 그 후 『유마경』을 보고 문득 깨달은 바가 있었고, 이로 인해 불도佛道를 믿고 여산廬山 동림사東林寺의 상총에게 참여하여 인가印可를 받고, 이후 도솔사兜率寺의 종열從悅(1044~1091)과 담론하며 크게 성찰한 바가 있었으며, 나아가 또 대홍산大洪山의 보은報恩, 불과원오佛果圜悟(1063~1135), 대혜종고 등과 종문宗門을 담론하며 더욱더 심경心境을 개척한다. 그의 『호법론護法論』은 멀게는 한유, 가까이는 구양수와 정이천 등의 배불排佛이

천박하다고 비평하며, 삼교三敎를 약에 비유하여 "유교는 피부병을 치료하고, 도교는 혈맥의 병을 치료하며, 불교는 골수의 병을 치료한다"라고 하면서 『금강金剛』, 『법화法華』, 『능가楞伽』, 『원각圓覺』, 『능엄楞嚴』 등 여러 경전을 인용하며 증명한다. 아마 불교에 관심을 가진 당시의 거사 중에서 두 사람이 가장 불교 지식이 있었지만, 그런데 사상적으로는 왕안석 쪽이 한 단계 위인 것 같다. 왕안석의 성론性論은 확실히 유교자儒敎者 중에서 첫 번째 위치를 점유하는 것이며, 당시 거사들이 『원각』, 『능엄』을 애완했다는 사실에 관해서는 많은 증거들이 있지만 그중에서 『노자老子』에 주석한 소철蘇轍(1039~1112)은 언젠가 작문하는 방법을 묻는 한구韓駒(?~1135)에게 『능엄』, 『원각』 등의 경전을 숙독하면 자연스레 글이 좋아지고 이치에 통달하게 될 것이라고 일러주며, 더욱이 가형家兄인 동파가 황주黃州에서 귀양살이할 때 두문불출하며 글 짓는 일에 몰두했기 때문에 그 글이 확 달라졌고, 강 쪽에 이르게 되었던 것 같은데,[10] 그 후 그는 석씨釋氏의 글을 읽고 실상實相을 깊이 깨닫게 되면서 이것[11]을 공로孔老보다 뛰어나서 변론에 걸림이 없고 호연浩然은 끝이 없을 지경이다라고 말한다. 따라서 얼마나 사상가든지 문학자, 위정자 등이 불교 특히 『능엄』을 연구했는지를 알아야 한다. 이러한 풍조가 되었으므로 장정張程 등의 송유도 『능엄』을 잘 알게 된다. 『능엄』 그 자체를 보지는 않았더라도 왕안석이나 장

10 역주 소동파(蘇東坡)가 황주에서 귀양살이할 때 양자강 건너 남쪽의 금산사(金山寺) 주지였던 불인료원(佛印了元)과 시문으로 교류한 일을 말하는 것 같다.

11 역주 문맥상 석씨(釋氏)의 글 특히 『능엄』이나 『원각』, 그중에서도 『능엄』을 가리키는 것 같다.

상영의 저술을 통해 또는 적어도 대담對談을 하면서 그 중추사상을 알게 되었을 것이다. 왕안석이 어느 날 정명도와 대담하면서 안석이 "그대[公]의 학문은 벽을 오르는 것 같아서 그 말이나 실행이 어렵군요"라고 하자 명도는 "당신[參政]의 학문은 바람을 잡는 것 같습니다"라고 말한 것은 상당히 흥미로운 대조다. 이는 이상가理想家로서의 명도와 사변가思辨家로서의 왕안석을 말하는 것으로서 양자의 비평은 아마 모두 타당할 것이다. 장자의 배불 논란 중 사상에 관한 것은 바로『능엄』에 대한 것이고 그 뒤를 이은 정자의 것도 마찬가지로 주로『능엄』에 대한 것인데 그 이유는 실로 이상과 같은 사실 때문이다. 그러면 송유의 학설을 적절히 이해하려면 적어도『능엄경』한 부를 읽지 않으면 안 된다. 장자의 기질성氣質性이나 천지성天地性 등에서 기질성이란 것이『순자荀子』중에 있고, 또 성정性情의 대립이라는 문자가『예기주소禮記註疏』에 있다고 하더라도,『능엄』의 앞부분에서부터 보이는 연심緣心과 성심性心의 대립 또는 제4권에 보이는 화합성和合性과 본연성本然性 등에서 추론의 틀을 얻었음에 틀림없다. 만약 이것이『능엄』의 영향이라고 한다면 적어도 이 한 가지 점에서 송유 전체가 불교의 영향을 받았다고 할 수 있다. 하물며 다른 여러 가지 분명한 증거들도 있다. 굳이 말하자면 불교의 내용에 유도 이교의 언어를 적용한 데 지나지 않는다고 볼 수 있는 점이 적지 않다는 것이다.

5. 유교자의 출가

남북조 이후 수당시대를 거치며 유교儒敎에 사람이 없었던 것은 유교 집안에서 태어난 사람이 석문釋門에 귀의하여 당대唐代의 마조도일의 후계자로서 상당히 유명한 방온과 같은 거사居士가 되고, 혹은 출가해서 마찬가지로 당대 천태종天台宗을 중흥中興한 형계와 같은 석학碩學이 되며, 선문禪門의 대덕大德인 단하와 같은 사람이 되어 버렸기 때문이다. 그중에서도 형계가 출가해서 불문佛門 최대의 석학이 된 것과 같은 일은 그 영향이 매우 컸다. 또 방거사가 토로吐露한 오묘한 어구語句는 그 후 선가禪家에서 공안公案으로서 잘 사용되며, 이것이 또 학자를 불교에 귀의시키는 데 상당히 유효했다. 유명한 『벽암집』의 비단결 같은 어구는 이와 같은 것으로서 250여 년간 점차적으로 발달하며 쌓인 결과다. 이상은 당에서 가장 대표적인 학자를 제시했을 뿐이다. 그 밖에 상세히 조사한다면 매우 많은 수의 작은 방거사[小龐居士]나 작은 형계[小荊溪]를 찾을 수 있을 것이다. 왕안석은 일찍이 장방평張方平(1007~1091)에게 "공자가 세상을 떠난 지 100년에 맹자가 있었고, 그 후는 단절되어 사람이 없습니다. 혹 있더라도 순유醇儒는 아닌 것 같은데 어떻습니까?"라고 물었는데 방평이 "어찌 사람이 없다고 하십니까, 공맹보다 뛰어난 사람들이 있습니다"라고 의외의 답변을 하자 안석은 대체 어떤 사람들인지 다시 물었고 방평은 "마조도일馬祖道一, 분양무업汾陽無業, 설봉의존雪峰義存, 암두전활巖頭全奯, 단하천연丹霞天然, 운문문언雲門文偃입니다"라고 또 의외의 답변을 한다. 방평은 더욱 말을 이어 가며 "유문儒門은 담박해서 주워 담기는 해도 거기에 머물지는 않고 모두 석씨에게 귀의합니다"라고 말하자 안석은 비로소 탄복한다. 안석이 나중에 이를 장상영에게 말하자 상영은 책상을 탁 치며 이를 지극한 말씀이라고 칭찬했다고 전해진다. 장방평은 일찍이 서주徐州의 승사僧舍에서 『능가경』을 보고 이를 일독하자 숙장宿障(전생의 업장業障)이 얼음 녹듯 했으며, 그 필적이 자기의 필적과 조금도 다르지 않아 더욱더 부사의不思議한 인연을 느껴 그 후 종신토록 경전 앞부분의 사구四句에 의해 심요心要를 발명하며, 또 이를 소동파에게 전해 주는데 동파는 이 경전을 출판해서 유포한다. 소동파가 불서佛書를 애독하게 된 것은 이러한 인연에서였던 것 같다. 장방평이 출가한 유교도儒敎徒로서 마조 등을 열거한 것은 조금 지나치게 기발한 것이 아닌가 하는 의심도 들지만 당시 유교 집안에서 태어난 사람이 계속해서 출가하여 불문 중의 대덕大德이나 소덕小德이 된 사례를 보여 주는 것이라고 한다면 이로써 당시의 풍조를 가늠해 보기에 충분하다. 장방평의 답변은 아마 설두雪竇의 염고拈古에서 문득 떠올랐을 것이다. 암두전활巖頭全奯을 송의 선경善卿이 지은 『조정사원祖庭事苑』에서는 전활全豁의 오기라고 정정하는데 '奯(활)'과 '豁(활)'은 발음이 같다.

6. 유불의 조화

노장이 불교를 위해 길을 열었다는 사실은 새삼스럽게 말할 것도 없다. 한대?(漢代?)에 이미 유교 특히 도교와 불교 사이의 사상적 일치를 논한 모자의 「이혹론理惑論」 이래 나집과 동시대의 도안이 『노자老子』의 말로써 『반야경般若經』을 해석한 것을 시작으로 해서 노장의 허무염담虛無恬澹주의를 선정禪定에 가미시킨 남선南禪을 끝으로 불교와 노장의 조화는 수당 이후 도도하게 천하의 풍조를 이루기에 이른다.

당 초에 도석道釋(도교와 불교) 사이의 자리다툼이 있었고, 측천제則天帝(재위 690~705) 때 석도釋道로 순서가 정해진 이후 양 교의 담론은 조정朝廷에서 행해지는 의식의 하나가 된다. 덕종德宗(재위 780~805) 때 삼교담론을 개최한 일도 있지만 유교는 도저히 양 교의 적수가 못 되며, 선종宣宗(재위 846~859) 이후 제帝의 탄신일에 삼교담론의 행사를 반복했는데 양 교의 융화책融和策으로서 유교를 중개자로 삼았던 것으로 보인다. 그 후 송 초에 이르기까지 백십여 년간 삼교담론의 행사를 반복하는 동안에 불로는 서로를 잘 이해하며 융화하고 습합하면서 새로운 조직을 형성할 기운機運을 개척했음에 틀림없다. 당대唐代를 통틀어 사상계의 선구였던 것은 항상 불교였으므로 불교 연구를 통해 도교는 새로운 생명을 얻었지만, 유교의 경우 당대는 실로 번민의 시대였다. 참선參禪하며 공양한 송 초의 도사道士 여동빈이 삼교의 일치를 주창한 것은 진박의 전신前身이 되며, 나아가 송유를 위해 도道를 개척하고, 송 중엽에 이르러 유자儒者 또한 대세를 감안해서 불교를 섭취하며 교묘하게 자가自家의 약롱藥籠 속에 담게 된다. 이상은 지극히 대체적인 관찰이다. 요컨대 유교는 불교로 인해 조직을 대성하지만 이에 반해 불교는 도교의 언어를 빌려서 불교의 사상을 표명하는 도구로 사용하며, 혹은 또 자연스럽게 염담 생활에 침투했지만 유교에 대해 사상적으로 조화를 시도한 일은 적었던 것 같다. 본지수적설本地垂迹說에 의거해 공자와 안회를 불교 안에 섭취하려는 기도企圖가 있었고, 혹은 윤상倫常에 적합할 만한 문구文句로 번역을 한 일도 있지만, 불교자의 유교관儒敎觀은 항상 이를 도교의 아래에 둔다. 그런데 송 초에 조야朝野의 각성한 유교자가 한퇴지의 기개에 공감해서 맹렬히 서로 호응하며 배불排佛을 논의하기에 이르러 비로소 유석儒釋의 회통이 달관담영이나 대각회련大覺懷璉(1007~1090)이나 명교대사 설숭에 의해 기획된다. 담영에게는 앞의 성론性論 부분에서 제시한 성변性辯이란 것이 있고, 설숭에게는 수많은 뛰어난 문장들이 있다. 설숭의 『보교편輔敎篇』은 진지한 유불조화이며, 『심진문집鐔津文集』에 수록된 한자韓子를 배격한 여러 편의 글은 한자에 대한 논박이면서 동시에 마찬가지로 유불의 조화다. 『보교편』 앞부분의 「원교原敎」는 "만물에는 성과 정이 있고 예나 지금이나 생과 사가 있다[萬物有性情, 古今有死生]"로 글을 시작하며, "성이란 적정하며 움직이지 않은 것으로서 사람의 자질이며, 정이란 감응하여 통한 것으로서 사람의 욕구다[性者寂靜不動, 人之資質者也, 情者感而通, 人之欲者也]"라고 스스로 주석하는데 역시 성性과 정情을 본각本覺과 불각不覺에 배치한다. 여기서 감통感通을 동動하는 정으로서 불각으로 보는 것은 송유의 말과 합치하지 않는다. 송유는 일반적으로 감통을 부동不動의 적지寂止상에서의 관조觀照에 배당하며, 아울러 이것에 정이라는 이름을 부여했지만 아마도 관조를 정이라고 한 것은 상응하지 않는 것 같다. 어쨌든 적연寂然과 감통은 성정性情의 의미로 이해할 수도 있고 또 지관止觀의 의미로도 이해할 수 있지만 성정과 지관을 동일시해야 하는 것은 아니다. 설숭이 성정을 만물에 보편화시키고 또 "생生은 정情에서 기인하고, 정은 성性에서 기인한다"라고 한 것은 간단하면서도 성정의 의의 및 관계에 관해 유자들의 참고가 된다. 덕홍각범이 설숭의 탑塔에 예禮를 표한 시詩에서 "나의 도를 공자와 비교하면, 비유컨대 손바닥과 주먹과 같네, 펴거나 쥔 차이가 있지만, 요컨대 이것은 그냥 손이라네[吾道比孔子, 譬

如掌與拳, 展握故有異, 要之手則然]"라고 하며 양 교의 조화에 찬성하고, 이것을 일독一讀한 유자는 처음에는 그 문장을 좋아하고 끝에는 그 이치[理]가 뛰어나 꺾을 수 없음을 두려워하여 배불의 소리가 점차 잦아들게 되며, 왕안석이나 장상영 같은 사람들도 이 글로 인해 불교에 귀의할 인연을 맺었다고 말한 것을 보면 이 글의 반향은 매우 중대한 것이었다. 송유의 대다수는 물론 이 글을 일독한다. 설숭은 구양수와 같은 해에 입적하며, 주자는 그보다 적은 나이로 다음 해에 숨을 거두며, 장자張子도 그보다 적은 나이로 5년 후에 사망하고, 명도 역시 13년 후에 그보다 적은 나이로 사망하는데, 이천은 이보다 35년 후에 더 많은 나이로 사망한다. 그렇다면 주장周張 두 사람을 비롯해 누구든 설숭보다 나이가 어리며 모두 그보다 뒤에 사망했으므로 그 영향의 정도는 불분명하더라도 당시의 유자였다고 한다면 유명한 설숭의 대저大著를 읽었을 것이 당연하며, 읽은 이상 여기서 다소의 암시를 받았을 것이다.

설숭과 때를 같이하며 인종仁宗(재위 1022~1063)의 귀의를 받은 대각회련도 역시 유불일치를 주장한 사람이다. 수선손씨修選孫氏가 종교에 대해 묻자 "오묘한 도[妙道]의 의미는 성인聖人이 『역易』에 함축했습니다. 주周나라가 쇠퇴하며 선왕先王의 법도가 무너지고 예의가 사라지게 되자 기이한 말과 이상한 술수가 세상에 나타나 풍속을 어지럽혔습니다. 우리 석가께서 중국 땅[中土]으로 들어와 제일의第一義를 사람들에게 제시하고 자비로써 중생을 교화했으며 역시 때에 맞는 일이었습니다. … 하늘에 사시四時가 있어서 순환하며 만물을 생성하듯이 성인의 가르침은 번갈아 보존하고 지탱하면서 천하를 화성化成합니다. 그 끝에 이르러서야 폐단이 있더라도 폐단은 흔적이며 도道는 하나일 뿐입니다. 진한秦漢에서 지금에 이르는 천여 년 동안 풍속은 쇠퇴하며 더욱더 흐려지고, 성인의 가르침은 갈라져 정립鼎立하며 서로 비난하면서 통하는 바를 모르고, 대도大道는 텅 비어 있으며 되돌아온다는 것을 알지 못합니다. 참으로 통탄할 일입니다"라고 답한 것은 배불排佛의 논의가 야단스러웠음을 반영하고 있다. 대각大覺의 의도는 성명性命의 이치[理]와 자비慈悲의 실천[行]을 불교의 요지로 삼고 특히 선禪을 통해 물과 새나 나무에서도 도를 얻는다는 점에서 무위無爲의 교화를 얻어야 한다는 데 있다. 원통거눌圓通居訥(원통사圓通寺의 조인거눌)의 추천으로 시방정인선원[十方淨因禪院]의 주지가 되었을 때의 취인연설[開堂演法]에서 "만약 가섭迦葉의 문하門下로 향한다면 요堯임금의 풍속이 호탕해지고, 순舜임금의 해[日]가 높고 밝아져 들판의 노인이 칭송하듯 노래하며, 고기 잡는 사람은 북 치며 춤출 수 있다"라고 한 것은 그 의도를 나타내고 있다. 당시 유불의 일치를 불교자 측에서 주장한 것은 설숭과 회련뿐만이 아니며 아마 시대적 사조였던 것 같다.

이상으로 다소 억지스러울 수도 있지만 송유의 학설이 유래한 인연을 서술했다. 송유를 적절히 이해하기 위해서는 유도 양 교 외에도 『벽암집碧巖集』을 비롯해 『선사어록禪師語錄』, 『능엄경楞嚴經』 및 주석註釋이 될 만한 『보교편輔敎篇』과 『성변性辯』 등을 볼 필요가 있다. 더욱이 송유의 연원을 알기 위해서는 멀리 당 이고의 『복성서復性書』까지 거슬러 올라가야만 한다. 이고는 한퇴지에게 글을 배웠다고는 해도 그가 작성한 한퇴지의 행장行狀이나 제문祭文을 볼 때 사제師弟의 관계라기보다도 같은 시대의 후배라고 하는 것이 적당하다. 그러나 한퇴지의 조카사위로서 종종 훈계를 받았을 것이다. 그 명문名文은 한자韓子와 나란히 일컬어지며 다 함께 글의 궤범으로 여겨지지만 사상적으로는 훨씬 걸출하다. 이고를 불후의 존재가 되게 한 것은 세 편으로 된 『복성서』로 충분하다.[12]

12 이상의 송유와 불교의 교섭 개설은 1916년 7월, 8월 호(號) 『철학잡지(哲學雜誌)』에 게재한 것으로서 각 논(論)과 중복된 부분도 있지만 이 문제 개괄의 편의에서 이제 여기에 첨삭 수정하여 특별히 게재한 것이다. 나아가 『사학잡지(史學雜誌)』 제23편과 제24편에 걸친 요코타 무네나오[橫田宗直] 학사(學士)의 「송유의 선학 연구에 관해[宋儒の禪學硏究に就いて]」(1912)라는 유익한 논문을 참조할 수 있다. **역주** 이 내용은 저본 202쪽 7~10줄에서 부기(附記)라는 제목하에 기술된 것이다. 각주에 해당하는 내용이라고 판단해서 각주로 표기했다.

주렴계周濂溪와 불교

제2장

1. 주자周子와 불교의 교섭

주자周子의 이름은 돈이敦頤, 자字는 무숙茂叔, 호號는 염계濂溪다. 호남성湖南省 도주道州 사람이다. 수도[京都]에서 공부하며, 24세에 홍주洪州 분영현分寧縣의 주부主簿가 된다. 분영현은 남창현南昌縣 서쪽에 있으며, 황룡산黃龍山과 가깝다. 38세 때 홍주 남창현의 담당자로서 3년을 보내며, 55세 때에는 남강군南康軍의 담당자가 된다. 남강현南康縣은 여산廬山의 남쪽 기슭 팽려호彭蠡湖 언덕에 있다. 여산 오로봉五老峰 아래의 백록동서원白鹿洞書院을 부흥시켜 멀리 당 이고의 뒤를 이은 것은 이때에 속한다. 말년에는 벼슬에서 물러나 여산 연화봉蓮華峰 아래에 거처하며 시내[溪] 위에 서당을 짓고 염계서당濂溪書堂이라고 불렀다. 저서로는 『태극도설太極圖說』, 『통서通書』가 있다. 모두 송유의 근원이 되는 것이다. 희녕熙寧 6년(1073), 57세로 사망하며 스스로 윤주潤州로부터 개장改葬해서 태군정씨太君鄭氏의 묘墓 왼쪽에 묻힌다. 그 묘지는 현재 구강현九江縣 남쪽 십리포十里鋪에 엄연히 존재하며, 묘표墓標가 당당하게 있어서 그 감화가 오늘날까지 미치고 있음을 말해 준다.

이와 같이 주자가 살면서 가장 많은 시간을 보낸 곳은 강서성江西省으로서 분영현도, 남창현도, 남강현도, 만년에 여생을 보낸 여산도 모두 강서성이다. 홍주는 마조도일 이후 선종禪宗의 연총淵叢으로서 동산洞山, 조산曹山, 황룡산黃龍山, 양기산楊岐山, 백장산百丈山, 앙산仰山, 황벽산黃檗山 등이 모두 강서성 홍주에 있다. 주자가 가장 많은 세월을 보낸 곳이 강서성이고 특히 은퇴하고 여산에 은거한 일은 선자禪者들과 연락할 기회를 부여했다. 주자를 논하면서 첫 번째로 신경 써야 할 일은 시대적 고찰과 지리적 고찰이다. 그 시대가 선종이 극성한 송대이며, 그 지방이 선종의 연총인 강서성이라는 점은 주자의 사상을 아는 데 매우 중요한 사항에 속한다.

주자는 임관任官이 많지 않았기 때문에 매우 궁핍했지만 광풍제월光風霽月처럼 그다지 개의치 않는다. 그가 부흥시킨 백록동서원은 실로 송대 사학私學의 제일第一이다. 송대의 손태산, 석조래石徂徠(1005~1045), 주자周子, 주자朱子, 장남헌 등은 모두 과거科擧를 위한 학문을 싫어해서 사학을 개척했는데 이것이 실로 송학宋學을 부흥시킨 요람이다. 정명도는 15~16세 때부터 주무숙이 도道를 논하는 것을 듣고 과거의 학문을 싫어하고 굳은 의지로 구도求道에 뜻을 둔다. 그래서 친동생인 정이천과 함께 송유 중에서 손꼽을 만한 지위를 얻게 된다. 둘 다 주자周子의 문인門人이다. 이러한 여러 유자들이 과거를 싫어했던 것은 아마도 선자禪者가 초연하게 도를 추구한 데서 자극을 받았기 때문일 것이다. 주자는 홍주에 임관하기 이전에 이미 선자들과 교섭이 있었다고 전해지지만, 그가 가장 많은 영향을 받은 것은 홍주에 임관한 이후였다는 사실은 논란이 없다. 일생 중에서 주자가 가르침을 받은 사람은 여러 문헌들에 근거하자면 많게는 이하 다섯 명의 스승들이다.

① 윤주潤州 학림사鶴林寺의 수애壽涯: 윤주는 지금의 진강鎭江이며 오늘날에도 여전히 학림사가 있다. 주자는 수애에게서 선천게先天偈 즉 "만물에 앞서 천지가 있으니, 형체가 없고 본래 고요하며 텅 비어, 모든 형상의 주인이 되고, 사시를 뒤쫓지 않고서 그려 내네[有物先天地, 無形本寂廖, 能爲萬象主, 不逐四時凋]"라는 게송을 얻었다고도 하고(『조자독서지晁子讀書志』, 『송원학안宋元學案』 12), 또는 호숙胡宿(995~1067) 및 소고邵古와 함께 『역易』을 얻었다고도 하며(『송원학안』 11, 12 및 『주자전서周子全書』 5), 또는 호무평胡武平과 함께 『태극도太極圖』를 받아서 이를 이정자에게 주었다고도 한다(『독서지讀書志』, 『주자전서』). 이것은 24세 이전의 일이다.

② 황룡혜남黃龍慧南: 주자의 친구 반흥사潘興嗣(1023?~1100?)는 이미 혜남의 인가印可를 받은 사법嗣法의 한 사람으로서 청일거사淸逸居士라는 호號가 있다. 주자도 일찍이 "나의 이 묘한 마음은 실로 혜남

선생님 등에게서 열고 나아갈 바를 얻었다[吾此妙心實得啓迪於南老等]" 라고 말하며(『운와기담집략雲臥紀談輯略』, 『거사분등록居士分燈錄』), 『거사분등록居士分燈錄』의 찬贊에서는 주자가 이락伊洛(이천伊川과 낙양洛陽) 지역 중심의 전통을 개척한 연원을 고찰하면서 실로 불인과 황룡이 갈파한 데서 기인한다고 말한다. 이것은 38세에서 40세 사이의 일이다.

③ 회당조심晦堂祖心: 조심은 혜남의 법자法子다. 주자는 일찍이 조심에게 교외별전敎外別傳의 뜻을 물었으며, "다만 자기의 집 안을 향해 마음을 집중[打點]할 일이다. 공자가 아침에 도道를 들으면 저녁에 죽어도 좋다고 했을 때의 도란 무슨 도인가? 안자의 고치지 않은 즐거움[不改樂]에서 그 즐거움이란 무슨 즐거움인지를 끝까지 궁구한다면 자연스레 계합할 것이라고 들었다"(『거사분등록居士分燈錄』)라고 한다. 이것은 혜남에게 참여할 때, 또는 만년晩年의 일이다.

④ 불인료원佛印了元: 주자는 요원과 도道를 강론하는 방외方外의 친구였다. 백련사白蓮社의 고사故事를 추모해서 청송사靑松社를 결성하고 요원을 사주社主로 삼는다. 주자는 어느 날 요원에게 "천명天命의 성性을 도라고 해야 한다. 그런데 선禪에서는 무심無心을 도라고 하는데 어찌 된 일인가?"라고 묻고, "보름달과 푸른 산을 한꺼번에 바라본다[滿月靑山一任看]"라는 구절을 얻어 깨닫는 바가 있었다. 창문 앞의 풀을 베어 버리지 않고 "내 집의 의지와 하나다[與自家意志一般]"라고 말한다(『운와기담雲臥紀談』, 『불법금탕편佛法金湯編』, 『거사분등록居士分燈錄』). 이것은 40세 즈음의 일이다. 요원은 유학儒學을 연구한 뒤 선에 입문한 사람이다. 주자는 요원과 교섭함으로써 철학적 기초를 깊이

다졌던 것으로 보인다.

⑤ 동림사東林寺의 상총常總: 주자는 상총과 교유하며, 오랫동안 깨달은 바는 없었다. 상총이 이에 정좌靜坐를 가르치자 한 달여 만에 깨달음이 있었다. 같이 청송사를 결성했다(『성리학요性理學要』, 『송원학안宋元學案』 12)고 하며, 또 상총[總公]에게서 『태극도설太極圖說』의 구결口訣을 전수받았다(『거사분등록居士分燈錄』)고도 하고, 또 장자후張子厚 등과 함께 상총[總公]에게서 이사이법계理事二法界 및 아울러 이사理事의 교섭과 태극무극太極無極의 관계를 지도받았다(『유불합론儒佛合論』)고 한다. 이것은 혜남 및 요원과 교섭하고 있을 때의 일이다.

이상의 여러 문헌들을 하나하나 고증해서 옳고 그름을 검토하는 일은 용이하지 않다. 불자佛者가 전하는 내용은 불교와의 관계를 과장하는 경향이 있어서 이를 그대로 믿을 수는 없다. 이미 청송사의 사적事跡처럼 앞의 서술 중에서 중심인물을 요원이라고 한 것과 상총이라고 한 것 등 이설異說이 있다. 더욱이 원통거눌이 중심이 되어 구양수 등이 결사했다고 보는 설說도 있다. 하나하나 고증한다면 이론異論들을 해결하기 어려운 결과가 나타나겠지만, 대체적으로 본다면 주자와 선자禪者의 관계를 부정할 수는 없다. 그 언행이 선승禪僧과 닮았고, 문제자門弟子인 정이천이 궁색한 선객[窮禪客]이라고 비평한 데서도 그의 일반적인 일상생활을 알 수 있으며, 제자에게 "안자의 즐거움은 어떤가?[顔子所樂如何]"라는 문제로써 지도한 것은 일종의 선禪적인 공안公案으로도 볼 수 있다. 그의 사상에 선의 영향이 있는 것은 본래 당연하다. 송유가 불교에서 독립하기 위해 불교를 배척함으로써 그 책임을 다하려고 하는 동안에 오직 주자에게서는 이런 점이 보이지 않는 것은 특히 선과의 교섭이 밀접했음을 말해 준다. 송유의 조상[祖]이라고 할 주자가 이러하다면 그 문하에서 배출된 정주程朱에 불교의 영향이 있는 것도 본래 당연한 일에 속한다.

2. 본체론本體論

송유의 학설은 대체적으로 남南과 북北의 두 계통으로 구분된다. 남방 계통은 주자周子의 태극무극설太極無極說을 조술祖述하고, 북방계통은 장자張子의 허기설虛氣說을 조술한다. 무극은 실체관을 깨뜨리고 관념설의 영역으로 나아가며, 허기설은 허즉기虛卽氣라고 말하면서 오히려 기氣를 실체적으로 보는 경향이 있다. 그렇다면 남북의 대조는 결국 관념설과 실체설의 대립이 된다. 이정二程은 북방 사람이지만 정명도는 주자에게 배웠기 때문에 그 영향을 받고, 정이천은 마찬가지로 주자에게 배웠음에도 장자와의 교섭에서 영향을 받아 두 사람은 형제이면서도 그 사이가 남북의 두 계통으로 구분된다. 주륙朱陸(주자朱子와 육자陸子) 두 사람은 모두 남방 사람이지만 육자가 정명도를 계승한 데 반해 주자가 학문적 계통상 장자와 이천의 뒤를 계승하므로 두 사람 사이는 남북의 두 계통으로 구분된다. 이러한 두 계통의 관계는 마치 불교에서 진여여래장眞如如來藏 계열과 알라야식[阿賴耶識] 계열이 있는 것과 같다. 두 계열 모두 유심론唯心論이지만 진여설眞如說은 관념설이 되고, 뇌야설賴耶說은 실체설의 흔적을 뇌야식賴耶識 중의 종자種子에 남긴다.

주자周子는 만유萬有를 오행五行의 교섭을 통해 전개시키고, 그 오행은 음양陰陽이라는 이기二氣의 관계에서 도출하며, 그 이기를 태극太極으로 통일시키고, 그리고 그 태극은 무극無極으로 귀결시킨다. 일종의 발전설發展說이다. 그 근본 원리는 태극과 무극이다. 『태극도太極圖』의 처음에서는 "무극이면서 태극[無極而太極]"이라고 하며, 또 "태극은 본래 무극이다[太極本無極也]"라고 한다. 태극은 음양의 이기를 내용으로 하며, 태극의 위치에서는 음양이나 동정動靜 양면의 기氣가 그 가운데 어우러져 있고, 어떠한 이름이나 모양[名狀]이 없다. 이름이나 모양은 음양의 대립 이후에 속한다. 바로 그 이름이나 모양이 없는 무상無象, 무명상無名相을 억지로 이름 붙여 무극이라고 한다. 태극과 무극은 별개의 것이 아니므로 무극에서 태극이 생긴다고 이해하면 안 된다. 품휘品彙로시는 근저라는 점에서 태극이라고 하고, 소리도 냄새도 없다[無聲無臭]는 점에서 무극이라고 할 뿐이다. 주자周子는 "태극은 본래 무극이다[太極本無極也]"라고 말했다. 주자朱子는 이를 "태극 외에 다시 무극이 있는 것이 아니다[非太極之外復有無極也]"라고 해석한다. 이 설명을 통해 명료해진다.

음양의 이기는 기로서는 동등하다. 이것을 두 가지라고 한 것은 잡다한 변화를 설명하기 위한 가정일 뿐이다. 음양에 이르러 물질적 성질을 띠므로 주자朱子는 이 이하를 형이하形而下라고 한다. 이에 대해 무극태극無極太極을 형이상形而上이라고 한다. 이기로부터 나타난 오행에 이르러서는 벌써 잡다한 변화의 근본형식이 갖춰진다. 게다가 마찬가지로 이기에서 발생한 이상 본질은 분명히 평등하다. "오행이 발생하며 각각 그 성은 동일하다[五行之生也各一其性]"라는 말은 본질이 평등하다는 의미인 것이다. 한대 이후의 오행설五行說을 차용하여 만

유가 성립하는 요소로 삼으면서 더욱이 그 본질의 평등을 말하는 것은 그 구별을 이기 관계의 분량적 차이에서 추구하는 것이고, 인도의 사대설四大說 이상으로 진전했다고 해야 하며, "오행은 동일한 음양이고, 음양은 동일한 태극이다[五行一陰陽也陰陽一太極也]"라고 한 것은 이 의미를 표현하는 것이다. 오행의 차이를 철거하여 이를 이기로 환원하고, 이기의 차이를 철거하여 이를 태극으로 환원하며, 그리고 태극에서 실체적 성질을 제거해서 결국 이를 무극으로 귀결시킨 것은 고금古今의 사상에서 떨쳐 내기 어려운 실체설을 제거하고 관념설의 영역으로 진입한 것이다. 실체를 전환해서 관념으로 삼은 점에서 비로소 통일이 있다. 만유와 본체 사이에 본성이 평등하다는 의의를 갖추게 한다. 이에 이르러 태극 속에 만유를 포용함과 동시에 만유 각각에 태극을 포용할 수 있게 된다. 주자朱子는 다음과 같이 말한다.

> 각각 그 본성이 동일하여 곧 태극과 혼연한 전체이면서 태극이 하나하나의 사물에 갖춰지지 않음이 없다.
>
> 천하에 어찌 본성 바깥의 사물이 있겠는가.

주자朱子의 해석은 어쩌면 조금 과장되었지만 주자周子가 오행의 성性을 동일한 것으로 해서 결국 무극으로 귀결시킨다는 점에 저절로 포함된다. 주자朱子가 그 철리哲理를 종횡으로 휘두른 기초는 무극에 있으므로 입이 마르도록 이를 칭찬하며 "주자는 도의 본체를 이해했다[周子見道體]"라고 하고, "천 년 전 성인聖人 이후 전해지지 않던 비밀을 진짜로 얻었다[眞得千聖以來不傳之秘]"라고 말한다. "태극은 오묘하여 유무에 속하지 않으며 일정한 형체가 되지 않는다[太極之妙不屬有無不落方體]"라고 한 것은 실체관념을 이탈했다는 말이다. 당시 이를 실체적으로 보고 "무극에서 태극이 된다[自無極而爲太極]"라고 하는 경우도 있었고, 상식적으로 이해하기 쉬우므로 보통은 그랬던 것으로 보이는데 주자朱子는 있는 힘껏 이를 배척한다.

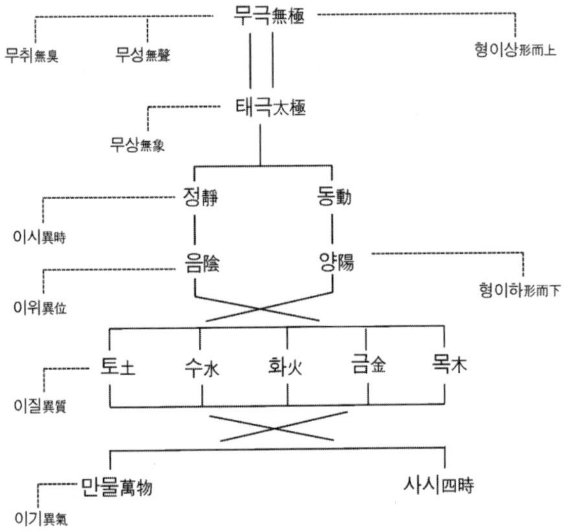

형이상形而上, 형이하形而下라거나 무성無聲, 무취無臭, 무상無象이라거나 이시異時, 이위異位, 이질異質, 이기異氣라는 말은 주자朱子가 부가한 해석이다. 오행에서 이질異質이라고 한 것은 음양의 분량적 차이로 형성된 다섯 종류를 2차적 의미에서 이질이라고 한 것이며 잡다한 변화의 근본형식이 여기에 있다.

그런데 오행五行은 한대 이후의 속설俗說에서 나왔고, 태극太極이나 이기二氣는 『역易』에서, 무극無極은 『노자老子』나 『장자張子』에서 나왔으므로 이 태극도는 매우 간단한 것 같지만 『역』, 『노老』, 『장莊』 외에도 속설俗說까지 채용하여 이를 한 묶음으로 만들고, 더욱이 그 근저에 상즉相卽의 철리哲理를 포함시킨 점에서 송유를 배태胚胎한 것이다. 그리고 태극을 무극으로 귀결시킨 것이 아마 『노자』에서 "무극으로 복귀한다[復歸無極]"라는 말이나 또 "무명은 천지의 시작이고, 유명은 만물의 어머니다[無名天地之始有名萬物之母]"라는 말에서 암시를 받은 것이라면 결국 유도 이교의 조화로서 태극에 무극의 의의를 더한 것에 지나지 않는다. 이 조화를 과감히 시도한 것은 아마도 선자禪者와 교섭함으로써 갖게 된 힘이 있어서다. 그렇다면 선자와의 교섭에서 어떤 점에서 그런 암시를 받았을까? 혹시 당 종밀의 『원인론原人論』을 통해서이거나, 『기신론起信論』을 접했기 때문이었을까? 선자가 적어도 불교를 얘기할 때는 먼저 『기신론』의 일심이문一心二門을 입에 담는데 이는 예나 지금이나 일관된다. 이 논論은 당의 마조 이하 홍주종洪州宗의 선가禪家뿐만 아니라 일반적으로 선가에서 사용하며, 그 교리를 부담시키는 것으로 보인다. 선자와 접촉하면 곧바로 이 설說과 접촉하게 된다. 그렇다면 불자佛者의 입장에서 볼 때 추호도 진귀하지 않은 오히려 상투적인 것에 속한다. 일심이문이란 무엇이냐면 다음과 같다.

무극無極과 태극太極의 관계는 이언진여離言眞如와 의언진여依言眞如의 관계로도 볼 수 있는데, 한층 더 적절한 것은 심진여문心眞如門과 심생멸문心生滅門의 관계로서 모든 분별과 부정[四句百非]을 끊은 심진여문의 이언진여는 무취무성無臭無聲의 무극이다. 태극에서 이기오행二氣五行이 전개하는 것은 심생멸문인 알라야식[阿黎耶識]의 동요가 삼

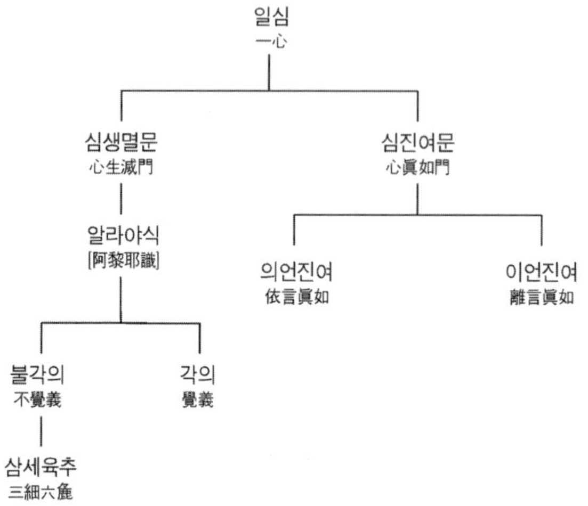

세육추三細六麁로 전개한 것과 비교된다. 그리고 주자周子가 『기신론起信論』의 일심이문에 접촉하게 된 보다 직접적인 인연은 어쩌면 종밀의 『원인론原人論』이었을까? 종밀은 『논論』의 서序에서 "멀게는 곧 하나의 기로 뒤섞여 있고, 갈라져서 음과 양의 둘이 된다. 이 두 가지는 천지인의 셋을 낳고, 이 세 가지는 만물을 낳는다. 만물과 사람은 모두 기가 근본이다[遠則混沌一氣, 剖為陰陽之二. 二生天地人三, 三生萬物. 萬物與人皆氣為本]"라고 말한다. 종밀의 이러한 사상은 『노자老子』를 해석하면서 『기신론』의 알라야식[阿黎耶識]사상으로 이해한 데서 비롯한다. 즉 노자가 말하는 일一을 혼돈의 일기一氣 즉 알라야식으로 보고, 이 일기에서 출현한 사람과 사물[物]이 본질적으로 평등하다는 것이다. 그리고 『기신론』 사상에 입각한 종밀은 생멸문生滅門의 범위에 속한 알라야식을 나아가 여래장如來藏으로 귀결시켜 결국 여래장에서 알라야식이 나타난다고 하며, 불생불멸不生不滅의 여래장과 생멸하는 알라야식의 관계에 관해 다음과 같이 말한다.

> 부여받은 기氣에 대해 반복해서 근본을 추론하면 곧 하나로 뒤섞인 원기元氣인 것이다. 생겨난 마음[心]에 대해 반복해서 근원을 궁구하면 곧 진실한 하나의 영심靈心인 것이다. 사실 그대로 말하자면, 마음 밖에 별도의 법法은 없으며 원기 또한 마음이 변한 것이다. (『원인론原人論』)

이러한 종밀의 사고형식으로 『주역周易』을 볼 때, 태극은 혼돈의 일기一氣 즉 알라야식이 되며, 태극에서 나온 도道는 여래장이 된다. 불생불멸의 여래장을 무극無極이라고 하지 말아야 할 이유가 없다. 『원인론』은 상당히 즐겨 읽혔던 글이다. 일단 이 글을 접하게 되면 무극태극설이 공공연해지는 것은 자연스러운 일이다. 이와 같이 주자周子의 본체론本體論의 특색은 태극이 아니라 무극에 있다고 해야 하며, 노장의 근본 원리인 무극을 채용한 것은 언뜻 별로 중대한 의의가 없는 것 같을지라도 무극 속에 이후의 철학을 품고 있다는 것을 고찰할 때 태극무극太極無極이야말로 송유를 존재하게 한 계기다. 이러한 노장과 『역易』의 조화는 선禪을 매개로 한 것이라는 점에서 선이 미친 영향을 우선 크게 주목할 필요가 있는 것이다.

3. 심성론心性論

주자周子는 오히려 아직 성性이라는 글자를 사용하지 않고 심心이라고 한다. 우주 원리宇宙原理를 태극太極이라 하고, 인간 원리人間原理를 심이라고 한다. 이 심을 본本과 용用으로 나누고, 이를 무사無思와 사통思通으로 배치하며 "무사[無]는 근본[本]이고, 사통은 작용[用]이다[無本也思通用也]"(『통서通書』 사思 제9)라고 한다. 이것을 동정動靜의 양면과 유무有無의 두 의미로 구분하고, 지정至正과 명달明達로 배치해서 "정은 무, 동은 유이며 각각 지정과 명달이다[靜無而動有至正而明達也]"(『통서』 성誠 하下 제2)라고 한 것도 같은 의미다. 본本을 정靜이며 무無라 하고, 용用을 동動이며 유有라고 하는 것이다. 이것을 『역易』의 적연寂然과 감통感通에 배치해서 성誠과 신神이라고 한 것 즉 "적연하며 부동한 것은 성이고, 감응하여 알맞게 통하는 것은 신이다[寂然不動者誠也感而遂通者神也]"(『통서』 성기덕誠幾德 제3)라고 한 것도 역시 이 심본심용心本心用을 말하는 것이며, "지성이면 곧 동한다[至誠則動]"(『통서』 의의擬議 제35)라고 한 것은 바로 이 의미다. 더욱이 정靜을 길吉, 동動을 길흉회린吉凶悔吝의 근원이라고 하는데 "길흉회린은 동에서 발생한다. 아! 길은 하나뿐이니 동하면 삼가지 않을 수 있겠는가?[吉凶悔吝生乎動. 噫吉一而已, 動可不愼乎]"(『통서』 건손익동乾損益動 제31)라고 하며, 정에서 동으로 옮겨 가는 사이에 기幾를 배치하고 이것을 유무有無 사이의 것이라고 이름 붙이는데 "동이지만 아직 형체가 잡히지 않아 유무의 사이에 있는 것은 기[動而未形有無之間者幾]"(『통서』 성기덕 제3)라 하고, 이 기를 성誠에 대해서 하나는 무위無爲고 다른 것은 선악善惡이라고 즉 "성은 무위고, 기는 선악이다[誠無爲幾善惡]"(『통서』 성기덕 제3)라고 한다. 지성이면 움직인다[動]고 한 말에 근거해 보면, 지정무사至正無思의 심본心本에 명달사통明達思通의 심용心用을 내포한다고 보는 것이며, 그리고 지정을 정무靜無로 명달을 동유動有로 삼는다고 본다면 지정과 명달을 무유와 정동의 관념 속에 포섭시키는 것이다. 게다가 주자周子에게서는 한편으로 지정은 성誠이고 명달은 신神이며, 다른 한편으로 동動은 길흉회린의 근원이다. 이 명달인 신의 심용 안에 길흉이 있어서는 안 된다. 이 때문에 성과 신 사이에 기幾를 추가하고 이를 동이지만 아직 형체가 잡히지 않은 유有와 근원[元] 사이의 것이라 하면서 이것에 선악의 기미機微가 있다고 하고, 이 기로부터 동을 도출한다. 이 기와 성을 상대시키고, 성의 동과 기의 동을 대비시켜 설명하는데 "무사는 근본이고, 사통은 작용이다. 기는 저것으로부터 발동하고, 성은 이것으로부터 발동한다[無思本也思通用也. 幾動於彼誠動於此]"(『통서』 제8, 제9)라고 말한다. 여기서 저것이라거나 이것이라는 것은 무엇일까? 저것은 외물外物이고 이것은 내심內心일 것이다. 그렇다면 외물에 접촉해서 발동하여 단적으로 기幾라는 명칭을 부여하고, 지성의 심본心本에 관조觀照라는 작용[用]이 있다는 것을 명달이라고 말하는 것이다. 그렇다면 주자周子의 동이라는 관념에 두 종류가 있다. 하나는 내면의 관조라는 작용이다. 감통과 명달이 이것이다. 다른 하나는 외면의 교섭이라는 작용이다. 길흉회린이 여기서 발생한다. 불선不善의 동이란 외면의 교섭인 것이며 주자는 무욕무사無欲無思로서 이 동을 돌이킨 곳에 성이라는 명칭을 부여했다. 아마 명달은 대립을 예상한다. 물物과 심心의 대립이다. 주자는 물을 동이나 정 어느 한쪽의 것으로, 심을 동정을 초탈할 수 있는 것으로 보고, 물에는 자유가 없지만 심은 만물에게 자유로운 것으로서 "동하면 정이 없고 정하면 동이 없는 것은 물이다. 동하지만 동이 없고 정하지만 정이 없는 것은 신이다. 동하지만 동이 없고 정하지만 정이 없다는 것은 동하지 않다거나 정하지 않다는 것이 아니다. 물은 곧 통하지 않으며, 신은 만물에 오묘하다[動而無靜靜而無動物也. 動而無動靜而無靜神也. 動而無動靜而無靜非不動不靜. 物則不通, 神妙萬物]"(『통서』 동정動靜 제16)라고 한다. 이상은 아래와 같이 정리할 수 있을 것 같다.

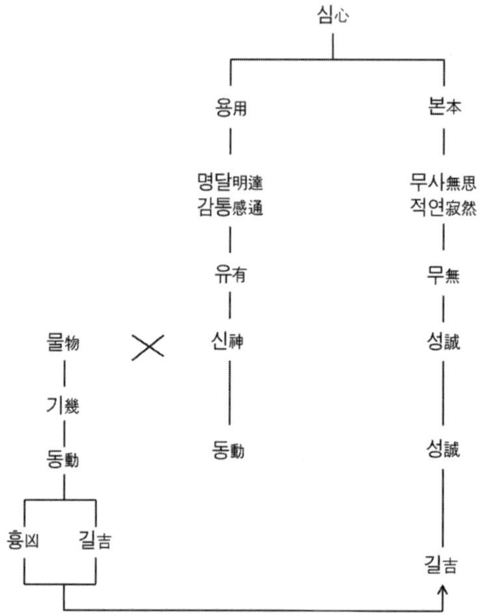

주자周子의 심성설心性說은 『역易』의 적통寂通이나 『중용中庸』의 성명誠明으로 구성된 것으로서 어느 것이든 불교의 적조寂照 또는 지관止觀 또는 정혜定慧에 상당한다. 그리고 명달明達을 동動이라고 한 것은 『중용』의 "지성至誠이면 곧 동한다"에서 온 것이지만 여기에 난점이 있다. 명달은 원래 동이라고 해야 할 것인가? 명과 동의 관계는 어떤가? 하물며 동을 악惡의 시작[初]이라고 해야 하는가? 이 점에 관한 주자의 의견은 명료하지 않다. 『통서通書』의 내용을 살펴보면 지정至

正에서 명달을 도출하고, 명달에서 기동幾動을 도출해 내는 것 같다. 그렇다면 명달로부터 어떻게 길흉회린의 불선不善한 동이 나타나는지가 불분명하므로, 나는 앞서 서술했듯이 동을 두 종류로 구분한다. 두 종류로 구분할 때 명달은 심본心本 그 자체에 있는 작용이다. 기동幾動(기의 발동)은 외물과 교섭해서 발생하는 것이다. 『기신론起信論』에서 이를 돌이켜 보면 심心은 알라야식이다. 명달은 각覺이고, 기동은 불각不覺이다. 나아가 기幾는 동이라는 관념[動念]이 된다. 즉 경계境界인 바람[風]에 움직이는 것이 된다. 한편 주자의 심성론心性論에서 지정과 명달의 대립 및 동과 정의 대립이란 아마 동일하지 않고, 양자 사이에 입각점의 차이가 있다. 지정과 명달을 다 합쳐 포함하는 심은 이심理心이다. 동정의 양면을 다 합쳐 포함하는 심은 현심現心이다. 이심은 동에서 돌이켜서 정으로 돌아가는 것 다시 말해 심용心用을 거둬들여 심체心體로 복귀하는 것이다. 어느 것에든 본本과 용用이라는 말을 붙이지만 이심의 본용本用과 현심의 본용은 다르다. 명달의 용은 동이라는 관념으로 나타나야 하는 것이 아니다. 주자의 이 점에 관한 의견은 불분명하지만 그의 주정主靜에서 본다면 이러한 이해가 지극히 당연할 것이다.

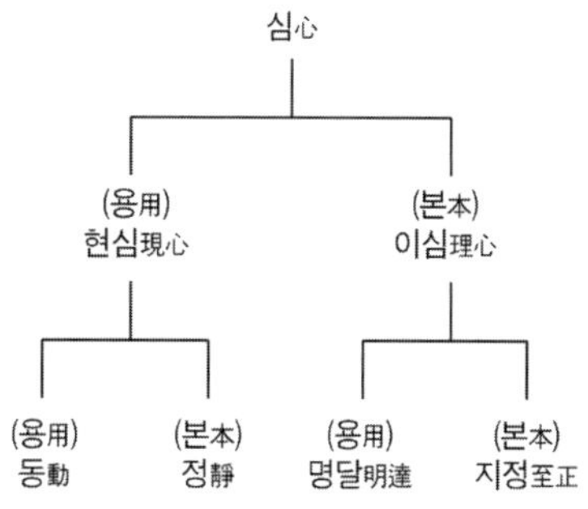

4. 수도설修道說[13]

주자周子는 무망無妄, 무욕無欲, 신동愼動, 주정主靜에 의해서 불선不善한 동動을 돌이켜서 지성至誠의 영역에 들어가기를 기대한다. 다음과 같이 말한다.

> 허망한 것을 돌이키면 곧 허망함이 없어지고, 허망함이 없으면 곧 성誠이다.
> (『통서通書』 건손익동乾損益動 제31)

> 욕심이 없으면 곧 고요하여 텅 비고 움직임은 바르다.
> (『통서通書』 성학聖學 제20)

> 길흉회린은 동動에서 발생한다. 아! 길吉은 하나뿐이니 동動하면 삼가지 않을 수 있겠는가? (『통서通書』 건손익동乾損益動 제31)

> 성인이 중정과 인의로 이를 결정하며, 주정主靜의 확립이 사람의 궁극이다.
> (『태극도설太極圖說』)

성誠이란 『통서通書』 첫머리에서 "성이란 성인의 근본이다[誠者聖人之本]"라고 말하고 있으므로 적연부동寂然不動한 심본心本 그 자체를 말한다. 주자朱子는 이것을 "곧 이른바 태극이다[卽所謂太極也]"라고 말한다. 이 태극이 인성人性에 나타난 것을 성이라고 하는 것이다. 성 자

---

13 역주 저본의 차례에서는 4. 수도설(修道說)로 되어 있고, 저본 214쪽 해당 부분에서는 제4 수도론(修道論)으로 되어 있다. 차례의 표기에 따라 번역했다.

체[體]는 적연부동이지만, 그 작용[用]은 감이수통感而遂通한다. 이 심본과 심용의 관계를 혹은 정허靜虛와 동직動直이라고도 한다.

주자周子의 이상적 인격인 성현聖賢이란 현賢은 성립誠立(성의 확립)만 된 존재이며, 성聖은 성립과 명달明達을 함께 갖춘 존재다. 그리고 성립은 복언집언復焉執焉 즉 돌이켜 지키는 것 또는 반지反之 즉 되돌리는 것으로서 본성本性으로 복귀했지만 여전히 아직은 정靜을 지키는 경지에 있는 것이다. 성립과 명달을 함께 갖춘 존재는 성언안언性焉安焉 즉 본성이면서 안락한 또는 성자性者 즉 본성의 존재로서 스스로 안락하며 행동거지[行止動作]가 이윽고 법法에 합치하는 경지에 있는 존재다. 그렇다면 현성賢聖의 사이에는 성誠뿐인가 성에 명明을 추가했는가의 차이가 있다. 혹은 성聖을 풀어서 성誠, 신神, 기幾라고 한다. 성은 무사無思(사려분별이 없음), 신은 무불통無不通(통하지 않는 데가 없음), 기는 동이미형유무지간動而未形有無之間 즉 움직이지만 아직 형체가 잡히지 않아서 있는 것도 없는 것도 아닌 상태의 것이다. 주자가 이와 같이 성聖을 사思와 통通 또 기幾 등으로 말한 것은 이를 통해 기대하는 바가 단순히 적정寂靜은 아니며, 그중에 활동의 계기[活機]를 포함한다는 것을 알아야 한다.

이는 『노자老子』의 무욕無欲과 복귀復歸, 『역易』의 적연寂然과 감통感通, 『중용中庸』의 성誠과 명明, 『맹자孟子』의 성자性者와 반지反之, 불교의 무망無妄 등 일체를 조화한 것으로 당 이고의 『복성서復性書』를 계승한 점이 크다. 주정主靜은 송유의 일관된 입도入道의 문호門戶이며, 복성復性은 수도修道의 귀취歸趣다. 이 복성이나 복귀復歸는 『기신론起信論』의 환멸還滅이고, 선종禪宗의 회광반조回光返照다. 이 점에

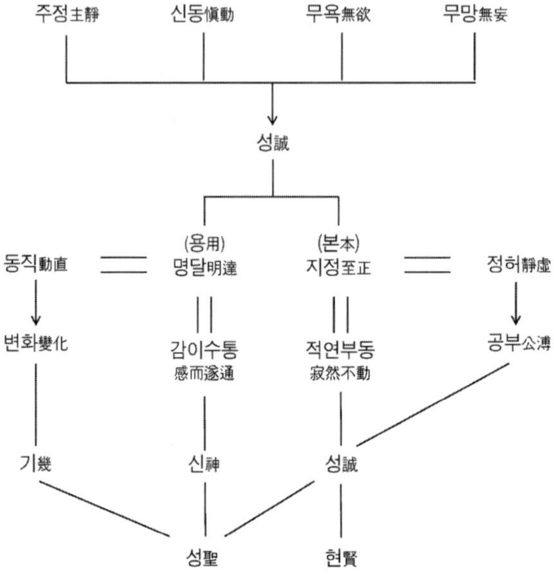

서 역시 상당히 불교와 연관된다. 주자周子는 복귀 또는 복성하는 귀착점을 『중용』의 말에 따라서 성誠이라고 이름 붙였지만 주자의 성은 심체心體 그 자신이며 태극무극太極無極이라는 극지極地다. 작위가 없는 즉 무작無作의 경지이며, 무학無學 즉 배울 것이 없는 지위다. 주자가 이 극지極地를 어떻게 생각했는지에 관해서는 정이천이 성誠에 관한 순자, 주자, 명도의 의견을 기술하는 가운데 명료하게 나타난다. 순자는 "심心을 기르는 일은 성보다 좋은 것이 없다"라고 한다. 주자는 이를 비평하면서 "순자는 애초에 성을 알지 못한다"라고 말한다. 명도는 이를 계승하며 "이미 성이다. 어떻게 심을 기르는 데 사용하겠는가"라고 말하고 있는 것이 이에 해당한다. 성은 이와 같다. 주자는 성인聖人을 단지 성誠만이 아니라 성誠, 신神, 기幾를 겸비한 존재로 본다. 여기서 상당히 주목할 것이 있다. 주자의 성聖은 단지 정靜적인 것이 아니라 정靜 안에 활동의 계기[活機]를 포함한 것으로서 아마 수선修禪의 체험에서 유래한 것이다. 정 안에 활동의 계기를 품고 있다는 것을 설명하는 적절한 사례로서 한 가지 이야기가 있다. 정명도는 "제가 16~17살 때는 사냥을 좋아했습니다. 이미 지난 일이며 지금은 좋아하는 마음이 없다고 자신할 수 있습니다"라고 말한다. 주무숙은 "말을 너무 쉽게 하는구나. 단지 이 마음이 숨어 있어서 아직 발현되지 않았을 뿐이다. 어느 날 싹이 움직이면 다시 처음과 같을 것이다"라고 말한다. 12년 후 해가 저물어 돌아가는 도중 들판에서 사냥꾼을 보자 자기도 모르게 기뻐했다. 이에 과연 아직이라는 것을 알았다. 이 이야기는 주자라는 스승과 제자 명도가 얼마나 수도修道에 진지했는지를 말해 줌과 동시에 주자가 어떻게 정 안에 활기活機가 포함되어 있다고 내성內省했는지를 알게 해 주는 것이다. 이것은 내관內觀을 통해 본 기幾이지만 주자가 성인에게 기를 부가한 취지는 내관보다도 인접한 다른 쪽에 한층 많이 중점을 둔 것이다. 성인의 작용[用]은 지성至誠이면 움직인다는 것만이 아니라 움직이면 변화한다는 데 있다. 변화라는 신묘한 작용 즉 신용神用에 의해 만물의 의미를 깨달아 일을 이루는 즉 개물성무開物成務라는 공능[功]이 있다. 성학聖學 즉 성인이 되는 학문의 효과는 여기서 나타난다. 불교에서는 반야지般若智 외에 방편지方便智를 요구하며, 방편지가 있어야 비로소 반야지의 효과가 있다. 두 가지 지혜를 겸비한 존재를 보살菩薩이라고 하며 이상理想으로 삼고, 반야지에만 그치면 성문聲聞이라고 하면서 대체로 이를 폄하한다. 주자의 현성賢聖은 내용적으로 상당히 불교의 성문, 보살과 비슷한 점이 있다.

다시 심성론心性論과 수도론修道論을 합쳐 보면 다음과 같은 도식이 가능할 것이다.

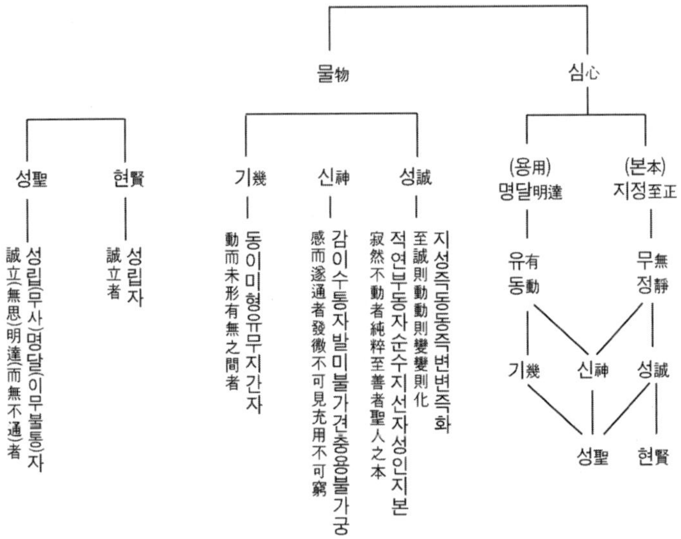

주자周子의 학설을 불교에서만 또 도교에서만 도출되었다고 하기에는 견강부회가 될 수밖에 없지만, 만약 이를 불로의 연구를 비롯해 특히 수선修禪의 체험 다시 말해 이 연구와 체험을 유교에 결합해서 그의 조직을 얻었다고 한다면 가능하다. 대체로 선가禪家에서 불교의 이론을 듣고 무극無極의 의의를 깨달음으로써 태극太極에 이전에는 없었던 내용을 포함시켰다고 본다면 큰 잘못은 없을 것이다. 본체론에서 언어로는 설명할 수 없는 언어를 떠난 진여眞如 즉 언어도단言語道斷의 이언진여離言眞如와 불변수연不變隨緣 즉 변하지 않는 것[不變]과 인연에 따른다는 것[隨緣]을 내포하는 의언진여依言眞如 즉 언어로 표현된 진여眞如의 관계를 알 때, 형이상적 무상無象의 무극과 형이하적 유상有象의 이기二氣를 내포하는 태극을 수선의 체험을 통해 연결시켜서 그 사이에 불이이이不二而二 즉 두 가지가 아니면서 두 가지인 관계가 있다는 것이 보이므로 유도 이교의 근본 원리를 조화시킨 것이라고 볼 수 있다. 또 심성론에서 심心에 본本과 용用을 구분하고 이것에 적寂과 통通의 양면을 나누며, 또 수도론에서 무욕無欲과 무망無妄에서 출발해 불선不善의 동動을 돌이켜 지성至誠의 정허靜虛한 본원으로 돌아간다는 점에서 명통明通(명달明達과 감통感通 또는 사통思通)의 용이 있고, 무사無思로서 통하지 않음이 없다고 하며, 정靜 중에 동을 포함시킨 것은 선禪의 영향이라는 것을 알기 어렵지 않다. 주자가 어느 정도까지 불전佛典을 연구했는지 그의 저서를 통해 적극적으로 증명할 수는 없지만, 『통서通書』의 곳곳에 불교사상과 유사한 것들이 보인다. 「사우師友」 상上 제24에서 사람으로 태어나는 것은 지극히 어렵고[至難], 도덕을 갖추는 일은 지극히 어렵다라고 설명해 나가면서 이러한 지극히 어려운 도덕을 몸에 지니는 일은 사우師友가 아니고서는 불가능하다고 서술하는데, 이는 불전에서 자주 나타나는 "사람으로 태어나기 어렵고 불법佛法을 듣기 어려우며 법法을 듣고 이를 체득할 수 있는 것은 선지식善知識이다"에서 유래한 사상이다. 『사십이장경四十二章經』에 유사한 말이 있다. 어쩌면 여기서 얻은 것일까?

장횡거張橫渠와 불교

제3장

1. 장자張子와 불교의 교섭

장자張子의 이름은 재載, 자字는 자후子厚, 횡거橫渠는 호號다. 평생 동안 장안長安과 낙양洛陽 지방을 떠나지 않았으므로 그의 사상은 자연히 주자周子와 다른 점이 있다. 처음에는 범중엄에게서 『중용中庸』을 배워 이를 애독했지만 그러는 동안에도 아직 만족하지 못하고 석로의 글을 연구했는데 오히려 별 소득이 없어서 나중에는 도리어 육경六經에서 추구하여 얻는 바가 있었다. 주자보다 3년 어리고, 4년 늦게 희녕熙寧 10년(1077)에 58세로 사망한다. 그의 저서 『정몽正蒙』을 통해 그의 허기설虛氣說을 볼 수 있다. 이 글은 짧기는 하지만 체계적으로 잘 정돈되어 있으며 중국유교사에서 중요한 위치를 차지하는데 다만 설명이 자세하지 않아서 아쉽다. 『이락연원록伊洛淵源錄』에 기록된 여대림呂大臨(1040~1092)의 행장行狀에서는 장자가 자득自得한 것으로서 ① 궁신화窮神化(신묘한 변화를 궁구함), ② 일천인一天人(천과 인을 하나로 함), ③ 입대본立大本(대본을 확립함), ④ 척이학斥異學(이단의 학문을 배척함)의 네 조항을 열거하고, 맹자 이래 이만한 일은 없었다고 찬탄한다. 그중에서 신화神化는 장자가 특히 역설力說한 점이다. 장자와 불교의 연관에 관해 많은 재료는 없다. 혹 주자와 함께 여산廬山 동림사東林寺의 상총에게서 성리론性理論 및 태극太極의 전傳을 얻었다고도 한다. 이 말을 그대로 믿을 수는 없다. 혹 정명도와 하루 종일 흥국사興國寺에서 강론했다고도 한다. 이 말은 사실이다. 장안과 낙양은 불교에 적극적인 곳으로서 유식唯識과 화엄華嚴의 중심지다. 장자가 이러한 불교에서 암시를 얻었다는 것을 고찰해 볼 수는 있을 것이다. 장자와 불교의 관계는 오히려 그의 신랄한 불교 비판에서 나타난다.

장자는 정명도보다 12세 연장자다. 『장자전서張子全書』 부록의 연보年譜에 따르면 두 사람이 처음 수도에서 만난 것은 가우嘉祐 2년(1057) 장자가 38세, 명도가 26세 때이다. 이때 장자는 결심이 서지 않았었는데 이 만남을 통해 "유교는 그 자체로 충분하다. 무엇 하러 다른 데서 구하겠는가[吾道自足何事旁求]"라고 하며 완전히 다른 학문[異學]은 버렸다고 한다. 이 사실은 명도의 도道에 대한 신념이 매우 두터웠다는 것을 말해 준다. 그 후 정성定性의 실제 문제에 관해서 명도에게 자문하기도 한다. 또 숙부의 장례식에 관해 이천에게 문의하기도 한다. 이 때문에 정문程門의 학자들은 아예 정자에 소속시켜 버리지만 공평하게 본다면 정자가 장자의 학설 성립에 영향을 주었다고 볼 수는 없다. 장張과 정程의 관계를 어떻게 볼 것인가, 학설상으로 중요한 관계가 있다. 처음에는 장자에게 배우다가 나중에 정문에 입문한 여여숙呂與叔(여대림)은 장자의 행장行狀에서 "이정을 만나고 그 학문을 완전히 버렸다[見二程盡棄其學]"라고 하며, 양구산은 횡거가 이천에게 보낸 서간의 제題에서 "횡거의 학문은 그 연원이 정씨에게서 나온다. 그래서 관중의 유생들은 그 글을 존중하고 자연히 일가로 삼고자 한다. 그 때문에 나는 이 편지를 기록하여 학자들이 보고는 횡거가 세세한 일이라도 이정에게 반드시 자문을 구했다는 것을 알게 할 것이다. 곧 다른 일은 어땠는지 분명히 알 수 있을 뿐이다[橫渠之學, 其源出於程氏. 而關中諸生, 尊其書欲自爲一家. 故予錄此簡, 以示學者, 使知橫渠雖細務必資於二程. 則其他固可知已]"라고 말하고 있지만, 여여숙의 행장을 윤화정이 이천에게 보이자 이천은 곧 여숙에게 삭제할 것을 부탁하면서 오히려 "이런 말을 놔두겠는가", "거의 거리낌이 없다"라는 등 놀라며, "표숙表叔(장횡거) 평생의 논의가 우리 형제와 같은 곳이 있다고 말할 수는 있다"라고 한다. 배웠는가라고 묻는다면 곧 그런 일은 없었다. 장자는 순수한 학자로서 명리名利를 잊고 청빈淸貧하게 일생을 마친다. 이정도 그렇다. 양자는 서로 존중했지만 장자가 이정에게 배웠다는 말은 정문에서 하는 말이다. 『송사宋史』에 따르면 장자는 이정을 칭찬하는데 "그 형제는 14~15세 때 문득 훌훌 털어 버리고 성인을 배우고자 한다. 그 때문에 결국 공맹 이후 전해지지 않던 학문을 터득하여 모든 유자들을 인도하게 된다. 그 말의 요지는 마치 옷이나 곡식처럼 필수적이어서 덕을 아는 사람은 더욱 이를 존숭한다[其兄弟從十四五時, 便脫然欲學聖人. 故卒得孔孟不傳之學, 以爲諸儒倡. 其言之旨若布帛菽粟然, 知德者尤尊崇之]"라고 하며, 『정씨문집程氏文集』에 따르면 이천은 장자의 『서명西銘』을 칭찬하면서 "이치를 따져 의를 보존하고, 이전의 성인이 아직 발휘하지 못한 것을 확장한다. 맹자의 성선양기론과 같은 공로가 있다[推理以存義, 擴前聖所未發. 與孟子性善養氣之論同功]"라고 말한다. 『이단변정異端辨正』에서 정자의 말로서 "자후(횡거)의 도는 매우 높고, 말은 매우 순수하다. 맹자 이후 유자들은 모두 그만한 견식이 없다[子厚道儘高言儘醇. 自孟子後儒者, 都無他見識]"라고 한 것은 동일한 사실을 가리키는 것이다. 명도는 청년이면서 노련하기도 했지만 여러 사람들이 그를 따라 배운 것은 장자의 사후, 명도의 나이 47세 이후다. 그가 순수한 석유가 된 것은 장자의 사후인 것이다.

2. 본체론本體論

장자張子의 사상을 요약한 『정몽正蒙』은 17편으로 구성되며, 「태화편太和篇」으로 시작해서 「건칭편乾稱篇」으로 끝난다. 맨 앞에 「태화편」을 배치하고 시작을 "큰 조화 즉 태화라는 이른바 도[太和所謂道]"라고 한 것은 깊은 의미가 없을 리가 없다. 태화太和라는 제목은 『노자老子』에서 얻은 것이고, "그 안에 부침, 승강, 동정이 서로 감응하는 성질을 포함하고 있다[中涵浮沈升降動靜相感之性]"라고 하며, "야마가 모여드는 것[絪縕]과 같지 못하다면 태화라고 하기에는 부족하다[不如野馬絪縕, 不足謂之太和]"라고 한다. 나는 이것을 혼돈하여 아직 분화하지 않은 즉 혼돈미분混沌未分의 우주 원리로 보고 장자의 본체관本體觀을 여기서 파악하려고 한다. 장자의 본체관에 관해서는 정자가 이미 "청허淸虛라는 하나의 큰 것[一大]을 확립하여 만물의 근원으로 삼은 것은 어쩌면 아직 마땅히 안정적인 것은 아니다"라고 하고, 주자朱子는 "청허라는 하나의 큰 것을 말하며 사람들이 다른 곳을 향해 달려가는 것을 나무란다"라고 했다면 정주程朱는 모두 태허太虛를 그 본체本體로 보았던 것이다. 현대의 학자들은 혹 태허를 우주의 본체로 삼고 그 안에 한없는 변화를 포함시키거나 또 태화라고도 부르면서 태허와 태화는 명칭만 다르고 실질은 같다고 본다. 혹은 또 태허 즉 기氣를 우주의 본체로 삼고, 태화는 음양陰陽이 회합會合하고 충화沖和한 기와 다르지 않다고 한다. 과연 그런가? 『어록초語錄抄』 중에는 "허는 천지의 조상으로서 천지는 허에서 온다[虛者天地之祖, 天地虛中來]"라고 하므로 허虛를 본체로 삼은 것으로 보이지만, 그 사상을 조직한 『정몽』에서는 노씨老氏가 무無에서 유有가 생긴다고 한 것과 석씨釋氏가 산하山河와 대지大地를 보는 작용상의 병[見病]이 있다고 한 말을 배척한다. 허를 본체로 보는 것은 어쩌면 장자의 의도를 파악하지 못한 것이다. 나는 허도 아니고 기도 아닌 허와 기를 아울러 포함한 태화를 본체라고 하려는 것이다. 이에 관해 조금 나 자신의 설명을 서술해 보자.

태화太和란 무엇인가? 우선 이것을 출발점으로 삼지 않으면 안 된다. 장자는 맨 처음에 「태화편太和篇」을 배치하고 첫머리에서 "태화라는 이른바 도[太和所謂道]"라고 하며, 맨 뒤에 「건칭편乾稱篇」을 배치하고 그중에서 "이른바 성이란 곧 천도인 것이다[所謂性即天道也]"라고 한다. 앞뒤를 살펴보면 태화는 도道 또는 천도天道를 매개로 해서 성性과 일치하게 된다. 그리고 성은 「태화편」에서는 "허와 기가 합쳐져서 성이라는 이름이 있다[合虛與氣有性之名]"라고 하고, 「건칭편」에서는 "유무나 허실을 통틀어 한 가지로 보이는 것[有無虛實通偽一物者]"이라고 한다. 여기서 태화란 무엇인가를 설명하기 위해서는 도와 성을 설명할 필요가 있다. 그런데 도나 성도 용법이 다양해서 개개의 내용을 연구하는 것은 매우 번쇄할 뿐 아니라 논지가 여러 갈래로 흐트러지므로 지금은 "태화라는 이른바 도[太和所謂道]"에서의 도만을 궁구하는 데 그치기로 한다. 그러면 도 또는 천도는 여러 가지 경우에 사용되므로 편의상 우선 예증例證을 들고 나중에 개괄하기로 한다.

① 태화라는 이른바 도道(「태화편太和篇」 제1).

② 동정動靜은 신神에서 합일하여 존재하고, 음양陰陽은 도道에서 합일하여 존재하며, 성性과 천도天道는 성誠에서 합일하여 존재한다(「성명편誠明篇」 제6).

③ 태허로 말미암아 천天이라는 이름이 있고, 기화氣化로 말미암아 도道라는 이름이 있으며, 허虛와 기氣가 합쳐져서 성性이라는 이름이 있다(「태화편太和篇」 제1).

④ 천天의 헤아릴 수 없는 점을 신神이라 하고, 신이면서 항상한 것을 천이라 한다. 무형無形으로 운용하는 것을 도道라고 한다(「천도편天道篇」 제3).

⑤ 그 변천하는 운행을 말하므로 도道라 하고, 그 헤아릴 수 없음을 말하므로 신神이라 하며, 그 생생함을 말하므로 역易이라 하는데, 그것은 사실 일물一物을 가리키며 이름만 다를 뿐이다(「건칭

편乾稱篇」 제17).

⑥ 생生을 성性으로 삼는 것은 이미 주야에 통용하지 않는 도道이다. 또 사람과 사물은 동등하다(「성명편誠明篇」 제6).

⑦ 신神은 천덕天德이고, 화化는 천도天道이다. 덕德은 그 본체고, 도道는 그 작용이다. 기氣에서는 하나일 뿐이다(「신화편神化篇」 제4).

⑧ 이른바 성性이란 곧 천도天道인 것이다(「건칭편乾稱篇」 제16).

⑨ 아我로써 물物을 본다면 아가 크고, 도道로써 물과 아를 따진다면 도가 크다(「대심편大心篇」 제7).

이것은 물을 아에 소속시키고 나아가 물과 아를 도에 소속시키게 된다.

⑩ 만물에 오묘하여 신神이라 하고, 만물에 통용하여 도道라 하며, 만물의 바탕이 되어 성性이라 하는 이유다(「건칭편乾稱篇」 제16).

⑪ 중정中正한 연후에 천하의 도道를 꿰뚫는다. … 학자는 중도中道에 선다(「중정편中正篇」 제8).

⑫ 이치를 궁구하여 본성을 다 밝히면 도道라 할 수 있다[14](「중정편中正篇」 제8).

⑬ 성인聖人은 그 사이에서 도道를 모두 실현한다(「태화편太和篇」 제1).

⑭ 생성된 마음을 잊은 연후에 도道에 나아갈 수 있다(「대심편大心篇」 제7).

---

14 역주 저본 223쪽의 내용인데 이에 대한 『정몽(正蒙)』 원문은 다음과 같다. "유자는 궁리하므로 성(性)을 따르는 것을 도라고 할 수 있다. 부처는 궁리를 알지 못하면서 제멋대로 성이라고 한다. 그래서 그 말은 따를 만한 것이 못 된다[儒者窮理, 故率性可以謂之道. 浮圖不知窮理而自謂之性. 故其說不可推而行]."

이상은 『정몽正蒙』에 있는 대체적인 도道사상이다. ① 태화도太和道는 의문스러우므로 제외하고, 다른 13개의 예시를 보면 대략 적어도 두 가지 부류가 있다. 하나는 추행전화推行轉化의 용用 즉 변천하고 운행하며 바뀌는 그런 작용을 말하고 있고, 다른 것은 만물일관萬物一貫의 이理 즉 만물을 일관하는 이치를 말하고 있다. ②의 음양합일의 도, ③의 기화氣化의 도, ④의 운어무형運於無形의 도, ⑤의 추행推行의 도, ⑥의 주야晝夜의 도, ⑦의 화化라는 작용 즉 화용化用의 천도는 음양, 주야, 추행, 전화의 작용[用]을 도라고 말하는 것이다. ⑧의 성性의 도, ⑨의 체물아體物我의 도, ⑩의 통만물通萬物의 도, ⑪의 중정中正의 도, ⑫의 궁리진성窮理盡性의 도, ⑬의 성인聖人이 모두 실현한 도 즉 진도盡道, ⑭의 진도進道 즉 나아가게 될 도는 모두 만물에 일관하는 도이다. 나아가 다른 것과의 관계에서 본다면 ⑤에서는 도와 신神과 역易의 관계는 하나의 것[一物]이 이름만 다를 뿐이라고 하며, ②에서는 도와 신과 성誠을 구분하고, ④에서는 도와 신과 천天을 구분하며, ⑩에서는 도와 신과 성性을 구분한다. 이와 같이 도와 성性은 하나라고도 하고 혹은 다르다고도 하며, 또 도와 신도 같다고도 하며 혹은 다르다고도 하고, 그리고 또 신의 의미도 동정動靜의 합일이라고 하거나 혹은 천의 헤아릴 수 없는 점이라 하고, 혹은 천덕天德이라고 하거나 만물에 오묘한 것[妙萬物]이라고 한다. 도와 성과 신이 이름이 다른 이상 어떤 점에서든 다른 의미가 있다는 것은 틀림없으며, 그리고 그 동이同異에 관해 이와 같이 복잡하게 얽혀 있어서 단순히 한 가지 예시를 가지고 곧바로 결론 내리기는 어렵다. 요컨대 도라는 관념에는 적어도 두 종류가 있다. 만약 이를 종합해서 말한다면 천지天地

의 만상萬象을 일관하며 생생하게 화성化成하는 묘용妙用으로서 상대相對 자체가 다 함께 이 묘용이 전부 드러난 것이라고 해야 한다.

이와 같이 도道의 의미를 전체적으로 살펴보았는데, 그러면 최초의 "태화太和라는 이른바 도"를 볼 때 앞의 예시에 근거하면 태화를 단순히 도라고 할 수 없다는 것을 추측할 수 있다. 만약 단순히 도라는 의미라면 「천도편天道篇」으로 충분하며 특히 「태화편太和篇」은 필요가 없을 것이다. 이미 「태화편」을 특히 처음에 제시하고, 더욱이 맨 앞에서 태화를 표시했다. 장자張子의 의중意中이 태화에도, 도에도, 성性에도, 신神에도, 화化에도, 역易에도 다른 내용이 있도록 할 뿐만 아니라 『정몽正蒙』 전편全篇의 근본 원리를 이것에서 찾도록 근거로 삼은 것임을 살필 수 있다. 그리고 「태화편」을 제외하고 달리 이것을 말하고 있는 곳이 없으므로 그 의의를 알려면 「태화편」에 따라야 하며 다른 방법은 없다.

장자는 "태화는 이른바 도이다. 그 안에 부침浮沈, 승강升降, 동정상감動靜相感의 성질[性]을 포함한다"라고 말한다. 이것은 변화의 작용[用]을 내포한다는 말이다. 다음으로 이어 가다가 "여러 갈래로 흩어져 형상이 되는 것은 기氣, 맑게 통하지만 형상으로 나타나지 않는 것은 신神이다[散殊而可象為氣, 清通而不可象為神]"라고 말한다. 장자는 기氣를 어디에서 끌어왔을까? 물론 태화를 기라고 한 문구는 보이지 않는다. 다음으로는 기의 본체로서 태허太虛를 제시하고, 기와 허虛를 상대시켜 기를 형상화되는 것 즉 가상可象이라 하고, 허를 형체가 없는 것 즉 무형無形이라고 하며, 전변해서 성性이 나오는 연원이라 하고, 이를 중심으로 한편으로는 감응이 없는 즉 무감無感의 허와 다른 한편으로는 유지有知의 식識 즉 분별이 있는 앎을 대비시킨다. 그리고 외부의 것에 대해 감응한 식 즉 객감客感의 식과 객형客形의 상象 즉 객관적 형체인 상 그리고 무감무형無感無形의 태허 즉 감응도 형체도 없는 태허는 본질상 동일하므로 성性을 다 밝힌 사람은 이것을 하나가 되게 할 수 있다고 하며, 태허와 기와 만물萬物 사이에 유무有無와 허실虛實의 구별은 있어도 그 사이를 유통하며 자재한 오묘한 작용 즉 묘용妙用이 있다고 하고, 허에서 기가 생긴다는 사상을 배척하며 허즉기虛卽氣 다시 말해 허가 곧 기라고 단언하며 "태허로 말미암아 천이라는 이름이 있고, 기화로 말미암아 도라는 이름이 있으며, 허와 기가 합쳐져서 성이라는 이름이 있다[由太虛有天之名, 由氣化有道之名, 合虛與氣有性之名]"라고 말한다. 물론 태화를 허라고 한 문구는 없다. 글 중에서 기의 본체로서 태허를 제시하므로 정주程朱는 태허를 근본 원리로 삼는다고 보고 이를 비판하지만 장자의 생각은 아마 그렇지 않을 것이다. 「태화편太和篇」 중에 연속해서 나오는 태허와 기를 장자는 어디에서 도출한 것일까? 이에 이르러 다시 이 글의 처음으로 돌아가서 보면 태화란 "모이고[絪縕] 서로 교차하며[相盪] 승부나 굴신을 발생하게 하는 시작[絪縕相盪勝負屈伸之始]"이라고 하고, "야마 즉 아지랑이가 모여드는 것[絪縕]과 같지 못하다면 이것을 태화라고 하기에는 부족하다[不如野馬絪縕, 不足謂之太和]"라고 말한다. 장자가 태화를 야마野馬의 인온絪縕 같은 것으로 보았음을 알게 된다. 이와 같이 일물一物을 설정하는 것은 오늘날의 학문에서는 배척하지만 불교가 진망미분眞妄未分의 일심一心 즉 진실과 허망이 아직 구분되지 않은 일심을 설정한 시대에서는 도리어 당연하다고 해야 한다. 그렇다면 태허는 혼돈混沌이다. 장자는 이 혼돈에서 허와 기를 도출하고, 허와 기의 상관에 의해서 만상萬象이 나타나게 된다. "허와 기가 합쳐져서 성이라는 이름이 있다[合虛與氣有性之名]"라고 하고 있어서 다행히도 허와 기를 서로 합친 곳에서 성性을 성립시킨다는 것을 알게 해 준다. 허와 기를 서로 합쳐서 성이 있다면, 태화는 어째서 이것을 서로 합치지 않는가? 만약 태화가 단지 기화氣化의 도에 지나지 않는다면, 허와 기를 합친 성을 근본 원리라고 하면 될 것이다. 무엇 때문에 태화에서부터 설명할 필요가 있겠는가? 이렇게 볼 때 태화는 우주의 원리이고 성은 인간의 원리로서 양자를 동일하게 여기는 일은 장자의 생각에 합치한다는 것을 알아야 한다. 「태화편」에서 "태화라는 이른바 도[太和所謂道]"라고 한 것과 「건칭편乾稱篇」에서 "이른바 성이란 곧 천도인 것이다[所謂性即天道也]"라고 한 것을 대비시켜 볼 때 하나는 우주 원리, 다른 것은 인간 원리라고 하는 것이 매우 자연스럽다고 생각한다. 이와 같이 「태화편」에서 도라는 말에 이중적 의미가 있다는 것을 살펴보았다. 하나는 태허를 도라고 하는 것이고, 다른 하나는 기화를 도라고 하는 것이다. 태허라는 도는 체體와 용用이 있는 것이고, 기화라는 도는 용뿐이다. 하나는 높은 도이고, 다른 것은 낮은 도이다. 「태화편」의 요점을 도식화하면 다음과 같을 것이다.

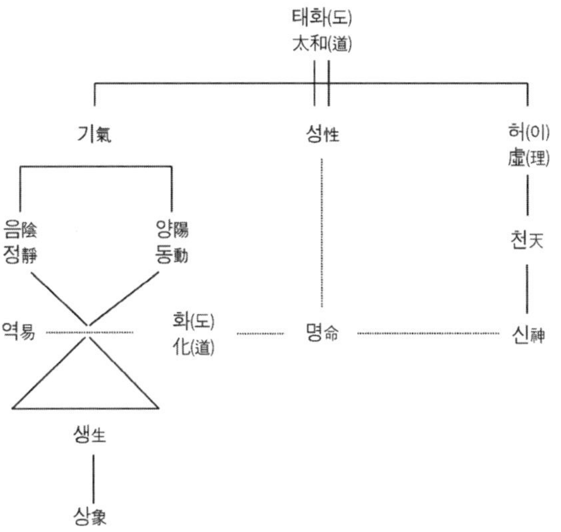

3. 우주론宇宙論

장자張子가 우주의 본체를 태화太和라고 한 것은 이미 서술했으므로 여기서는 서술하지 않는다. 이 태화가 사람에게 명命해진 것을 성性이라고 한다. 최후의 「건칭편乾稱篇」에서 "이른바 성이란 곧 천도인 것이다[所謂性即天道也]"라고 하듯이 천도天道를 매개로 해서 성과 태화는 일치하게 된다. 태화를 우주 원리라고 한다면 성은 인간 원리가 된다. 성性은 이렇게 다시 근본 원리가 되어 혹은 "만물의 동일한 근원이다[萬物之一源]"(「성명편誠明篇」)라고 하거나 "성은 궁극적으로 무에 통한다[性通極於無]"(「건칭편乾稱篇」)라고 하거나 "아직 맛보지 않은 무를 일컬어 체라고 하며, 체를 일컬어 성이라 한다[未嘗無之謂體, 體之謂性]"(「성명편」)라고 말한다. 그리고 이로써 "유무나 허실을 통틀어 한 가지로 보이는 것[有無虛實通偽一物者]"(「건칭편」)이라고 하고, "허와 기가 합쳐져서 성이라는 이름이 있다[合虛與氣有性之名]"(「태화편太和篇」)라고 하여 그 안에 허虛와 기氣를 포함시킨다. 허기虛氣는 실로 이기설理氣說의 근원이다. 장씨張氏는 이미 "천지의 기는 비록 모였다 흩어지며 백갈래로 치고받지만 그러나 그 이라는 것은 순응하며 허망하지 않다[天地之氣, 雖聚散攻取百塗, 然其為理也順而不妄]"(「태화편」)라고 한다. 이理는 허에 지나지 않는다. 허는 무無가 아니다. 장자는 노자가 무無에서 유有가 생긴다고 한 것을 비평하며 "잘못 알았다[錯了]"라고 하고, 또 "이른바 유무가 혼일한 상을 알지 못한다[不識所謂有無混一之常]"(「태화편」)라고 말한다. 따라서 그 입각점이 유에 있음을 알아야 한다. "무란 물이 없는 것이고 도리어 이는 있다[無者無物却有理]"라고 한 것을 보면, 허라는 것은 기 속을 관통하는 이理를 가리키며, 무감無感하고 무형無形이며 무동無動하는 무궁無窮의 것이라는 점에서 허라고 말하는 것이다.

기氣에 관해서는 "기의 근본은 허이므로 곧 근본에서 본다면 형체가 없는 것이다[氣本之虛則湛本無形]"(「태화편太和篇」)라고 하거나 "일물이면서 두 가지 체인 것은 기다[一物兩體氣也]"(「참양편參兩篇」)라고 하고, "음과 양이 있다[有陰陽]"(「신화편神化篇」)라고 하며, 이것을 "한계가 있는 것[有限]"(「태화편」)이라 하고, "기는 일물일 뿐이다[氣其一物爾]"(「건칭편乾稱篇」)라고 하며, "셀 수 없는 것[無數]"(「태화편」)이며 "모이면 형상이 있고, 흩어지면 무형으로 들어간다[聚爲有象, 散入無形]"(「태화편」)라고 하고, "기는 내외가 없으며, 임시로 존재하는 형상에 대해서 말했을 뿐이다[氣無內外, 假有形而言爾]"(「성명편誠明篇」)라고 한다. 현상의 가장 큰 근원 즉 태원太元이다. 그 성질로서 "기에는 음양이 있고, 굴신하며 서로 감응하는 데 무궁하다[氣有陰陽屈伸相感之無窮]"(「건칭편」)라고 한다. 이것은 만유萬有의 질료인質料因이면서 동시에 동력인動力因을 겸하고 있는 것으로서 완전히 불교의 알라야식[阿賴耶識]과 같다. 알라야식은 개성적인 것으로서 그 안에 무수한 종자種子를 포함한다. 그 수를 헤아릴 수 없다고 한 것은 종자설種子說과 공통점이 있다. 만약 기氣를 식識에 대비시킨다면 허虛는 진여眞如에 해당하며 응연凝然한 채로 어떠한 존재[諸法]도 만들어 내지 않는 것이다. 허라는 이理가 동動적인 것인지 아닌지는 장자의 사상에서 불분명하지만, 허가 기를 발생시킨다는 사상에 반대하며, 백 갈래로 취산聚散하는 것을 기에서 찾고 이理로써 순응하며 허망하지 않다고 한 것을 보면 현상 일체를 기에서 도출한다는 것은 분명하다. 허에서 기가 발생하는 것이 아니라고 해서 허와 기가 두 가지 근원 즉 이원二元인 것이냐면 그렇지 않다. 허는 기 없이는 있을 수 없는 것이고, 기는 모여서 만물로 나타나지 않을 수 없는 것이며, 그리고 만물은 흩어져 허가 되지 않을 수 없는 것이다. 어쩔 수 없이 그러하므로 장자는 양자 사이에 법이자연法爾自然의 관계를 부여하며 허즉기虛卽氣라고 단정한다.

> 태허太虛에는 기氣가 없을 수 없고, 기는 모여서 만물이 되지 않을 수 없으며, 만물은 흩어져 태허가 되지 않을 수 없다. 순환하며 출입하는데 이는 모두 어쩔 수 없이 그냥 그러한 것이다. (「태화편太和篇」)

장자張子는 이렇게 해서 이원二元이라는 곤란함을 벗어나며, 양자의 사이에 불자佛者의 이른바 이이불이二而不二, 불이이이不二而二의 관계

즉 둘이지만 둘이 아니고, 둘이 아니지만 둘이라는 관계를 부여하며, 그리고 양자를 통일한 성性을 만물의 일원一源으로 삼는다. 성은 양자를 통일한다는 의미에서 비로소 의의가 있다. 이에 이르러 만물일체萬物一體의 사상이 성립한다. 일체인 이상 만물 사이에 합감合感하는 즉 통합적으로 감응하는 이理가 없으면 안 된다. 신화神化의 이론적 기초가 여기에 있다.

장자의 학설 중 가장 중요하며 또 특색 있는 것은 바로 허虛이다. 허와 기氣의 관계다. 장자는 이 허에 대해서 혹은 천지의 조상[天地之祖]이라고 하고, 또는 기의 본체(「태화편太和篇」, 「건칭편乾稱篇」)라고 하며, 혹은 천지의 덕德이라 하고, 물은 없고 이는 있다[無物有理]고 하며, 그리고 지성至誠, 지실至實, 지일至一, 지선至善하다고 하고, 우주 원리가 이윽고 우리들이 요구하는 원리임을 나타내며, 나아가 허와 기 사이에 체용불리體用不離 즉 체와 용으로서 떨어지지 않는 관계가 있다고 하고, 또 허와 물의 관계를 넓혀서 성性과 형形을 상즉相卽시킴으로써 허대물소虛大物小 즉 허는 크고 물은 작다는 견해에 빠지는 것을 회피한다고 한다.

> 만약 허虛가 기氣를 낳는다면 곧 허는 무궁하고 기는 유한하며, 체體와 용用으로 나누어지는 것이다. 노씨老氏의 유有가 무無에서 생긴다는 자연론은 이른바 유무가 혼일한 상常을 알지 못한다. 만약 만상萬象이 태허太虛 속에서 나타난 물物이라면 곧 물과 허는 서로 돕지 않는다. 형形은 스스로 형이고, 성性은 스스로 성이며, 형과 성 그리고 천天과 인人은 서로 기다리지 않고서 존재한다. 부처가 산하대지를 보는 작용상의 병이 있다고 한 말에 빠진 것이다. (「태화편太和篇」)

이와 같이 장자는 본체론적으로는 허虛를 무궁한 것으로 기氣는 유한한 것이라고 하여 기 이상에 허를 초월적으로 단절시키는 폐해를 피하며, 현상론적으로는 만상萬象과 태허太虛를 구분하여 만상 이상에 태허를 설정하는 잘못을 피하려고 한다. 그 결론은 유무가 혼일된 어떤 것에 허와 기를 통일시키는 것이다. 그래서 장자는 통일태統一態의 내용으로서의 허와 기에 관해 상즉相卽의 관계라고 단언한다.

> 허공虛空은 곧 기氣로서 곧 유有와 무無, 은隱과 현顯, 신神과 화化, 성性과 명命에 하나로 통하며 다른 것은 없다. (「태화편太和篇」)

이와 같이 허虛란 체體이며 이理고 성性으로서 기氣를 떠나 존재하지 않는다는 것을 알아야 한다. 정자는 청허淸虛의 일대一大를 설정하여 만물의 근원으로 삼는 것은 그러지 말아야 한다고 말한다. 누구의 말인지는 밝혀지지 않았지만, 나중에 주자朱子가 호광중胡廣仲(1136~1173)에게 답한 글 중에 장자의 사상을 비평하고 있는데, 그 예禮를 학자에게 가르친 것이 가장 좋고, 또 신화神化를 분명하게 설명한 것은 공로라고 하더라도 청허의 일대를 말하여 사람들이 다른 곳을 향하게 한 것은 불가하다고 말한 것을 보면 이 내용은 장자에 대한 비평임을 알 수 있다. 또 양구산이 이천에게 글을 보내서 "『서명西銘』이 체體를 말하지만 용用에는 이르지 못한 것은 그 흐름이 결국 겸애兼愛에 이를까 걱정된다"라고 말한 데 대해 이천이 "횡거의 입언立言에 잘못이 있다면 『정몽正蒙』에 있다. 『서명』은 동일한 이理가 여러 갈래로 갈라진다는 이일분수理一分殊를 분명히 함으로써 체를 말하면서 용에 이르지 못한 것이 아니라 오히려 이전의 성인聖人이 아직 발현하지 못한 것을 확장한 점에서 맹자의 성선양기론性善養氣論과 같은 공로가 있다"라고 답한 것은 태허太虛를 기의 체로 삼은 점이 분명하다는 것을 지적한 것이다. 그러면 그것은 여러 갈래로 갈라지는 성誠과 경敬 즉 분수성경分殊誠敬에 중점을 둔 입장에서 한 비평이다. 장자에게 허의 원리가 없다면 아마 철리哲理로서의 가치가 반감된다. 높이 허라는 이理를 표방하며 더욱이 이것을 기와 상즉相卽시킨 점에 장자의 가치가 있다. 정주가 장자에게 한 비평은 장자가 이미 노씨와 석씨에게 한 비평으로서 장씨는 노씨의 무無에서 유有라는 논리와 석씨의 산하대지를 보는 작용상의 병[見病]이 있다는 사상에 동의하지 않으며, 어떤 것이냐면 분수신화分殊神化 즉 여러 갈래로 갈라지는 신묘한 조화에 중점을 둔 것이다.

요컨대 장자張子의 우주론은 '태화太和'='성性'이라는 본체로부터 출발해 성性을 허虛와 기氣로 나누고, 허를 천天이라 하며, 기의 왕래를 귀신鬼神이라 이름하고, 굴신불식屈伸不息 즉 쉬지 않고 굴신의 작용을 하는 것을 명命이라고 하며, 그리고 허와 기를 상관시키면서 '신화神化'를 말한다. 천이란 고래古來의 용어를 사용한 데 지나지 않으며, 과감히 물질적으로 보았다고 말할 수는 없다. 아마 신神적인 의미일 것이다. 귀신은 "이기의 양능[二氣之良能]"(「태화편太和篇」)이라고 한다면 곧 이기二氣가 교섭하는 부사의不思議한 힘을 말하는 것이다. 신화란 "천의 양능이고 사람의 기능이 아니다[天之良能, 非人能]"(「신화편神化篇」)라고 하며, 이것을 구분해서 신이란 "음양이나 동정이 하나로 합쳐져 헤아릴 수 없는 것[陰陽動靜合一不測]"에 붙인 이름이고, 화란 "점

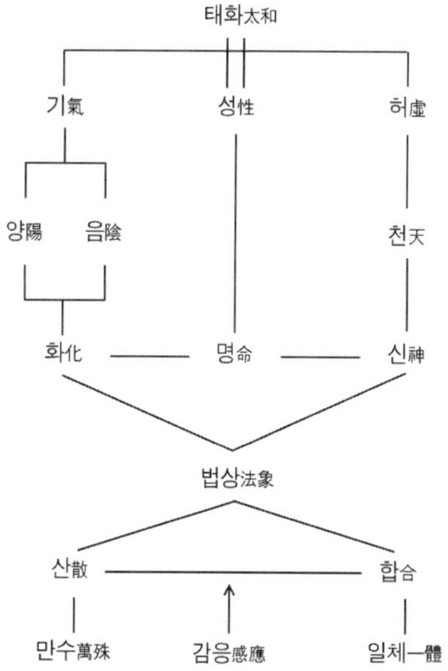

차로 변천하며 운행하는 것[推行有漸]"(「신화편」)에 붙인 이름이라고 하며, 나아가 신은 천덕天德이고 화는 천도天道라고 한다. 신화란 대자연의 묘용妙用을 말하는 것이다. 그리고 "천지에 있는 존재의 형상은 모두 신화의 재현일 뿐이다[天地法象皆神化之糟粕爾]"(「태화편」)라고 한 것을 보면 법상法象을 불완전한 것으로 보고 있음이 분명하다. 이 법상은 흩어져서 만 갈래로 나뉘고, 합쳐지면 혼연하지만, 흩어지든 합쳐지든 모두 '우리의 몸[吾體]'이다. 만물은 본래 하나(「건칭편乾稱篇」)이므로 그 사이에 합감合感의 이理가 있다. 만물이 본래 하나라는 것은 "만물 각각은 모두 다르지만 다 음양을 갖추고 있다[物物皆異悉有陰陽]"라는 것이다. 만물의 일체란 모두 음양을 갖추고 있다는 점에서 본질의 평등을 말하는 것이다. 이 평등한 일체가 만 갈래로 갈라져 발현하는 것은 이기二氣의 교섭관계에 따른다. 아마도 정자의 유명한 이일만수설理一萬殊說은 여기에 근거한 것이다. 이것을 요약하면, 장자의 천지일체天地一體, 만물합감萬物合感, 신화무방神化無方의 사상은 송유 중에서 가장 위대한 우주론이다. 그 안에는 활기活氣가 요동치고 있으며 장자의 성격이 이 안에서 나타난다.

4. 심성론心性論

장자張子는 성性 안의 허虛와 기氣에 기반해서 인성人性에 천지의 성[天地之性]과 기질의 성[氣質之性] 두 가지를 구분한다(「성명편誠明篇」). 아마도 『능엄경楞嚴經』의 본연성本然性과 화합성和合性 또는 성심性心과 연심緣心에서 얻은 사상일 것이다. 천지의 성을 설명하면서 시간보다 '오래되었다'고 하고, 공간보다 '크다'고 하며, 발현하여 인仁과 지智로 구분되고, 인과 지를 합친 것을 '성聖'이라고 이름한다. 성聖이란 천지의 성性을 받았다는 것이다. 인의 체體를 충서忠恕라 하며 이로부터 '예의禮義'라는 용用을 도출하고, 지의 체는 '양지良知'라 하면서 이로부터 '성명誠明'의 용을 도출하며, 성명에 의해 "성을 다 밝혀서 이를 궁구한다[由盡性而窮理]"(「성명편」)라고 한다. 장자는 이렇게 해서 인의예지仁義禮智를 천지지성天地之性의 내용으로 삼는다. 장자가 허를 '천지의 덕[天地之德]'이라고 하는데, '인의 근본[仁之本]'이라 이름하며, '허가 곧 인을 낳는다[虛則生仁]'고 하여 허로부터 천덕天德을 도출한 것(『어록초語錄抄』)은 어쩌면 불교가 공空에 기반해서 비지悲智 즉 자비와 지혜라는 이문二門을 개설한 데서 암시를 받은 것일까? 적어도 양자 사이

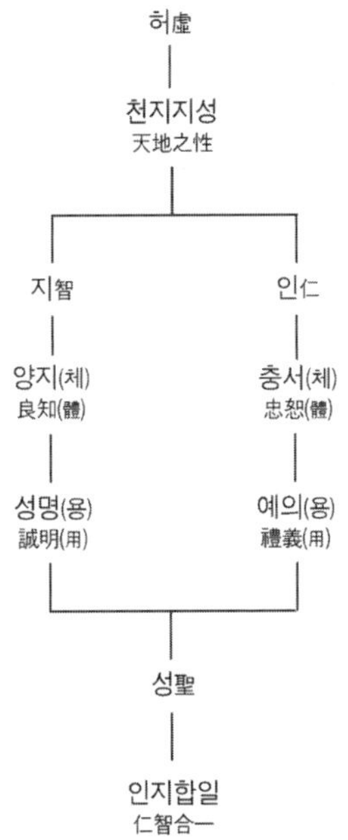

에 유사성은 있다.

장자는 기氣로부터 형이하形而下의 기질지성氣質之性을 설명하면서 여기에 '양명陽明'과 '음탁陰濁'의 양면 즉 양陽이라는 밝은 면과 음陰이라는 탁한 면을 포함시킨다(「성명편誠明篇」). 양명의 일면은 덕성德性으로서 천지지성天地之性과 상응하는 것이다. 그리고 음탁의 일면은 기와 습習을 합친 것으로 여기에 기질지성의 특이성이 있다. 객관의 식識과 애오愛惡의 정情이란 음탁성陰濁性이 발로發露한 것이다. 식은 견문見聞이 좁은 앎으로서의 '지각知覺'이 되고, 정은 물욕物欲으로 '결국 귀결[終歸]'한다. '심心'이란 성性과 지각을 합친 이름으로서 외물外物에 감응하여 만수萬殊 즉 여러 가지로 달라진다. 사람의 성은 동일하지만 기에 관편寬編 즉 넓거나 좁거나의 차이가 있다. 기는 성과 습

사이의 것으로서 성은 기에 의해 손상을 입고, 기는 습에 의해 손상을 입는다고 한다면 성의 하향下向은 기로 인해서이고, 기의 관편은 습에 기인한다. 습에 선악善惡이 있으며 포태胞胎 중일 때부터 있다고 한다 (『어록초語錄抄』).

이와 같이 장자는 선악의 근본을 습習에 귀속시키며, 그리고 그 습을 선천적인 것으로 보고, 다른 한편으로 또한 물욕物欲에 귀속되는 후천적인 정情을 인정한다. 이것을 불교에 비춰 보면 습이란 흡사 무명無明에 해당하며, 물욕은 번뇌煩惱에 해당한다. 장자에 이르러 악惡의 근원이 선천적인 '습숙전요習熟纏繞' 즉 얽매여 있는 익숙한 습성으로 설명되는 것은 주자周子에게서 보이지 않는 점이다. 분명히 불교

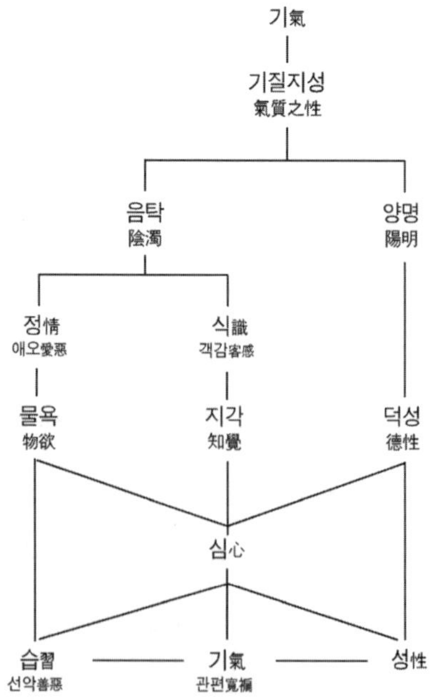

전반에 걸친 무명망집설無明妄執說의 영향이다. 이 천지지성과 기질지성의 양성설兩性說도, 그리고 습숙설習熟說도 정주가 그대로 조술祖述한다.

장자는 이렇게 해서 양성兩性으로 인간을 설명하지만 기질지성에 관해서 "군자라면 떨쳐 내야 할 성이다[君子有弗性者]"(「성명편誠明篇」)라는 한마디를 덧붙인 것을 볼 때 통상적인 유가儒家의 설說과 다른 점이 있음을 보여 준다고 해야 할 것이다. 그렇지만 주자朱子는 이 기질지성의 학설에 상당히 동의하면서 "이것 이전의 학설들은 아직 도달하지 못했다[前此未曾說到]"라고 찬탄하고, "성인의 문하에서 지극히 공로가 있으며, 후학들에게 보탬이 된다[極有功於聖門有補於後學]"라고 칭찬한다. 따라서 기질지성이 장자의 독특한 사상임을 알아야 한다.

5. 수도설修道說[15]

장자張子의 수양설修養說은 '지례知禮'와 '성성成性'으로 개괄할 수 있으며, 그 중심은 기질성氣質性의 변화에 있다(『어록초語錄抄』). 지례란 얽매여 있는 익숙한 습성 즉 습숙전박習熟纏縛을 풀 수 있는 방법[法]으로서 이에 "섬세한 악을 반드시 제거한다[纖惡必除]"(「성명편誠明篇」)라고도 하고, "허망함이 제거됨[妄去]"(「중정편中正篇」)이라고도 하며, "'나'가 없음[無我]"이라고도 한다. 그리고 허망[妄]에 관해서 "감응이 없어

15 역주 저본의 차례에서는 5. 수도설(修道說)로 되어 있고, 저본 233쪽 해당 부분에서는 제5 수도론(修道論)으로 되어 있다. 차례의 표기에 따라 번역했다.

도 발생하는 것이 허망이다[無所感而起, 妄也]"(「중정편」)라고 한 것은 무시無始의 무명無明을 방불케 하며, 또 "계탁해서 아는 것은 미혹한 것이다[計度而知, 昏也]"(「중정편」)라고 한 것은 번뇌를 방불케 한다. 장자에 따르면 습習을 제거할 때 기氣가 변하고, 기가 변할 때 성性을 손상시키지 않게 됨으로써 기와 습을 극복하고 그렇게 기질성을 바꿔서 천지성天地性을 실현하게 된다. 이것을 성을 이루다 즉 성성成性이라고 한다. 지례와 성성 즉 기질의 변화는 장자의 학문 구성[爲學]의 중추다. 성성이란 허虛로 돌아간다는 말이다. 성성의 영역[域]을 장자는 다음과 같이 여러 가지로 부른다.

하늘과 하나가 됨, 천도와 합일함, 성과 천도를 합치면 대소의 구별이 없어짐.

크기는 천지를 가림, 큰 마음은 천하 만물의 바탕이 됨, 도는 만물과 나의 바탕, 크게 성을 이룸, 형상도 감응도 없는 것과 형상화한 대상이나 감응을 합일함.

천덕에 위치함, 양지, 그칠 바를 얻음, 기를 바를 얻음.

성성成性의 영역에서는 당연히 '궁리진성窮理盡性'의 명성明誠이 있고, '궁신지화窮神知化'의 묘감妙感이 있으며, 자기 안에 천하의 물物을 받아들여 성性과 천도天道의 사이에서 대소의 구별을 보지 않게 됨으로써 "태어난다고 해서 얻은 것이 없고, 죽는다고 해서 잃는 것도 없음을 알게[知生無所得死無所喪]"(「성명편誠明篇」) 되어 생사일여관生死一如觀 즉 생사가 매한가지라는 관점을 가질 수 있게 된다. 본래 장자의 우주관宇宙觀에 의하면 "천지에 있는 존재의 형상은 모두 신화의 재현

일 뿐이다[天地法象皆神化之糟粕爾]"(「태화편太和篇」)로서 만물은 모두 기氣에 지나지 않는다고 한다면, 이 만물일체관萬物一體觀에서 볼 때는 "모여도 우리의 몸이고, 흩어져도 우리의 몸으로서 죽더라도 사라지지 않는다는 것을 아는 사람이라면 더불어 성을 말할 수 있다[聚亦吾體, 散亦吾體, 知死之不亡者, 可與言性矣]"(「태화편」)가 된다.

이처럼 "'나'가 없어지고 그 후에 큰[無我而後大]"(「신화편神化篇」) 그런 인격자를 성聖이라고 한다. 성인聖人은 성명性命을 아는 지智 즉 지성명知性命의 지智와 지성득천至誠得天의 인仁 즉 지성至誠으로 천天(천지성)을 얻은 인仁을 아울러 가지며, 인과 지를 합일하여 "크게 성을 이루고[大能成性]"(「신화편」, 「중정편中正篇」) 그래서 "천하에 '나'가 아닌 것은 하나도 없다고 보는[視天下無一物非我]"(「대심편大心篇」) 존재가 된다. 그래서 장자의 수양론은 어떻게 해서 기질지성을 변화시킬 것인가에 집중한다. 궁리窮理의 명明에서 진성盡性의 성誠으로 진행하는 순서는

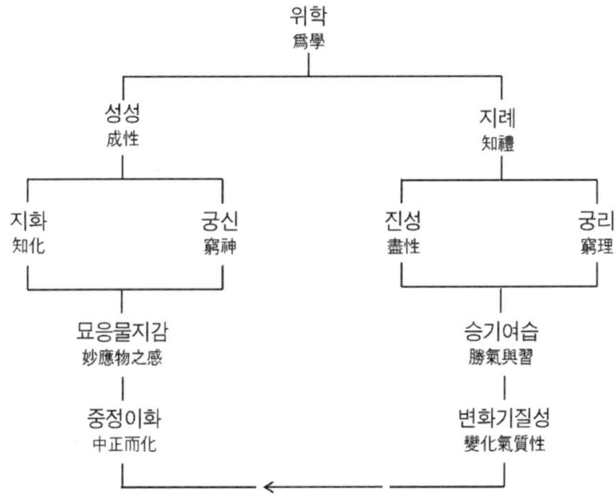

주자朱子의 선구가 되고, 주자周子의 성명誠明과 순서가 상반된다. 이 점에서 주자周子는 선가禪家와 비슷하고, 장자는 교가敎家와 비슷하다고 해야 한다.

장자의 학문은 예禮를 문호門戶로 삼고, 허虛를 당오堂奧로 삼으며, 신화神化를 묘용妙用으로 삼는다. 이 세 가지는 장자의 체계에서 요점이며 그중에서 허를 중추로 삼는다. 예는 허에 들어가기 위한 방편이고, 신화는 허로부터 나타나는 묘용이다. 이상적 인격인 성聖은 허를 품고 신神으로 나오는 존재다. 장자의 예는 명도의 의이방외義以方外나 이천의 정제엄숙整齊嚴肅이라는 정좌靜坐에 비교되는 것으로서 불교의 계율에 해당할 수 있을지도 모른다. 사상채謝上蔡는 장자가 너무나도 예를 중시했기 때문에 전해지지 않게 되었다고 논평했지만, 그 체계의 골격이 정주에게 전해진 것을 볼 때 어쩌면 정당하지 않은 논평이다.

장자가 불교와 다르게 유교주의로서 역설한 것은 '신화神化'다. 우주론에서의 신화, 수양론에서의 신화는 장자의 체계 중에서 특히 중요한 것이다. 주자朱子도 "이 두 글자는 정자에게 있기는 해도 분명하지 않고, 횡거만 분명하다"라고 찬탄한다. 장자 이후의 유자儒者가 불교에 신화가 없다고 비난한 것은 이는 마치 대승불교도가 소승불교도에 대해 한 비난과 같은 것으로서 혹은 당시의 불교도에게 해당할 수 있지만 불교 전체에는 해당하지 않는다. 장자의 체계는 『역易』, 『노자老子』, 『논어論語』, 『중용中庸』, 불교를 합쳐서 내외로 유불을 아주 크게 종합한 것이라고 해야 한다. 특히 『역』의 음양陰陽, 신화神化, 궁리窮理, 진성盡性, 명命, 도道와 불교의 본연성本然性, 화합성和合性, 습숙전요習熟纏繞, 거망去妄, 필제섬악必除纖惡, 무아無我를 합친 것이라고 보아야 한다. 다만 불교에서는 보통 성性이라는 말을 장자의 허虛와 유사한 의미로 사용한다. 장자는 허와 기氣를 합친 것으로서 사용하므로 불교에 대해 비평한 다음과 같은 구절은 성의 의미상의 차이에서 온 것이다.

> 천하의 성이 하나가 되기를 기다리는 것은 오히려 고자가 생을 성이라 한 것과 같다.

이것은 허虛(이로서 평등함[理平等])를 성性이라고 한 데 대해서 허와 기를 합친 성性(사事의 차별을 포함한 것)에 기반해서 말한 것이다.

6. 장자張子의 불교 비평

장자張子의 사상 중에 불교와 상당히 유사한 것이 있다. 일반적인 내용들을 열거해 보면 다음과 같다.

① 그 안에 동정動靜이 서로 감응하는 성性을 포함한 태화太和는 수연隨緣과 불멸不滅의 양면을 아울러 갖춘 일심一心에 비교된다.

② 허虛와 기氣의 대립은 진여眞如와 알라야식[阿賴耶識]의 대립 혹은 그 이상으로 각覺과 불각不覺의 양면과 유사한 점이 있다. 허를 기의 본체라고 한 것은 각을 떠나 불각은 없고 각에 의거하기 때문에 불각이 있다는 사상이다.

③ 허虛와 기氣 사이에 본체와 현상 간의 상즉相卽이 있다는 논법은

불교 곳곳에서 발견되는 것이다.

④ 천지성天地性과 기질성氣質性은 『능엄경楞嚴經』의 본연성本然性과 화합성和合性이다.

⑤ 천하의 사물은 하나이며, 똑같은 것이 없다고 해도 모두 음양陰陽의 기氣를 체體로 삼기 때문에 그 사이에 합감合感의 이理가 있다고 한 것은 만법일여萬法一如로서 감응시현感應示現 즉 만법은 매한가지로서 감응하여 드러난다는 것이다.

⑥ 성性을 손상시키는 기氣, 기를 손상시키는 습習을 거슬러 올라가 숙습宿習 즉 타고난 습성을 악惡의 근원으로 삼은 것은 무시無始의 무명無明에 비교된다.

⑦ 습숙習熟을 풀기 위해 예禮를 통해 섬악纖惡을 제거하고, 거망去妄함으로써 무아無我가 되어야 한다는 것은 계율戒律을 입문으로 하는 복단수행伏斷修行이다.

⑧ 자기를 바르게 해서 사물[物]을 바로잡는 것은 오히려 유소득有所得을 벗어나지 못하며, 무의無意로 선善을 행할 때 성性 그대로가 된다고 한 것은 유소득과 무소득無所得의 사상이다.

이상과 같이 불교와 상당히 유사한 점이 있다. 모두 불교에서 얻었다고 단정할 수는 없지만 적어도 불교를 배웠거나 또는 불교의 학풍學風을 접한 데서 얻었다고 추측할 수 있다. 그렇다면 장자의 불교에 대한 태도는 어떤가?

『정몽正蒙』은 다른 제유諸儒의 저서와 비교하면 가장 단편短篇이지만 이 단편 속에서 불교에 대한 비중이 크고, 게다가 필봉筆鋒이 특히 신랄해서 이후 제유의 본보기가 되어 이후의 비평은 대개 이것을 본보기로 삼는다는 점에서 장자의 학력學力을 보여 준다. 비평은 대략 이하의 5항목으로 개괄되는데 중심은 환망설幻妄說에 있다.

① 유심唯心에 의해서 일체一切를 연기緣起한다고 하며, 세계나 인생을 환망幻妄이라고 한다.
② 공적空寂에 빠져들어 신화神化를 알지 못한다.
③ 실제實際를 알지 못한 채 태허太虛나 귀신鬼神을 말한다.
④ 진실로 성性을 알지 못하기 때문에 일체一切를 평등하게만 본다.
⑤ 인人, 귀鬼, 천天, 도道를 알지 못해서 피詖, 음淫, 사邪, 둔遁으로 흘러간다.

장자의 공적 중에서 제일은 신화神化를 궁구한 데 있다는 것은 여여숙의 행장에서 보이고, 주자朱子도 "신화라는 두 글자는 정자도 설명하고 있지만 매우 불분명하고, 오직 횡거만이 끌어낸다"라고 말한다. 하물며 장자는 정자의 선배다. 신화를 설명해 낸 것은 장자의 독보적인 것이라고 해야 한다. 신화를 세계의 대도大道이자 인생의 대사大事로 삼은 점에서 불교의 환망관幻妄觀이나 공적空寂에 대해 비난의 화살을 돌리지 않을 수 없다. 혹 실제를 알지 못한다고 하거나 인人이나 귀鬼나 천天이나 도道를 알지 못한다고 하는 등 여러 가지로 비난하지만, 장자의 불교 비평은 요컨대 그 귀취歸趣를 신화에 두고서 나온 것이다.

① 유심唯心에 의해서 일체一切를 연기緣起한다고 하며, 세계나 인생을 환망幻妄이라고 한다: 장자는 불교의 환망관幻妄觀을 산하대지를

보는 작용상의 병[見病]이 있다고 한 데서 출발하여 지견智見이 명료하지 못한 데서 성립한다고 본다. 보는 작용상의 병 즉 견병見病이란 유심연기唯心緣起를 말한다. "인간의 좁은 소견으로 천지天地를 인연이라 한다"라고 하거나 "심법心法이 천지를 일으키거나 없앤다고 한다"라고 하며, "육근六根이라는 미약한 것을 천지의 인연으로 삼고 있다"라고 한 것은 일심一心에서 세계를 도출하고 있다고 말하는 것으로서 견병이라는 말이다. 또 "분명하게 다 밝히지 못한 것이 있으며"라고 하거나 "궁구하지 못하여"라고 한 것은 세계의 존재 이유와 인간이나 만물[人物]이 생생하는 의의를 알아야 한다는 말이다. 불교도가 이러한 세계관을 갖게 된 것은 실제의 진리를 알지 못하고 쓸데없이 공상적인 대허大虛 속에서 방황하기 때문이다. 개심個心에서 연기한다고 한 점에 인생의 몽환관夢幻觀이 있고, 공상적인 대허 속에 몰입한 점에 세계의 환망관이 있다라고, 장자는 간결하면서 힘 있는 내용과 형식이 서로 갖춰진 묘문영필妙文靈筆 즉 매우 뛰어난 글솜씨로 당당히 논진論陳을 펼친다. 장자의 이 비평은 『능엄경楞嚴經』을 연상시킨다. 산하대지를 보는 작용상의 병[見病]이라는 말은 『수능엄경首楞嚴經』 제2의 "네가 지금 눈으로 산과 강과 국토와 중생들을 보는 작용에 견주어 보면, 모두 다 시작 없는 옛적부터 보는 작용의 병으로 이뤄진 모습이다. 보는 작용[見]과 보는 작용의 조건[見緣]이 앞의 경계로 비슷하게 나타난다[汝今日以目觀見山河國土及諸衆生, 皆是無始見病所成. 見與見緣, 似現前境]", 제4의 "이러한 세 가지 전도된 상속은 다 깨달음의 밝음[覺明]으로 명료하게 아는 성품[明了知性]이 그 아는 작용으로 인하여 모양을 일으키니, 허망한 보는 작용으로 생긴 산과 강과 대지와 온갖 인연으로 변화하는 모양[諸有爲相]이 차례로 옮기고 흐르면서, 이 허망을 따라 끝나고 또 시작하는 것이다[如是三種顚倒相續, 皆是覺明明了知性因了發相, 從妄見生, 山河大地, 諸有為相次第遷流, 因此虛妄終而復始]"라고 한 데서 나온다. 견병이라거나 망견妄見이라는 것은 장자가 크게 비난한 것으로서 장자가 대허 즉 아주 헛되다고 한 것은 경전의 각명명료지성覺明明了知性을 가리킨다. 원래 『능엄楞嚴』은 『능가楞伽』 계통에 속하며, 여래장如來藏의 제일의심第一義心을 근본 원리로 하고, 우주의 일체를 모두 이 일대심一大心의 수연연기隨緣緣起와 다르지 않다고 하며, 이 일대심으로 귀입歸入하기 위해 가상假象의 세계나 인생을 부정하는 것이다. 대승불교의 본의本義는 이 일심으로 돌아가기 위해 일단 가상의 세계나 인생을 부정하기는 하지만 이미 합일한 이상은 그 일심에 입각해서 세계나 인생이 있다고 함으로써 여기에 이르러 사사물물事事物物이 모두 일심을 표현한 것으로서 완전한 가치를 갖기에 이른다고 하는 데 있다. 색즉시공色卽是空은 전반부이고 공즉시색空卽是色은 후반부인 것이다. 색즉시공은 공즉시색에서 나오기 때문에 공즉시색이 있음으로써 비로소 색즉시공의 의의가 있다. 그런데 『능엄경』은 그 전반부인 색즉시공의 색채가 매우 강렬해서 장자가 "인생을 환망이라고 하며 유위有爲를 사마귀[疣]나 혹[贅] 같은 것으로 보고, 세계를 그림자[蔭]나 더러운 것[濁]으로 본다"라고 한 것처럼 결국 이를 싫어하고 제거하려는 결과를 초래하기 쉽다. 이 점에서 보면 경전의 진의를 의심하게 된다. 아마 중당에서 성립했을 것이다. 적어도 다분히 윤색되었으며, 그 윤색은 중국 불교도의 세계관을 보여 주는 것이다. 장자의 비평은 대승불교가 본의에 눈떠야 한다는 것으로서 큰 의의가 있다고 해야 할 것이다.

①-1. 석씨는 하늘의 성[天性]이란 것을 잘못 생각하고 하늘의 작용[天用] 범위를 알지 못하며, 도리어 육근六根이라는 미약한 것을 천지의 인연으로 삼고, 분명하게 다 밝히지도 못하면서 천지와 일월을 무시하며 환망幻妄이라 하고, 그 작용을 일신의 좁은 범위로 한정한 채 생각[志]은 허공이라는 큰 것에 빠져 있다. 이는 크다거나 작다고 말하며 이리저리 피해 다니다가 중中을 잃게 되는 이유다. 큰 것이 지나쳐서 육합六合(천지와 사방)을 티끌[塵]이나 겨자[芥]로 보고, 작은 것에 가려져 인간 세상을 몽환夢幻이라 한다. 이를 궁리窮理라고 할 수 있겠는가? 궁리를 알지 못하는데 진성盡性을 말할 수 있겠는가? 이를 알지 못하는 것이 없다고 할 수 있겠는가? 육합을 진개塵芥라고 하는 것은 천지에 끝이 있다고 보는 것이다. 인간 세상을 몽환이라고 한 것은 따를 바를 찾지 못했다고 밝힌 것이다. (「대심편大心篇」)

①-2. 부처는 산하山河나 대지大地를 보는 작용상의 병[見病]이 있다고 하며, … 인간의 좁은 소견으로 천지를 인연이라 하고 분명하게 다 밝히지도 못하면서 세계의 건곤乾坤을 무시하며 환화幻化라고 한다. (「태화편太和篇」)

①-3. 석씨는 천명天命을 알지 못하고, 심법心法이 천지를 일으키거나 없앤다고 하며, 작은 것은 큰 것의 조건[緣]이고 가지[末]는 뿌리[本]를 조건[緣]으로 삼는데 언젠가 끝나는 것이라서 이를 환망幻妄이라고 말한다.

(「대심편大心篇」)

①-4. 석씨는 … 실제實際를 말하는데 곧 인생을 환망幻妄이라고 하며 유위有爲를 사마귀[疣]나 혹[贅] 같은 것으로 보고, 세계를 그림자[蔭]나 더러운 것[濁]으로 본다. 결국 싫어하여 있어서는 안 될 것으로, 떠나보내서 존재하지 않도록 한다. 나아가 이것을 얻도록 해야 하는데 곧 진실로 잘못 밝힌 것이다.

(「건칭편乾稱篇」)

② 공적空寂에 빠져들어 신화神化를 알지 못한다: 장자의 이 비평은 마치 보살菩薩불교가 나한羅漢불교에게 가한 것으로서 또 불교가 노장의 부류에게 가한 것이기도 하다. 혹은 석씨의 적멸寂滅과 세속世俗의 집유執有 즉 존재[有]에 대한 집착을 병렬하여 모두 도道를 상실했다고 한다.

> 그 적멸寂滅이라는 말은 가기는 하지만 돌아오지 못하며, 다시 태어나 유有에 집착하는 것은 물物로서 교화되지 않은 것이다. 두 가지가 차이는 있지만, 도道를 잃었냐고 한다면 똑같다. (「태화편太和篇」)

혹은 석씨의 공空을 깨달아야 한다는 강박관념 즉 쇄애입공鎖礙入空과 학자의 사악추선舍惡趨善 즉 악惡에 머물러 있으면서 선善을 추구하려는 관념을 병렬해서 처음 배우는 사람을 위해서는 그 속에 교화[化]가 있다고 할 수도 있지만, 천도天道의 신화神化에 이르러서는 더불어 얘기할 만한 것이 못 된다고 한다.

> 세상 사람들은 석씨를 채택하면서 공空을 깨달아야 한다는 생각에 사로잡히고, 학자는 악惡의 집에서 선善을 추구하는 것을 교화[化]라고 여긴다. 이는 버려야 할 얽매임을 비로소 배우는 것이라고 할 수는 있지만 천박할 따름이다. 어찌 천도天道나 신화神化와 같이 언급하겠는가. (「신화편神化篇」)

혹은 공空이나 정靜에 빠져 있는 사람은 신神의 존재와 그 작용인 화化를 알아야 하며, 무아無我로서 자기를 바르게 하고, 신의 존재를 통해 물物에 감응함으로써 천지의 작용[化]에 참여할 수 있다고 하여 불교의 표지標識인 무아를 자기 것으로 빼앗아 온다.

> '나'가 없어진 즉 무아無我인 연후에야 자기[己]를 완전히 바로잡을 수 있고, 신神이 있은 연후에야 물物에 대한 오묘한 감응이 있다. 범위는 천지의 작용[化] 범위를 넘지 않으며, 넘으면 곧 공空이나 정靜에 매몰되어 이미 신이라는 것이 있을 수가 없다. 또 화化라는 것도 알 수가 없다. (공空이나 정靜에만 빠져) 두루두루 흐르지 못하는 것은 신에 의지하지 않아서다. 백성들은 일상에서 알지 못한 채 (신화神化라는) 그 흐름 속에 잠겨 있는 것이다.
>
> (「신화편神化篇」)

③ 실제實際를 알지 못한 채 태허太虛나 귀신鬼神을 말한다: 불교의 실제란 여如, 법성法性, 진여眞如, 실상實相 등과 같은 의미로 사용하는 것으로서 진실의 경계이며 본체계本體界이다. 장씨는 불교의 실제를 유교의 성誠에 배당하며 불교에는 성은 있지만 명明을 결여하므로 유교가 성과 명을 아울러 가지고 천인天人을 합일시키는 것과 다르고, 유불 이교는 근본[本]이 같지 않으므로 귀결이 다르다고 단언하는데, 다시 말해 본체관本體觀이 이미 다른 이상은 현상관現象觀도 다르지 않을 리가 없다. 불교에서는 단지 태허太虛(실제와 같음)를 말할 뿐이며, 주야晝夜와 음양陰陽의 현상 세계를 얽매임[累]으로 삼는 것 즉 부정적으로 보는 것은 천도天道를 알지 못하는 것이라고 한다. 유교는 이에 반해 주야와 음양의 진상眞相에 접촉함으로써 성명性命을 하나로 하고 귀신鬼神을 안다는 것이다. 불교가 세계와 인생에 대해 이와 같은 관점[觀]을 만든 것은 실은 실제를 잘 이해하지 못하기 때문이라고 한다. 실제를 이해하지 못하고서 귀신을 논하는 것은 허망하다라며

논의를 진행한다.

> 석씨가 실제實際라고 하면서 이에 안다고 하는 도道란 이른바 성誠으로서 천덕天德인 것이다. 그 말이 도달한 실제란 곧 인생을 환망幻妄이라고 하며 유위有爲를 사마귀[疣]나 혹[贅] 같은 것으로 보고, 세계를 그림자[蔭]나 더러운 것[濁]으로 여기는 것이다. 결국 싫어하여 있어서는 안 될 것으로, 떠나보내서 존재하지 않도록 한다. 나아가 이것을 얻도록 해야 하는데 곧 진실로 잘못 밝힌 것이다. 유자儒者는 곧 명明으로 인해서 성誠에 도달하며 성으로 인해서 명에 이른다. 그 때문에 천天과 인人을 합일하고 배움을 통해 성인[聖]이 되어 천을 얻을 수 있다. 그 말이 옳은 것처럼 보이지만 발원한 근본과 바라는 결과를 보면 우리 유교와 근본을 달리하며 귀결도 다르다. … 그 말은 은둔하게 해서 지킬 것을 상실하게 하거나, 큰 것을 궁구하다가 이상해지게 하거나, 따르다가는 편협해지게 되고, 왜곡되어 어긋나게 하는 경향이 있는데 책 한 권 속에서도 이러한 폐해는 흔하게 찾을 수 있다. 대체로 주야晝夜나 음양陰陽을 알면 곧 성性과 명命을 하나로 할 수 있고, 성과 명을 알면 곧 성인聖人을 알 수 있고, 귀신을 알 수 있다. 그는 태허를 곧바로 말하고 싶어 하지만 주야나 음양이 그 마음[心]을 얽어맨다고[累] 하지는 않는데 이는 곧 아직 변화[易]를 보지 못한 것이다. 아직 변화를 보지 못해서 비록 주야나 음양의 얽매임을 벗어나고 싶더라도 말단에 말미암을 뿐이다. 변화도 못 본 채 또 어떻게 진실한 실제[眞際]를 말할 수 있겠는가. 진실한 실제를 버린 채 귀신을 얘기하는 것은 허망하다. 이른바 실제라고 그들은 말로만 할 뿐이고, 아직 조금도 마음으로 이해한 것이 아니다. (「건칭편乾稱篇」)

④ 진실로 성性을 알지 못하기 때문에 일체一切를 평등하게만 본다: 장자는 유교에는 진실에 대한 궁리窮理가 있고서 솔성率性이 있으므로 이것을 도道로 삼아야 하며, 불교에는 궁리가 없으므로 그 성性은 천하에 작용할 도로 삼아서는 안 된다고 주장한다. 그 성은 음식남녀飮

食男女 즉 인간의 욕구가 모두 성 안의 것으로서 천리天理의 유행流行이라고 한다면 차별계差別界 안에 천리가 있고 천성天性이 있다고 보는 것이 된다. 장자는 이 입장에서 천하 만물의 성을 하나라고 하는 잘못을 지적하고 이를 고자의 "생을 성이라 한다[生之謂性]"에 비유한다. 장자가 불교에 궁리가 없다고 한 것은 제법諸法의 여실如實한 상相 즉 모든 존재의 있는 그대로의 모습을 궁구하지 않는다는 말이다. 음식남녀를 성이라고 한 것은 출가지계出家持戒 즉 출가해서 계율을 지니는 것에 대한 비평일 것이다. 만물의 성을 하나로 본다고 한 것은 일체중생실유불성一切衆生悉有佛性 즉 모든 중생은 다 불성을 가지고 있다에 대한 비평일 것이다. 장자의 주장은 현상계를 천리의 유행으로 보고 현상적 차별에 입각해 불교의 본체평등설本體平等說을 비평한 것이지만, 그런데 불교에서는 향상문向上門과 향하문向下門에서의 설상說相 즉 현상에서 본체로 올라가는 방향과 그 반대로 본체에서 현상으로 내려오는 방향에서 설명하는 내용이 다르다. 향상문에서는 평등과 절대를 귀추로 삼아 차별과 상대를 벗어나는 데 전력을 다하지만, 향하문에서는 자생資生과 산업産業 다시 말해 일상에서의 생활이나 활동을 모두 실상實相으로 보고 견문각지見聞覺知를 불성佛性의 용用이라고 한다. 장자의 평론은 한 면만을 본 것이다. 출가지계는 향상문의 생활이다.

④-1. 유자는 궁리하므로 성性을 따르는 것을 도라고 할 수 있다. 부처는 궁리를 알지 못하면서 제멋대로 성이라고 한다. 그래서 그 말은 따를 만한 것이 못 된다. (「중정편中正篇」)

④-2. 유무나 허실을 통틀어 한 가지로 보이는 것은 성性이다. 하나가 될 수 없다면 성을 다 밝힌 것이 아니다. 음식남녀는 모두 성으로서 이를 어떻게 없애겠는가? 그러므로 유무는 모두 성인 것이다. (「건칭편乾稱篇」)

④-3. 석씨의 말에 파묻혀서 천하의 성性이 하나가 되기를 기다리는데, 오히려 고자가 생生을 성이라 한 것과 같다. (「어록초語錄抄」)

⑤ 인人, 귀鬼, 천天, 도道를 알지 못해서 피詖, 음淫, 사邪, 둔遁으로 흘러간다: 장자는 "불교에서 윤회응보輪廻應報를 말하는 것은 귀신[鬼]을 알아서가 아니다. 인생을 허망[妄]하다고 한 것은 사람[人]을 알아서가 아니다. 천天과 인人의 사이에 고하高下를 두는 것은 천을 아는 것이 아니다. 득도得道하지 못하면 윤회를 벗어날 수 없다고 한 것은 도道를 깨달은 것이 아니다. 그 말이 중국으로 전해지면서 성학聖學의 문틈조차 엿보지 못한 유자儒者가 문득 이것에 미혹되어 탐닉하면서 여기에 대도大道가 있다고 하거나 혹은 수양하지 않고서 성인聖人에 이르고 배우지 않고서 대도를 안다고 하며, 인륜人倫을 밝히지 않고, 여러 정황[庶物]을 살피지 않기 때문에 다스림은 소홀하고 덕德을 혼란시킨다. 그 피음사둔詖淫邪遁의 말들이 서로 어우러져 왕성한 지가 이에 1,500년이다. 그 시비와 득실을 판별하기가 용이하지 않다"라고 말한다. 이 주장은 내용이 폭넓은데 전반부는 앞에서 서술한 내용을 총괄하는 것 같기는 하지만, 후반부의 피음사둔의 말들 즉 치우치고 간사하며 삿되고 은둔적인 그런 말들이라고 한 것은 선가禪家에서 불수부증설不修不證說 즉 수행하지도 증득하지도 않는다는 주장을 내세우며 초탈한 자유의 경지에서 노니는 것을 개탄한 것이다.

부처는 귀신을 설명하면서 식識이라는 것이 죽은 뒤 삶을 받아 순환하며 결국 고苦를 싫어하여 벗어나기를 추구한다고 하는데, (이것이 과연) 귀신을 안다고 말할 수 있는가? 인생을 허망하다고 하는데, 사람을 안다고 할 수 있는가? 천天과 인人은 한 가지이며 문득 태어나면서 취하거나 버린다고 하는데, 천을 안다고 할 수 있는가? … 지금 부처의 철저한 논의들의 요점은 분명히 생사에 유전하며 도道를 얻지 않으면 벗어날 수 없다는 말인데, 이를 두고 도를 깨달았다고 할 수 있는가? (깨달으면 곧 의義와 명命이 있고, 생사生死가 균등하며, 천인天人이 합일하고, 주야를 생각하여 알며, 음양에 통해서 이것이 다르지 않음을 체득하는 것이다.) (부처의) 그 설명이 왕성하게 중국으로 전해지면서 유자들이 성학聖學을 문틈으로도 엿보지 못한 상태에서 이미 그것을 받아들여 그 사이에 함께 빠져들며 대도大道라고 한다. 그 풍속이 퍼지자 천하에서는 선하거나 악하거나 영리하든지 어리석든지 남녀 혹은 노비[臧獲] 등 사람들마다 몹시 믿는다. 뛰어난 영재들이 태어나면 곧 이목이 익숙하여 편안한 일에 빠져들며, 성장하면 곧 세속의 유자들[世儒]이 으뜸으로 삼으며 숭상하는 말을 스승으로 삼아 결국 어두워지도록 내몰린다. 성인聖人은 수양하지 않고 될 수 있다고 하고, 대도는 배우지 않고도 알 수 있다고 하는데 이에 따르면 아직 성인의 마음을 알지 못하고서 그 자취를 추구할 필요가 없다고 하고, 군자의 뜻을 아직 보지 못하면서 그 글을 받들 필요가 없다고 말한 것이다. 이것이 인륜을 살피지 않게 되는 이유이며, 여러 정황을 분명히 하지 못하게 되는 이유이고, 다스림에 소홀하고 덕德이 혼란스러워지는 이유다. 다른 말들이 넘쳐 날 뿐으로 위로는 예禮로써 잘못[僞]을 막으려 하지 않고, 아래로는 배워서 폐해[弊]를 저지하지 않으려 한다. 옛날부터 피음사둔詖淫邪遁의 말들이 한데 어우러져 왕성했는데 하나같이 불씨佛氏의 문하에서 나왔으며 1,500년이 되었다. 스스로 독립해도 두려워하지 않고 한결같이 자신하며 크게 뛰어난 재주가 있지 않고서는 어떻게 그 사이에 바로 서서 그들과 시비나 득실을 따지겠는가? (「건칭편乾稱篇」)

이상의 ①~⑤가 장자의 불교 비평의 전체라고 할 수 있다. 『정몽正

蒙』 전편全篇은 모두 간결한 필체로 그의 천인합일天人合一과 지례신화知禮神化의 사상을 강력하게 표현하며 조금의 느슨함도 없어서 한 글자도 가감할 필요가 없어 보인다. 그러나 불교에 대한 비평에서만큼은 상당히 장문長文이며 게다가 분량도 매우 많다. 따라서 장자가 배불排佛에 역점을 두었다는 것을 알 수 있다. 비평에서 볼 때 장자의 불교에 대한 지식은 폭넓지 않다. 경전으로 명백한 것은 『능엄楞嚴』뿐이다. 『반야般若』나 『유마維摩』와 같은 것은 본래 이것을 읽었는지도 그의 글에서는 알기가 어렵다. 그의 논봉論鋒에서 크게 주목할 것은 유심설唯心說에 대한 비평 즉 그의 천도설天道說에서 본 불교평佛教評이다. 이 점에서 불교는 분명히 유교의 비평을 감수해야만 한다. 그럼에도 장자의 사상은 불교의 철리哲理에서 얻은 것이다.

관락關洛 이외의 사상가[16] 제4장

이 안에 속하는 사람은 매우 많지만 그중에서 불교철학에 상당한 이해를 갖고 있는 사람 3인을 제시하기로 한다.

1. 왕안석王安石

왕안석王安石의 자字는 개보介甫이며, 희녕熙寧 연간(1068~1077)에

16 역주 저본의 차례에서는 제4장 관락(關洛) 이외의 사상가로 되어 있고, 저본 244쪽 해당 부분에서는 제4장 관락(關洛) 이외의 사상가와 불교로 되어 있다. 이하 소제목도 차례와 다르게 제1 왕안석과 불교(244쪽), 제2 진형중과 불교(251쪽), 제3 장천각과 불교(258쪽)로 되어 있다. 차례의 표기에 따라 번역했다.

재상[相]의 벼슬을 지내며 형공荊公에 봉封해지고, 원우元祐 원년元年(1086)에 68세의 나이로 사망한다. 그는 불교를 깊이 연구하여 『능엄경楞嚴經』에 주석을 달았다고 한다. 대체로 진정극문眞淨克文(1025~1102)에게 가장 많이 배운 것 같고, 불인료원의 영향도 받았다. 희녕 9년(1076)에 재상에서 물러나 건강建康으로 돌아와서 옛 체제를 버리고 선사禪寺를 만들어 극문克文을 초청하여 주지로 삼는다. 조칙[勅]을 받아 보녕報寧이라는 편액[額]을 내리고, 극문에게는 진정眞淨이라는 호號를 하사한다. 왕안석은 일찍이 극문에게 참여한다. 극문은 "일상에서 옳은 일은 힘써 실행하고, 그른 일은 결코 멈춰야 한다. 어렵다거나 쉽다는 이유로 뜻을 바꾸면 안 된다. 만일 오늘 어렵다고 머리를 저으며 돌아보지 않는다면 어떻게 다른 날에는 오늘보다 어렵지 않을 것이라 생각하는가?"(『선림보훈禪林寶訓』)라고 말한다. 불인료원은 원풍元豊 5년(1082)에 여산廬山의 귀종사歸宗寺에서 금산사金山寺의 명命으로 알리러 갈 때 배를 진회秦淮에 매어 두고 정림사定林寺에서 왕안석을 만난다. 왕안석은 쌍림전대사雙林傳大士의 상像에 대한 찬贊을 요청했는데, 불인은 다음과 같은 글을 쓴다.

도가의 관을 쓰고 유가의 신발 신고 불가의 옷 걸치니	道冠儒履佛袈裟
세 집안이 모여 한 집안을 이루었네	和會三家作一家
도솔천으로 올라가는 길은 잃어버리고	忘却率陀天上路
어리석게 쌍림사에 앉아 용화회상을 기다리네	雙林癡坐待龍華

왕안석은 이 말의 이치[詞理]가 지대하다며 감복한다(『운와기담雲臥紀談』).

이와 같이 왕형공王荊公(왕안석)은 불교의 사상에 접촉할 기회를 얻는다. 『왕림천문집王臨川文集』 중에 실려 있는 두 수의 우언寓言 같은 것은 참선參禪을 통해 얻은 세계관을 도파道破한 것이고, 독유마경유감讀維摩經有感이나 서금강경의증오규書金剛經義贈吳珪 같은 것은 경전의 이해 정도를 가늠해 볼 수 있게 해 준다.

두 수의 우언[寓言二首]:

태허는 실제로는 찾아낼 수가 없으니	太虛無實可追尋
잎사귀 떨어진 소나무 가지는 예나 지금이나 아득하네	葉落松枝謾古今
복숭아꽃을 보고서 성인의 이해가 생긴다면	若見桃花生聖解
자신에게 의심이 있는지 돌아보는 일에 주저하지 않겠네	不疑還自有疑心
본래 사물은 없다 함이 사람을 의심케 하니	本來無物使人疑
도리어 참선한다면서 어리석음 자초하고	却爲參禪買得癡
무생물이 가능하다는 설법을 듣고는 깨닫는다며	聞道無情能說法
종일토록 벽을 맞댄 채 허망하게 찾고 있네	面墻終日妄尋思

『유마경』을 읽은 소감[讀維摩經有感]:

몸은 마치 물거품이나 바람처럼 그렇고	身如泡沫亦如風
칼로 베어 낸 향기로운 길 모두 하나같이 공하네	刀割香塗共一空
세간 속에 고요히 앉아 이 이치를 관찰하니	宴坐世間觀此理
유마는 병들었어도 신통이 있네	維摩雖病有神通

『금강경』의 뜻을 적어 오규에게 주다[書金剛經義贈吳珪]:

(앞부분 생략) 그래서 여기저기 실린 내용을 거듭해서 번역하면 통하는데, 이치[理]는 얻을 수 없음에서 다 밝혀지고 본성[性]은 머물지 않는 곳에서 다 드러난다. 금강반야바라밀이 가장 뛰어난 가르침이라는 것은 이와 같을 뿐

이다. (『왕림천문집王臨川文集』)

왕형공은 불교를 배우고, 특히 참선을 통해서 성리性理를 궁구한다. 그의 『성정性情』, 『원성原性』, 『성설性說』 등의 논의는 이 기초 위에서 성립한 것이다. 그는 이렇게 불교를 배웠기는 하지만 본래부터 불교자는 아니었기 때문에 유교 본래의 사명을 잊지 않고 단지 유교를 불교로써 해석한 것뿐이다. 장방평과의 문답은 유문儒門에 뜻이 있다는 것을 가장 잘 설명해 준다. 그는 방평에게 "공자가 세상을 떠난 지 100년에 맹자가 있었고, 그 후는 단절되어 사람이 없습니다. 혹 있더라도 순유醇儒는 아닌 것 같은데 어떻습니까?"라고 묻는다. 방평은 "어찌 사람이 없다고 하십니까, 공맹보다 뛰어난 사람들이 있습니다"라고 말한다. 왕안석이 "어떤 사람입니까?"라고 되묻자 "마조도일馬祖道一, 분양무업汾陽無業, 설봉의존雪峰義存, 암두전활巖頭全奯, 단하천연丹霞天然, 운문문언雲門文偃입니다"라고 답변한다. 왕안석이 이를 이해하지 못하자 방평은 "유문은 담박합니다. 주워 담기는 해도 거기에 머물지는 않고 모두 석씨에게 귀의합니다"라고 말한다. 왕안석은 비로소 탄복하며, 나중에 이를 장상영에게 말한다. 상영은 책상을 탁 치며 "지극하구나 이 말씀이"라고 한다(『불법금탕편佛法金湯編』에 인용된 「무고武庫」).

신종神宗황제(재위 1572~1620)는 정명도의 명성을 듣고 여러 차례 소견召見한다. 어느 날 왕형공과 일을 의논하는데 의견이 안 맞았다. 형공은 명도를 평가하면서 "그대의 학문은 벽을 오르는 것 같아서 말하자면 실행하기가 어렵습니다[公之學如上壁言難行也]"라고 하며, 명도는 형공을 평가하며 "참정(왕안석)의 학문은 바람을 잡는 것 같습니다[參政之學如捉風]"(『불조통재佛祖通載』 27)라고 한 것은 양자가 모두 유교를 정신으로 삼으면서 그 사이에 절切과 관寬 즉 단절이냐 포용이냐의 차이가 있다는 것을 말한다. 한편으로 보면 모두 불교를 알면서도 왕형공의 사상이 한층 더 불교적이라고 말할 수 있다. 왕형공이 『능엄경楞嚴經』에 붙인 주석은 그 후 산일되어서 그것이 어떤 것인지를 알 수는 없지만, 한퇴지의 『원성原性』에 반대한 『원성原性』과 이와 관련한 『성설性說』과 『성정性情』 등 세 편의 논문은 그의 『문집文集』 속에 존재한다. 이 논문은 학사대부學士大夫의 성리性理 연구에서 은연중에 한 부분을 차지하고 있다. 어쩌면 연대상으로 볼 때 정이천의 성설性說에도 영향을 주었을 것이며, 이천의 고제高弟인 양구산이 맹자의 성선性善을 탐구하게 한 인연이 될 만한 것이다.

왕형공은 『원성原性』 중에서 "맹순양한孟荀楊韓 등 네 사람은 모두 예전에 도道를 지닌 어진 사람[仁人]들이며, 성性이란 생명 있는 존재[有生]의 큰 근본[大本]이다. 그래서 예전에 도를 지닌 어진 사람들이 생명 있는 존재들의 큰 근본에 대해 하는 말에는 당연히 미혹[惑]이 없는데, 그 말이 서로 어긋나는 것은 왜일까?"라고 자문自問을 제기하고는 이에 대해 우선 자기의 귀착점을 제시하면서 "내가 안주할 곳은 공자의 말뿐이다[吾所安者孔子之言而已]"라고 하며, 공자가 "성은 서로 비슷하나 습에 따라 서로 멀어진다[性相近也習相遠也]"라고 한 것은 찬탄하며, 다른 네 명에 대해서는 비평한다. 한자韓子에 대해서는 "태극에서 오행이 발생하지만 오행이 태극은 아니다. 성性은 오상의 태극이지만 오상을 성이라고 할 수는 없다. 이는 내가 한자와 다른 점이다. 또 한자는 인의예지신仁義禮智信 다섯 가지를 성이라고 하면서 하下의 성을 악惡이라고 한다. 다섯 가지를 성이라고 하면서 악이라고 말하면 어떻게 다섯 가지라고 하겠는가"라고 비평한다. 한자의 성설性說에 대한 비평은 여기서 그 귀결을 보게 된다. 다음으로 맹자와 순자 두 사람에 대해 "맹자는 사람의 성이 선善하다 하고, 순자는 사람의 성은 악惡하다고 한다. 태극이 오행을 발생시킨 후에 이해利害가 생기는 것이며 태극을 이해로 말할 수는 없다. 성은 정情을 낳고 정이 있은 연후에 선악이 형성되는 것이지 성을 선악으로 말할 수는 없다. 이것이 내가 두 사람과 다른 점이다"라고 하며, 나아가 그 이유를 설명하면서 "맹자가 측은한 마음이 사람 모두에게 있으므로 사람의 성은 불인不仁하지 않다고 하는데 이른바 성이란 것은 그런 식으로 말한다면 반드시 원망[怨毒]과 분노[忿戾]의 마음이 사람에게서 모두 없어진 연후에야 사람의 성에 불선不善이 없다고 해야 한다. 그러나 사람에게 과연 이것이 없는가? 맹자가 측은한 마음을 성으로 삼는 것은 내적으로 그렇다는 것이지만, 측은한 마음과 원망이나 분노의 마음이 바깥에 감응한 후 안에서부터 나온다는 것은 같지 않겠는가?"라고 한다. 순자의 성악설性惡說을 비난한 이유도 이에 준해서 알 수 있다. 이와 같은 한맹순韓孟荀 세 사람의 말을 총평하면서 "이 사람들이 말한 것은 모두 내가 보기에 정이거나 습이지 성이 아니다[諸子之所言皆吾所謂情也習也非性也]"라고 한다. 다음으로 양자楊子를 비평하면서 "비슷하지만 여전히 습을 성이라고 말하는 데서 벗어나지 않는다"라고 하며, "선악은 정이고, 정에서 선한 것을 인의仁義라고 하며 불선한 것을 불인불의不仁不義라고 하는 것일 뿐이다"라고 다음과 같이 단언한다.

예전에는 희로애오욕喜怒愛惡慾을 정情이라고 하지 않았겠는가? 희로애오욕이 선한 연후에 이것을 인仁이다 의義다라고 명명했고, 희로애오욕이 불선한 연후에 불인不仁이다 불의不義다라고 명명했다. 그 때문에 정이 있은 연후에 선악이 형성되며, 그러므로 선악이란 정이 만들어 낸 명칭일 뿐이다.

왕형공의 성性은 선악의 어느 것으로도 발전할 가능성이 있는 것이다. 『성설性說』에서도 공자의 "성은 서로 비슷하나 습에 따라 서로 멀어진다[性相近也習相遠也]"라는 말을 찬탄하며 "나는 바로 공자와 함께 한다"라고 하고, 한자의 성설에 대해서는 "나는 취하지 않겠다"라고 하며, 그의 "성의 품목이 세 가지이지만 성이 다섯 가지가 되는 까닭이다"라는 설명을 비평하면서 "인의예지신仁義禮智信 다섯 가지의 어느 것이 불선인가?"라고 말하며, "상上인 사람은 다섯 가지 중에서 한 가지에 집중하여 네 가지를 실행하고, 하下인 사람은 다섯 가지 중에서 한 가지가 어그러져 네 가지가 어긋난다"라는 설명을 비평하며 "이는 성에서 하나라도 잃지 않은 사람을 상, 하나도 얻지 못한 사람을 하라고 하는 것이다. 그렇다면 성은 선善이고 불선不善인 것은 습習이다"라고 말한다. 이것은 한자의 성삼품설性三品說이 성립할 수 없다고 지적하는 것이다. 그리고 "성이란 상常일 뿐이다. 상이 없어서야 미치광이가 불 속을 걷든 강물에 들어가든 그것도 전부 성이라고 해야 할 것이다"라고 말한다. 이 성은 보편성과 필연성을 가진 것에 비로소 이름 붙인 것이라고 할 수 있다.

왕형공의 성설性說은 이에 이르러 성정性情의 관계 문제에 부닥치게 된다. 형공은 앞서 서술한 것처럼 현상적으로는 성性과 정情을 구분하지만, 그 근본에 대해 말할 때는 "성과 정은 결국 하나로서 움직이지 않을 때는 성으로 이름하고, 움직일 때에 정이라고 이름하는 것이며 움직인 뒤에 선악이 있다. 선악이란 중中과 부중不中의 의미일 뿐이다”(『성정性情』)라고 하며 끝으로 양웅의 선악혼설善惡混說에 찬동하면서 성은 선善일 수도 악惡일 수도 있다(『성정』)고 단언한다. 형공의 성은 선악미분善惡未分 즉 선과 악으로 아직 나눠지지 않은 것으로서 어떠한 적극성도 없는 것이며 불교의 이른바 무기無記와 같은 것이다. 선악을 초월하고 어느 것이든 병합하며 더욱이 어떠한 모순도 없는 의미에서 적극성을 갖는 이른바 비선비악非善非惡 즉 선도 악도 아닌 성이라는 관념은 형공이 여전히 아직 생각하지 못한 것이지만, 이와 같은 성설을 등장시킬 준비로서는 큰 의의가 있는 것이다. 성과 정이 하나라는 말은 성선정악설性善情惡說 즉 성은 선하고 정은 악하다는 주장에 대응한 것이다. 그는 “세상에는 성은 선하고 정은 악하다고 주장하는 사람이 있는데 이것은 성정이라는 명칭[名]은 알아도 성정의 실질[實]을 모르는 것이다. 희로애락호오욕喜怒哀樂好惡欲이 아직 바깥으로 발동[發]하지 않고 마음[心]에 있는 것은 성이다. 바깥으로 발동해서 작용[行]으로 나타나는 것은 정이다. 성은 정의 근본[本]이고, 정은 성의 작용[用]이다. 그 때문에 나는 성과 정이 하나라고 하는 것이다. 이 일곱 가지는 사람이 태어나면서부터 있으며, 사물[物]에 접촉한 후에 발동[動]한다. 발동해서 이理에 합당하면 성聖이거나 현賢이다. 이理에 합당하지 않으면 소인小人이다. 그 사람들은 정이 바깥으로 발동[發]한 것 즉 외물外物에 얽매여 결국 악으로 되는 것을 보고 그래서 정은 악이며 성性을 해치는 것은 정이라고 말하지만, 이 정은 바깥으로 발동해서 외물에 감응하면서 결국 선으로 들어가는 일도 있음을 살피지 못하고 있다. 군자君子는 성을 기르는 일이 선하기 때문에 정도 선하다. 소인은 성을 기르는 일이 악하기 때문에 정도 악하다. 따라서 군자가 군자인 이유는 결코 정 때문이 아니고, 소인이 소인인 이유도 결코 정 때문이 아니다. 그 주장의 실수는 성을 군자에게서만 찾고, 정은 소인에게서만 찾는 것이다"(『성정』)라고 말한다. 형공이 지적하는 성선정악설이란 아마 이고도 그중의 한 사람일 것이다. 형공은 성정의 불리不離와 성악에 관해서 "만약 정을 없앤다면 성은 비록 선해진다고 하더라도 어떻게 스스로 증명[明]하겠는가? 논자의 말대로라면 정이 없는 것은 선이다. 그렇다면 나무나 돌 같은 것을 숭상하면 될 일이다. 그래서 성과 정이 서로 필요한 것[相須]은 마치 활과 화살이 서로 의지[相待]하면서 작용[用]하는 것과 같다"(『성정』)라고 하며, "선 및 악은 중中 및 부중不中과 같다"(『성정』)라고 하고, 끝으로 성악性惡을 언급하면서 맹자의 대체大體를 기르면 대인大人이 되고, 소체小體를 기르면 소인小人이 된다는 말과 양자의 선악혼善惡混 즉 선과 악이 섞여 있다는 말을 근거로 인용하면서 "성은 악이 될 수 있다"(『성정』)라고 단언한다.

형공이 맹자의 성선性善은 성性이 아니라 정情에 있다고 말하며 선악을 떠나서 선악으로 아직 분리되지 않은 성을 발견한 것은 대단하다고 하더라도 성性과 정情은 근본이 하나이고 동動과 정靜의 차이에 지나지 않는 것으로서 성은 악惡일 수 있다는 결론은 결국 다시 정情을 본 것과 다름없게 된다. 유교도의 입장에서는 공자를 찬탄한 것은 수긍하더라도 맹자를 비난한 것은 허용될 리가 없다. 더욱이 그 즉 맹자의 말을 비평하는 일은 상당히 곤란하다. 정이천은 공자의 성은 기질성氣質性일 뿐이라고 하고, 네 사람에 대해서는 "순자[荀]와 양자[楊]는 성을 모르고, 맹자만 성을 안다. 양웅과 한유가 말한 성은 재才다"라고 하는데 이는 사상적인 면에서 볼 때 왕형공의 뒤를 계승했다고 보아야 한다. 왕형공과 정이천의 사이에는 많은 차이가 있다. (순자와 한자 두 사람에 대한 비평에서만 양자는 일치한다.) 공자의 성설性說에 대한 비평은 양자가 상반되며, 양자楊子에 관해서는 형공은 그에게 찬성하고 이천은 그가 성을 모른다고 하며, 나아가 맹자의 성선설性善說에 관해서는 형공은 그것이 정이라고 하며 이천은 그가 성을 안다고 한다. 이천은 맹자만이 성의 근본적 의미에 도달했다고 보는 것이다. 이천이 네 사람의 성설에 비해서 한발 앞서게 된 것은 아마도 왕형공의 성설을 경유했기 때문일 것이다. 이렇게 이천의 성선설에 이르러 성에 적극적인 내용을 담게 되었지만, 그런데 어떤 이유에 기반해서 성선이 되는 것일까? 성선설에 이론적 근거를 부여한 일은 나중의 문제가 된다. 불교 유심설唯心說의 아말라식[菴摩羅識]이 성선의 근거로 채용된 일은 『양구산전서楊龜山全書』 중에 나타난다.

2. 진형중陳瑩中

진형중陳瑩中(?~1124)의 이름은 관瓘이고, 요옹了翁이라고도 부르며 화엄거사華嚴居士라는 호號도 있다. 선화宣和 6년(1124) 65세의 나이로 사망한다. 형중과 불교의 관계는 영원유청靈源惟淸에게 청익請益해서 처음에는 『화엄경華嚴經』을 좋아했지만 나중에는 명지법사明智法師에게서 천태天台의 종지宗旨를 연구한 데 있다. 천하가 도도하게 선禪으로 달려가며 『화엄華嚴』, 『원각圓覺』, 『능엄楞嚴』, 『능가楞伽』 등의 경전들을 살피는 정도였던 시대에 천태의 종지를 연구한 일은 이미 진귀하고 게다가 그 이해의 깊이도 보기 드문 점이 있다. 화엄거사라는 호는 천태의 종지를 받기 이전의 것에 속한다. 일찍이 영원유청 선사禪師를 만나서 견문見聞을 집중하며 이해와 깨달음[解會]을 추구한다. 선사는 "집착[執]과 이해[解]는 언젠가는 한 짝으로[偶] 어우러진다[諧]. 심의식心意識을 떨쳐 내도록 참선하고, 성인聖人이나 범부凡夫의 길을 끊어 버리도록 배운 그다음에 가능하다"라고 말한다. 형중은 개오開悟하여 게偈를 지어 바친다.

서당에 우뚝 앉았으니 천하의 일들 잠잠하고	書堂兀坐萬機休
날은 따뜻한 바람에 부드러운 초목은 그윽하네	日暖風柔草木幽
누가 이천 년 멀고 먼 일을 알겠는가	誰識二千年遠事
지금이 바로 눈동자 앞에 있는 것처럼	如今只在眼睛頭

영원유청은 정이천과 여러 차례 필어筆語를 나눈 사람으로서 형중은 이천과 동시대의 후배다. 더욱이 진형중이 오국화吳國華에게 답변한 글 속에 개자납수미芥子納須彌 즉 "겨자씨 안에 수미산을 넣는다"라는 말과 관련해 이천이 "남북의 설명을 바로잡으면 도리어 수미산은 몸체[體]가 없고, 겨자씨는 무량하다[正南北說却須彌無體芥子無量]"라고 할 수 있다고 말한 것을 싣고 있다. 진형중의 불교 지식이 일찍이 이천의 주의를 끌었다는 것은 그가 어느 정도로 조예가 깊었는지를 점쳐 보기에 충분하다(『이정전서二程全書』 19).

형중이 명지법사에게 천태종지天台宗旨를 받은 것은 대개 숭녕崇寧

중(1102~1106)에 속하는 일이다. 그 후 일찍이 "불법佛法의 요체는 문자에 있지도 않고 그렇다고 문자를 떠나지도 않는다. 다독多讀할 것도 없고 단지 『금강경金剛經』 한 권으로 충분하다. 경전의 요점은 단지 아뇩다라삼막삼보리阿耨多羅三藐三菩提라는 범어梵語 아홉 글자에 있다. 아홉 글자는 화어華語로는 단지 각覺이라는 한 글자일 뿐이다. 『중용中庸』의 성誠 자가 바로 이 글자다. 이 경전은 일체의 유명有名과 유상有相 즉 존재[有]의 명칭[名]과 형상[相]이나 유각有覺과 유견有見 다시 말해 존재에 대한 깨달음이나 견해를 모두 제거해야 할 허망虛妄으로 보면서 건립하고 있는 것은 오로지 이 아홉 글자다. 하나라는 글자, 일一 그 자체는 바로 일이관지一以貫之 즉 '하나로써 관통한다'에서의 하나로서 1, 2, 3, 4의 일一이 아니다. 이는 불성무물不誠無物 즉 '정성을 들이지 않으면 이루어지는 일이 없다'는 것으로서 만물산수萬物散殊 즉 '만물이 다양해진다'는 그런 것이 아니다. 50세를 넘으면 마땅히 유의해야 한다. … 단지 하루 동안 읽는 일에 몰두해서 이것을 1,000번 읽으면 그 뜻이 저절로 밝혀진다. 일찍 알면 일찍 힘을 얻는다"(『불법금탕편佛法金湯編』에 인용된 『문헌통고文獻通考』)라고 말한다. 아마 50세를 지난 뒤의 의견으로서 그 안에 유불조화의 사상이 있다. 배후에는 만수萬殊를 배척하고 일관一貫을 추구하는 분명한 일원一元적 요구가 있다는 것이 보인다.

선화宣和 초(1119)에 주청奏請하면서 "유교[儒]와 불교[釋]는 행적[迹]은 다르지만 도道는 같습니다. 잘 활용[用]하지 못하는 경우는 그 행적을 사용[用]합니다. 양나라가 재계齋戒를 사용한 것이나 한나라에서 신선神仙을 추구했던 것처럼 말입니다. 잘 활용하는 경우는 그 마음[心]

을 사용합니다. 우리 송나라의 조종祖宗처럼 말입니다. 그 행적을 사용하면 곧 막히고 막히면 곧 공격하게 됩니다. 그 마음을 사용하면 곧 통합니다. 통하면 곧 의논하게 됩니다. 노자의 무위無爲를 사용하면 백성들이 휴식하게 하고, 석씨의 요익饒益을 사용한다면 천하와 더불어 다툴 일이 없습니다. 노씨는 지자智者는 말하지 않는다고 합니다. 석씨는 멈추고 멈추면 말이 없어진다고 합니다. 공자는 침묵하며 이것을 안다고 합니다. 이는 조종이 몸소 실천한 바로서 말 많은 선비가 의논할 바가 아닙니다"(『불법금탕편佛法金湯編』에 인용된 『자감資監』)라고 한다. 이 주청은 아마 휘종徽宗 때 임영소林靈素(?~1171)에 의해 폐불廢佛이 제기될 즈음에 올렸던 것이며, 삼교三教에 대한 태도로서 공평한 의견이다. 마음과 행적을 구분하고, 행적은 제외하고 마음을 활용하자고 말한 것은 이천이 불교에 대해서 마음을 따지지 말고 행적을 보자고 한 것과 정반대의 입장이다. 이것은 형중의 만년晩年에 속하며 이미 천태종지天台宗旨를 회득會得한 뒤의 일이다. 천태의 명지법사가 진형중에게 제시한 천태종지는 상근上根의 지관止觀, 부사의不思議한 경지[境]로서 성性으로써 수행[修]을 빼 버리고 무작행無作行 즉 짓지 않는 수행을 성취하는 데 있다. 깊이 깨달은 바가 있어서 삼천유문송三千有門頌을 지어 근소한 문자로 천태의 종지를 표명한다. 그 글은 다음과 같이 말한다.

부사의한 가假는 치우친 가가 아니니	不思議假非偏假
이 가는 본래 일체법을 갖췄네	此假本具一切法
진짜 공空은 공하지 않으니 부질없는 공이 아니며	眞空不空非但空
원융한 중中은 원만하니 그냥 중이 아니네	圓中圓滿非但中

그래서 천태 사문四門의 초문은 是故四門之初門
곧 이 불가사의한 가假이니 卽是不可思議假
초문이 곧 삼문이며 삼문은 곧 초문이네 初門卽三三卽一
초문이 아니고서는 삼문도 아니고 또 사문도 아니라네 非一非三又非四

하나, 둘, 셋, 넷은 동일한 달을 가리키며 一二三四指一月
네 가지 점은 구별되는 것 같지만 오직 하나같이 공空하니 四點似別唯一空
부분들마다 하나하나가 다 법계가 되어 門門一一爲法界
일체법을 남김없이 모두 포섭하니 攝一切法皆無餘

오묘한 가假로써 부분들을 보지 않고서 不以妙假有門觀
누가 법계에 구족한 법法을 알겠는가 誰知法界具足法
듣고, 생각하며, 수행하고, 증득하는 일은 오묘하지 않음이 없으니 聞思修證無不妙
마음이 이 자체를 관찰할 수 있도록 갖춰져 있기 때문이네 心能觀此體具故

만약 마음을 관찰하기 시작해도 구족하게 보지 못하면 若秖觀心不觀具
곧 하나에 대해 보면서 두 파로 갈라지니 則於一觀分二家
한 파는 부분을 관찰하고서 여러 가지로 말을 달리하네 一家觀門異諸說
여러 말들이 비록 달라도 본 것은 그대로 하나인데 諸說雖異觀自一

그들은 일심에 모든 법法을 갖춘다는 말에 미혹해 彼迷一心具諸法
통한다거나 구별된다는 차례 속에 빠지네 墮在通別次第中
차례에서는 차례로 단절을 만들어 내니 次第而生次第斷
어찌 십계가 본래 하나임을 알겠는가 豈知十界本來一

삼천이 본래 하나임도 이와 같아서 三千本一亦如是
모두 세상의 수로 분별하는 것이 아니네 皆非世數可分別

오묘한 경지에서는 원래 공空 가假, 중中이 없으니 妙境元無空假中
공, 가, 중을 떠날 일도 없네 而亦不離空假中

공空은 바로 이 심心이고 가假는 바로 이 색色이며 空卽是心假是色
색도 아니고 심도 아니어서 중中이라 이름하니 非色非心名曰中
색과 심이 끊어진 곳에서 중 자체가 드러나고 色心絶處中體現
하나하나의 법法 자체에 모두 갖춰져 있네 於一一法體皆具

범부의 마음에 갖춰진 것은 바로 부처에게 갖춰진 것인데 凡夫心具卽佛具
원융하지 못한 것에 취착하여 곧 갖추지 못하네 取著不圓則不具
오직 갖추다란 한 글자만이 지금 이 종지를 드러내는데 唯一具字顯今宗
이 종지를 깨달은 자가 매우 드물구나 入此宗者甚希有

형중 당시는 사명법지四明法智와 전당錢唐 지역의 고산孤山 등과의 사이에 이른바 산가山家와 산외山外의 교의敎義상의 논쟁에 의해 천태 철학이 최고조로 발달한 후로서 이 송頌 중에 넘쳐 나는 내용은 사명의 산가파山家派에서 말하는 원융삼제圓融三諦의 의미다. 편가偏假, 단공但空, 단중但中에 대해서 불가사의가不可思議假, 진공眞空, 원중圓中이라고 한 것은 이른바 상즉相卽하는 삼제三諦로서 차제次第 즉 차례대로의 공空, 가假, 중中이 아니다. 관심觀心과 관구觀具 즉 마음을 관찰하는 일과 온전하게 관찰하는 일을 제기하면서 관심에만 멈추고 관구를 결여할 때는 하나를 관찰하면서 둘로 구분한다고 한 것은 산외의 유심파唯心派와 산가의 색심파色心派의 대립을 언어로 표현한 것이다. 일심제구법一心具諸法에 미혹하면 통通이나 별別의 차례 속에 빠진다는 말은 바로 산외파山外派에 대한 비평이다. 또 묘경妙境에는 공가중

空假中이 없고 공가중을 떠나지도 않는다고 한 것은 삼제가 곧 떠난 곳에 묘경이 있다는 것을 표현한 것이고, 공과 가에 심心과 색色을 배대하고 양자를 부정한 것을 중이라고 이름하며, 색과 심이 끊어진 곳에서 중체中體 즉 중 그 자체가 나타나고, 한 바퀴 돌아 하나하나의 법法에 중체를 갖추고 있다고 한 것은 바로 산가파의 주장이다. 이 송의 아홉 개의 게偈 중에서 구具라는 글자를 사용한 것이 10회, 최후에 '갖추다란 한 글자가 이 종지를 드러낸다'는 말을 근거로 삼아 '이 종지를 얻은 자가 매우 드물다'고 한 말은 양 파가 논쟁에 휘말린 일을 안타까워하는 표현인 것이다. 이와 같이 천태의 교의를 개괄한 이 송의 제목을 중제송中諦頌이라고 할 수도 있을 텐데 특별히 유문송有門頌이라고 이름 붙인 의도가 무엇일까? 이에 관해 송은 천태대사의 사문四門 즉 유有, 공空, 역유역공亦有亦空, 비유비공非有非空 등의 네 가지 부분 중에서 초문初門인 유의 부분 즉 유문有門을 제목으로 삼은 이유는 묘가유문妙假有門을 관찰함으로써 법계에 구족한 법을 가장 잘 알 수 있게 되기 때문이며, 이 취지를 표현하기 위해 당초에 부사의가不思議假를 제기하며 편가가 아니라고 하고, 편가가 아니기 때문에 이 가假에 일체법一切法이 갖추어져 있다고 한다. 형중에게 천태의 종지를 전수해 준 명지법사는 사명연경사四明延慶寺(영파寧波 지역)의 당상강주堂上講主였으며, 형중에게 글을 보내 "유有라는 제목은 아마 둔한 사람이라면 이해[領] 못 할 것입니다"라고 말한다. 이에 대해 진형중은 글로써 그 의미를 논하면서 "유문송은 옛날의 생각 그대로 따른 것일 뿐이지만, 둔한 사람은 이해 못 할 것이라는 말은 참으로 그런 것 같습니다. 그렇지만 지혜로운 사람은 유문을 원문圓門의 처음 모습[初相]으로 보며, 또 이 모습[相]이 사문四門에 모두 묘妙하게 조직되어 있다고 합니다. 이 묘문妙門에 유라는 이름을 붙인 것은 곧 생사生死의 유이며 바로 실상實相의 유이기 때문입니다. 일체법은 유로 향합니다. 유는 곧 법계이며, 법계를 제외하고 다시 논할 것은 없습니다. 이것이 곧 지관유문止觀有門의 대지大旨로서 앞의 글에서 말한 묘가妙假의 의미입니다. 아직 이해 못 한 사람이 있다면 묘가의 의미로써 알도록 할 뿐입니다. 유문은 묘가이고, 묘가는 유문입니다. 혹시 아직 이해 못 하더라도, 그래도 이 유문에 있어서는 미혹이 없을 것입니다. 그리고 전병前病과 후약後藥 즉 먼저 병이 있고 다음에 약이 있다란 한 쌍이 아닙니다. 병이 제거되어 미혹이 사라지면 유문이 열리고 나아가 설명이 필요 없어집니다. 그러면 유의 일문一門은 순묘무조純妙無粗 즉 순수하고 오묘하며 조잡하지 않은 구족만선具足萬善 즉 모든 선을 다 갖춘 것이니 어찌 삼천세계[三千]의 성性이 아니겠습니까? '이 삼천세계에서 성은 중中이라는 이理이며 유나 무에 해당하지 않고 유나 무는 스스로 그러하다'란 바로 옛 스승이 '구具'를 설명한 미묘한 말씀으로서, 유나 무에 해당하지 않음 즉 부당유무不當有無는 묘妙 이외의 한 가지 집착[一執]을 없애고, 유나 무는 스스로 그러하다 즉 유무자이有無自爾는 집착을 떠난 하나의 묘[一妙]를 개방합니다. 유에서 묘유妙有라면 유이면서 유가 아니고, 무에서 진무眞無라면 공이면서 공이 아닙니다. 유무자이여서 유나 무가 아닙니다. 가에서라면 가구假具, 공에서라면 공구空具, 중에서라면 중구中具로서 존재하지 않거나 갖춰져 있지 않음이 없습니다. 그렇다면 묘가의 유가 정유情有 즉 진짜 유가 아니라는 것은 분명합니다. 아울러 일념의 마음이 생기면 삼천三千의 성상性相이 생기고, 일념의 마음이 사라지면 삼천의 성상이 일시에 사라집니다. 생각[念] 외에 터럭만큼의 법도 얻을 것이 없고, 법 외에 터럭만큼의 생각도 얻을 것이 없습니다. 이는 곧 근본은 머물러 있으며 옮기지 않는 것입니다. 옮기지 않는 것은 중中의 이理로서 원만하고 밝은 그 자체[體]이며, 이 체體는 이理에 맞게 생각합니다. 그 수명은 무량하며 본래 이름이 없으면서도 여러 이름을 상실하지 않습니다. 그 국토를 이름하여 극락이라 하고, 그 몸[身]을 이름하여 아미타라고 하며, 몸과 국토가 서로 뒤섞이며 하나의 묘[一妙]로 융합합니다. 그 때문에 설법의 음성이 그 국토를 떠나지 않고, 기나긴 말씀이 두루두루 구족하게 됩니다. '구具'란 이와 같습니다. 이는 체구體具일까요, 성구性具일까요, 불구佛具일까요, 중생구衆生具일까요? 다시 말해 그 자체가 혹은 본성이 아니면 부처나 중생이 갖추는 것일까요? 만약 그것을 갖추는 즐거움을 알 수 있는 사람이 있다면 왕생을 바라지 않는 사람이 있겠습니까? 실제의 중을 향해서 가지 않으면서도 갈 것을 요구하는데, 방편 속에서 무엇 때문에 이미 간 것을 다시 돌아오도록 방해하겠습니까? 시기가 무르익고 인연이 깊으면 분명히 이루어집니다. 이는 본인[瓘]이 이해한 조사의 뜻입니다. 본인은 단구丹丘에 자취를 감추고 늙고 병들어 마치기를 기다립니다"(『불조통기佛祖統紀』 제49권)라고 말한다.

형중은 태주台州로 들어가면서부터 책을 물리치고 또 글도 짓지 않는다. 오로지 염불삼매를 닦으며 지낸 지 5년이 지나서야 다른 곳으로 이주한다. 글 속에서 서방왕생西方往生에 관해 말한 것은 그의 신앙을 표명한 것이다. 『불조통기佛祖統紀』 제49권에 진관陳瓘의 「여명지법사서與明智法師書」가 수록되어 있고, 그 뒤에 경원慶元 2년(1196)에 사명누윤四明樓錀이 추가한 제기題記가 붙어 있다. 그 제기에서 “나[錀]는 이전에 『요옹집了翁集』을 읽고 유문송有門頌 한 편을 보았다. 그 뜻을 알지 못했다. 묘순妙珣과 요이了怡 두 사문이 찾아와 옷소매에서 유문송과 명지明智 강주講主에게 이 송頌을 설명한 글 등 두 편을 꺼냈다. 이것을 읽고서 황홀했다. 그래서 천태의 교관敎觀의 설說을 묻고 비로소 지자대사智者大師가 설명한 법문法門을 알게 되었다. 하나는 유문有門이라 하고, 다른 하나는 공문空門, 또 하나는 역공역유문亦空亦有門, 그리고 또 하나는 비공비유문非空非有門이라고 한다. 그것은 실은 한 가지가 네 가지에 관통하고 네 가지는 실은 한 가지로 돌아간다. 공公의 유문송은 아마 이것을 말하고 있다. 요즘 사대부가 힘쓰는 것은 이전의 사람들에 미치지 못한다. 불교를 배운다지만 겨우 『능엄楞嚴』, 『원각圓覺』, 『정명淨名』 등의 경전이나 『전등傳燈』, 『어록語錄』을 섭렵하고서 논변에 보탠다. 당의 양보궐梁補闕(양숙) 등과 현재 왕조인 송의 양문공楊文公(양억), 양무위楊無爲(양걸楊傑), 장무진張無盡(장상영) 및 요옹了翁(진관) 등은 모두 마음을 교관敎觀에 두고 그 취지를 깊이 이해한다. 이 송과 글을 읽고 그것이 만들어진 실상[實]을 알 수 있다. 공의 충심 어린 말과 뛰어난 절개는 천 년을 비추며, 몸은 온갖 재앙을 걱정하면서도 생사를 대낮처럼 훤하게 본다. 보통 때 학문해서 얻은 효과가 본디 그랬다. 단구丹丘에 있을 때는 역경이 더 많았다. 그럼에도 심지心地가 태연해서 불이법문不二法門에 깊이 들어갔다. 공이 불교를 배워서 얻은 힘을 어찌 쉽게 헤아리겠는가”라고 한다. 핵심을 잘 짚은 평가라고 할 수 있다.

3. 장천각張天覺

장천각張天覺의 이름은 상영商英이며 무진거사無盡居士라고 부른다. 선화宣和 4년(1132)에 81세로 사망한다.[17] 그가 『능엄경楞嚴經』에 주석한 것은 사라졌지만 『호법론護法論』은 현존한다. 이 글은 사상적으로 볼 때 중요하지는 않지만 유불 교섭의 산물로서 한번 살펴볼 필요가 있다. 천각은 일찍이 불사佛寺에 갔다가 장경藏經을 엄정嚴整하는 것을 보고 공자라는 성인聖人의 글이 이에 미치지 못한 것에 격분하고서 돌아가서는 끙끙거리며 밤늦도록 잠들지 못한다. 부인인 향씨向氏가 그 이유를 묻자 대답하기를 "부처가 없다는 글[無佛論]을 쓰려고 할 뿐이오"라고 한다. 향씨는 "이미 부처가 없다면 무엇 하러 말하려 합니까?"라고 말한다. 천각은 잠자코 그만둔다. 이후 어디선가 『유마경維摩經』을 보고 손 가는 대로 펼쳐 보다가 "이 병은 (지수화풍 사대四大 중) 지대가 아니면서 지대를 떠나지도 않는다[此(是)病非地大, 亦不離地大]"라는 구절에 이르러 마음에 와닿는 바가 있어서 빌려 가지고 돌아가 읽는다. 부인 향씨는 "이것을 숙독한 다음에야 무불론을 써야겠네요"라고 말한다. 천각天覺은 이로부터 불법佛法을 깊이 믿게 된다. 원우元祐 연간에 청량산淸凉山에 올라 문수文殊의 상像을 만든다. 그때 쓴 발원문發願文 중에 "삼가 생각해 보면 상영 본인은 예전에 보광전 안에서 혹은 대복성의 동쪽에서 한 생각이 어긋나 (태란습화胎卵濕化의) 사

17 역주 이 부분은 저본 258쪽이다. 그런데 현재 일반적으로 알려진 장상영(張商英)의 생몰년은 1043~1121년으로서 저본과는 다소 차이가 있다.

생을 유랑했다[伏念商英昔在普光殿內, 或於大福城東, 一念差殊, 四生流浪]" 라는 말이 있다. 이후 강서江西에서 동림사東林寺의 상총을 배알하고 인가를 받으며, 도솔원兜率院의 종열을 만나 밤늦도록 종문宗門 즉 선문禪門을 담론하고는 말에 의지해서 이해[解]를 낳는 것이 불가하다는 것을 맹렬히 반성하며 깨닫는 바가 있었다(『거사전居士傳』, 『금탕편金湯編』). 형남荊南에 머무는 동안 원오와 선상船上에서 화엄華嚴의 종요宗要를 담론했는데, 이사무애理事無礙의 법계法界도 여전히 법계의 양量이 있고 사사무애事事無礙에 이르러 법계의 양은 사라진다고 한 데 이르러 처음으로 선禪의 경지라는 것을 마주한다(『나호록羅湖錄』). 또 대홍보은大洪報恩(1058~1111)과 선禪 및 교敎의 요체를 얘기하다가 『화엄華嚴』을 주석하기에 이른다(『운와기담雲臥紀談』). 이와 같이 천각은 상총, 종열, 원오, 보은과 같은 선사禪師와 만나며 선기禪機에 접촉하고 화엄의 종지에 많이 접하기도 하지만, 이 외에 대혜종고, 귀종진정歸宗眞淨, 덕홍각범과 같은 여러 선사도 접견하며 청익請益하기도 한다. 그 중에서 도솔종열兜率從悅에게서 심사心思의 의해意解 즉 지적인 이해에 멈춘다고 엄격한 지적을 받고 밤새도록 생각에 잠겨 오경五更 즉 새벽 4시 즈음에 침상에서 내려와 요강을 뒤집어 살펴보다가 문득 종열의 따끔한 지적을 만나 비로소 참선參禪의 생명이 끊임없는 이유가 언어적 이해가 아니기 때문이라는 것을 깨달았지만 여전히 지극히 미세한 곳에 이르러서는 자기도 모르는 사이에 어느 한 곳에 떨어진다는 것을 살피고, 이에 곧 게송을 지어 말한다.

한가히 걷는 발길마다 等閑行處

걸음걸음 모두 그러하니	步步皆如
비록 현상적 세계[聲色]에 살지만	雖居聲色
어찌 유무에 얽매이겠나	寧滯有無
한 마음은 다르지 않고	一心靡異
모든 존재[萬法]는 갈라지지 않으니	萬法非殊
본체와 작용을 나누지 말고	休分體用
곱고 거침을 가리지 말라	莫擇精粗
막힘없이 기변[機]에 응하고	臨機不礙
얽매임 없이 사물에 상응하니	應物無拘
옳다 그르다는 생각 다하여	是非情盡
범부다 성인이다 모두 사라지네	凡聖皆除
누가 얻고 누가 잃었으며	誰得誰失
무엇을 가까이하고 무엇을 멀리하랴	何親何疎
머리 뽑아 꼬리 만들고	拈頭作尾
가득 찬 것을 비었다고 하는데	指實爲虛
마계에서 자신을 걱정하며	凶身魔界
삿된 길에서 발길을 돌리리니	轉脚邪塗
거꾸로 하지 않도록 분명히 알면	了非逆順
공부에 어긋나지 않으리	不犯工夫

천각이 선禪을 통해 일심一心의 풍광風光에 접촉한 것은 이때이다. 게偈 중에 나타나는 일심미이一心靡異, 만법비수萬法非殊는 바로 이천과 주자朱子의 이일만수理一萬殊사상과 반대의 입장이며, 휴분체용休分體用, 막택정조莫擇精組도 역시 이기이원理氣二元사상과 반대로 나아

간 것이다.

『호법론護法論』은 당시 배불排佛의 사상이 조야朝野에 넘쳐 나자 이에 대해서 꾸짖은 글로서 유도불 삼교를 비교하면서 불교에 귀결을 둔 것이다. 처음에 공자의 "아침에 도를 들으면 저녁에 죽어도 좋다[朝聞道夕死可矣]"에서의 도道란 무엇인가라는 문제를 제기하고, 만약 인의충신仁義忠信이라면 공자에게 본래부터 있는 것이고, 만약 장생구시長生久視라면 저녁에 죽어도 좋다고 말할 이유가 없다면서 유도 이교를 억누르며, 그리고 뒤이어 식심견성識心見性과 무상보리無上菩提가 아닐 까닭이 없다고 하면서 그 근거를 공자의 말로서 전해지는 "서방에 대성인이 있다[西方有大聖人]"라는 말에서 찾으며, 그리고 "그런데 지금 공자를 배우는 자들이 배불을 급선무로 삼는 것은 어찌 된 일인가?"라고 강조한다. 이것이 '호법론' 즉 불교를 옹호하는 주장을 제기한 이유이자 목적이다. 천각은 "나는 그 가르침을 배척하려면 당연히 그 글을 다 읽고 그 이치[理]를 깊이 궁구하여 우리 유교와 맞지 않는 것을 파악하고서 모르는 것 없는 상태에서 의혹을 변별한 뒤에 배척해야 한다고 생각한다. 지금은 그 이치에 통하지도 못했는데 망령되게 이를 배척할 수는 없다"라고 말한다. 이는 자신의 경험에 비추어 당시 여러 사람들의 맹목적인 거동을 경계시킨 것이다. 천각이 손꼽은 배불가排佛家는 구양수, 한유, 이천으로서 천각은 이들 3인을 대표로 해서 유가儒家에서 불교에 제기한 여러 종의 비난을 해결하려고 힘쓴다. 비난은 ① 무험 부실無驗不實한 일 즉 증명할 수 없고 실속도 없는 일을 시행한다, ② 세무世務 즉 세상의 여러 일들을 방해한다, ③ 중국의 큰 근심거리가 된다, ④ 불법佛法이 있은 뒤 인간의 수명은 단

축된다, ⑤ 그 법식法式은 유행하는 풍속과 맞지 않다, ⑥ 경작은 하지도 않으면서 밥을 먹는다, ⑦ 양나라 무제는 불교를 숭배하다가 나라를 망쳤다, ⑧ 출세出世 즉 세간을 벗어난다는데 세간 밖의 사람에게나 시행할 뿐이다의 여러 가지로서 천각은 하나하나 이를 반박하다가 나중에는 삼교의 문제로 옮겨 간다.

삼교의 문제에 관해서는 우선 본조本朝 즉 당시 현존했던 왕조인 송나라의 왕문강王文康(963~1034)이 『대동론大同論』에서 "유교와 도교와 불교는 순서대로 얕은 데서 깊은 데로 이르는 것이며 마치 제齊나라가 일변一變해서 노魯나라가 되고 노나라가 일변해서 도道에 이르는 것과 같다"라고 한 것을 확실한 논의로 삼으며 그 이유를 자세히 밝히는데 삼교를 진실을 잃고 미혹에 빠진 모든 사람들의 병에 대한 약에 비유하면서 유교는 피부의 질환을 치료하고 도교는 혈맥의 질환을 치료하며 불교는 골수의 병을 치료한다고 한 다음 유불을 비교하며 논하고 노불을 대비시켜 논한다. 유불 비교론은 15조항으로, 노불 대비론은 17조항으로 열거한다. 그중에 5조항씩을 대비하면 다음과 같다.

유교에 언성言性이라 하고 불교에 견성見性이라 한 것은 유교가 성性을 논하면서도 성을 깨닫지는 못하며, 불교에서 비로소 성리性理가 사람의 생명이 된다고 해야 한다는 말이며, 송대 이후 제유諸儒가 불자佛者에게 견성을 용인한 것은 이와 같은 언론에 자극받아서일 것이다. 유교의 해박該博과 불교의 간이簡易란 이를 송유에 빗대어 보면 주자와 육자의 대조와 같다. 이로써 육자의 간이는 선종에 가까운 것이라고 추측해야 한다.

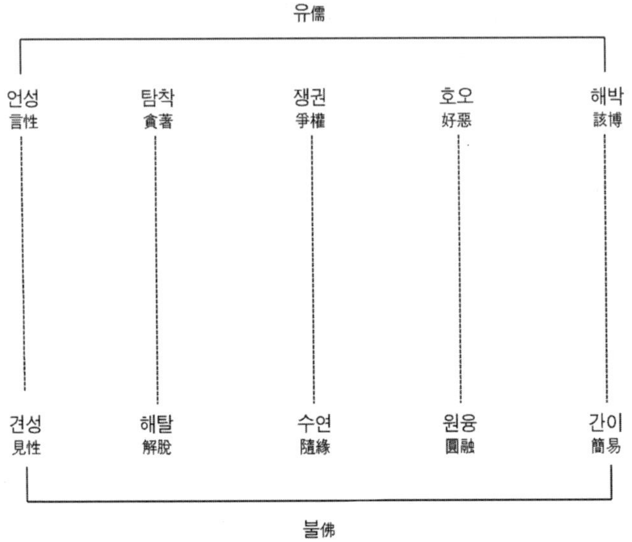
유儒
언성 言性
탐착 貪著
쟁권 爭權
호오 好惡
해박 該博
견성 見性
해탈 解脫
수연 隨緣
원융 圓融
간이 簡易
불佛

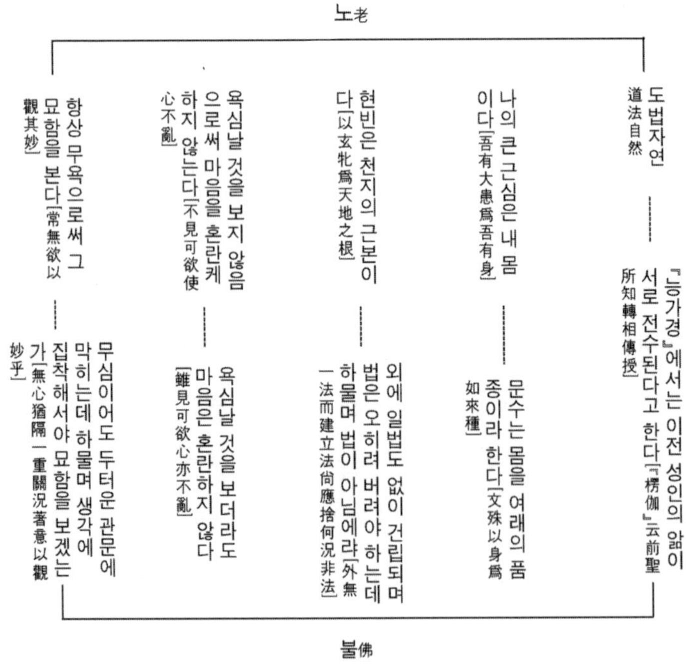
노老
도법자연 道法自然
『능가경』에서는 이전 성인의 앎이 서로 전수된다고 한다『楞伽』云前聖所知轉相傳授]
나의 큰 근심은 내 몸이다[吾有大患爲吾有身]
문수는 몸을 여래의 품종이라 한다[文殊以身爲如來種]
현빈은 천지의 근본이다[以玄牝爲天地之根]
외에 일법도 없이 건립되며 법은 오히려 버려야 하는데 하물며 법이 아님에랴[外無一法而建立法尙應捨何況非法]
욕심날 것을 보지 않음으로써 마음을 혼란케 하지 않는다[不見可欲使心不亂]
욕심날 것을 보더라도 마음은 혼란하지 않다[雖見可欲心亦不亂]
항상 무욕으로써 그 묘함을 본다[常無欲以觀其妙]
무심이어도 두터운 관문에 막히는데 하물며 생각에 집착해서야 묘함을 보겠는가[無心猶隔一重關況著意以觀妙乎]
불佛

노자의 무욕無欲이란 것을 착의著意로 보고 불교에서는 무심無心이어도 여전히 두터운 관문에 막히는데 하물며 착의여서야라고 한 것은 선禪의 본래공本來空 즉 본래 공空하다는 말로서 적나라한 비평이기는 하지만 제3자가 볼 때는 아무래도 선의 냄새를 풍기는 점이 있다. 노자의 현빈玄牝에 대해서 불교의 심외무법心外無法 즉 마음 외에 법은 없다라는 관점에서 이를 부정하고 법法도 버려야 하는데 하물며 법이 아님에랴라고 한 것은 현빈을 비법非法 즉 법이 아니라고 본 것이다. 노자의 자연自然에 대해서 불교의 혈맥이 전수된다고 말한 것은 자연설自然說에 대한 수도설修道說이다. 또 노자가 마음을 혼란하지 않기 위해 욕심날 것을 보지 않는다 하고, 내가 가진 몸이 큰 근심이라고 한데 대해서 불교는 욕심날 것을 보더라도 마음이 혼란하지 않으며, 몸은 여래의 품종으로 본다고 말한 것은 바로 소승불교에 대한 대승불교의 관점이 있다. 이 중에 나타난 것을 통해 보더라도 대승불교의 인격자는 적멸寂滅에 그치지 않고 천리天理의 묘용妙用을 구체화한다고 추측해야 한다.

천각은 이와 같이 이교를 비교하며 유교에 관해서는 공功이 없다고 하지는 않고 고요함[靜]과 시끄러움[躁]의 차이가 있을 뿐이라고 결론 짓고, 노자에 관해서는 도道가 없다고 하지는 않고 얕음[淺]과 깊음[奧]의 차이가 있을 뿐이라고 결론 맺으며, 그리고 또 삼교 전체를 개괄하면서

> 삼교는 세 발로 받치는 솥과 같아서 하나라도 빠지면 안 된다. 공자에 의거해 일을 하면 명교名敎의 군자다. 노자에 의거해 일을 하면 청허淸虛한 선인

> 善人이다. 모두 사람과 하늘[人天]을 잃지 않아야 한다. 그러나 모든 번뇌[累]를 다 없애고 청정한 본연의 도道를 순수하게 하는 일을 위해서라면 나는 감히 그들의 명령[命]을 듣지 않겠다. (『호법론護法論』)

라고 말한다. 이는 유로儒老를 세간교世間教 즉 세간의 가르침으로, 불교를 출세교出世教 즉 출세간의 가르침으로 본 것이다. 그리고 천각은 불교에 대한 비난이 출세出世라는 행적에서 비롯하며 이를 비난의 초점으로 삼기까지 한 이천을 비평하면서 다음과 같이 말한다.

"이천은 불가佛家의 출세란 것은 세계의 위로 가지 못하고 있다는 말일 뿐이라고 한다." 천각은 이에 대해 웃으면서 "사대부가 연원을 알지 못하면서 불교를 논하는 일이 대개 이런 식이다. 오온五蘊은 세간법世間法이고 오분법신五分法身은 출세법出世法이다. 이 출세법 즉 출세간의 존재를 성취하고 통달하는 일이 출세라고 하는 것임을 알지 못한다"라고 말한다. 정자 이후 제유諸儒들의 필봉筆鋒은 출가와 출세에 집중되며, 또 불자佛者는 이에 응수하느라 수고하기도 했지만, 천각의 경우는 세간 안에 있으면서 출세를 체득함으로써 이 문제를 중요하게 여기지 않는데, 구양수를 평가한 부분에서 부대사傅大士(497~569)와 방도원龐道元에게 처자식이 있었다는 사실을 근거로 하여 "몸은 세간[塵勞]에 있더라도 마음이 항상 청정하다면 식識을 전환해서 지智가 되며, 일체의 세법世法이 불법佛法이 아님이 없다. 이러한 것을 재가在家의 보살菩薩, 사리[事]에 밝은 범부라고 한다"라고 말한다. 노자에 대비해서 설명한 불교는 전부 이 보살대승菩薩大乘의 불교다.

저자_ **도키와 다이조常盤大定**(1870~1945)

도쿄대학교 철학과를 졸업하고 동 대학에서 박사 학위를 취득했다. 1917년부터 1929년 사이 중국을 여러 차례 왕래하며 불교, 유교, 도교에 관한 문화사적을 답사하여 세키노 다다시[關野貞]와 공저로 『중국불교사적[支那仏教史蹟]』(1923), 『중국문화사적[支那文化史蹟]』(1939)을 짓는다. 이 외에도 『불전집성佛典集成』(1924) 등 불교와 관련한 다수의 저서를 남겼다.

역주자_ **강규여姜奎如**

1975년생. 전남대학교 철학과를 졸업하고 동 대학에서 동아시아불교를 전공하며 불교와 유儒·도道 양 교 간의 교섭에 관한 논문으로 석사 및 박사 학위를 취득했다. 위진남북조시대에서 당을 거쳐 송명에 이르기까지의 동아시아 사상사에서 불교가 했던 역할에 주목해 연구했으며 이와 관련한 몇 편의 논문이 있다. 공역으로 『돈황학대사전』(2016)이 있고, 단독 번역서로 『묘법연화경소』(2017)가 있다.